Albert Schäffle

Aus meinem Leben
Erster Band

Schäffle, Albert: Aus meinem Leben: Erster Band
Hamburg, SEVERUS Verlag 2012
Nachdruck der Originalausgabe von 1905

ISBN: 978-3-86347-310-5
Druck: SEVERUS Verlag, Hamburg, 2012

Der SEVERUS Verlag ist ein Imprint der Diplomica Verlag GmbH.

Bibliografische Information der Deutschen Nationalbibliothek:
Die Deutsche Nationalbibliothek verzeichnet diese Publikation in der Deutschen Nationalbibliografie; detaillierte bibliografische Daten sind im Internet über http://dnb.d-nb.de abrufbar.

© **SEVERUS Verlag**
http://www.severus-verlag.de, Hamburg 2012
Printed in Germany
Alle Rechte vorbehalten.
Der SEVERUS Verlag übernimmt keine juristische Verantwortung oder irgendeine Haftung für evtl. fehlerhafte Angaben und deren Folgen.

seVerus

Aus meinem Leben

Aus meinem Leben

Von

Dr. Albert Eberhard Friedrich Schäffle

Mit sechs Bildnissen und einer Briefbeilage

> Einsam und trotzig, wie alle, die mit feurigem Kern im Herzen die Schranken des Bestehenden durchbrechen.
> Scheffel, Ekkehard.

Erster Band

Inhalt
des ersten Bandes.

	Seite
Vorwort	XI
I. In den Kindheitsjahren	1
Der Vater	3
Die Mutter	5
Frohe Jugend	7
II. In den Lehrjahren	9
Im Kloster	11
Das Landexamen	11
Orlach und Schönthal	13
Der Prälat	15
Die Revolution. — Freundschaften	17
Der Maturitätskonkurs	19
Im Stift	20
Studien in Tübingen	21
Flucht aus dem Stift	22
„Hecker hoch"	23
Geldnöte — Bruch mit der Theologie	25
Freischaren-Erfahrungen	27
Der Kommandant	27
Die Mannschaft	29
Fiasko	31
Fort ins Ungewisse	33
Abschied vom Stift	33
Seelenstimmung nach der Flucht	35
Ein Anlauf zum Lehrberuf	37
Ein väterlicher Freund	37
Anstellung	39
Fünf Jahre journalistischer Schulung	40
Redakteur des Schwäbischen Merkur	41
Höhere Staatsprüfung. Staatswissenschaftliche und philosophische Studien	43
Fachstudien	43
Philosophische Studien	45
Verheiratung	47

Inhalt

III. In den Wanderjahren 49

Mit Johann Georg von Cotta 51
   Erstes selbständiges Wirken 51
   Adlatus Cottas 53
Einführung in die große Politik 55
   Große Gesichtskreise 55
   Preußen und Österreich 57
Reise nach Wien. — Erste Berührung mit österreichischen
   Verwaltungsmännern 59
   Erste Beziehungen zu Wien 59
   Für die Zolleinigung 61
Geistiges Ergebnis der Wanderjahre 63
   Politische Mäßigung 63
   Handelspolitischer Standpunkt 65
Übergang zur akademischen Laufbahn 67
   Unlust am Brotberuf 67
   M. Mohl. 69
   Frhr. v. Bruck 71
   Professur 73

IV. In den Jahren der Mannesreife . . 75

Selbständiges Wirken in beruflich gebundener Stellung . 77

In Deutschland. Herbst 1860 bis Herbst 1868 77
   Lebensabschnitte 77
An der Universität Tübingen 78
   Stellung zur Nationalökonomie 79
   Berater des Kultusministers 81
   Freundschaft mit Katholiken 83
   Besetzung der Professuren 85
   Wissenschaftliche Arbeiten 87
Erste Stellung zur „Arbeiterfrage" 89
   Ferdinand Lassalle 89
Für die Zolleinigung Deutschlands mit Österreich . . . 91
   Bedeutung der Zolleinigung 91
   Vertragsverhandlungen 93
   Preußen und Österreich 95
   Scheitern der Zollverhandlungen 97
   v. Hock als Zollunterhändler 99
   Wiener Zollpolitik 101
   Entwurf eines Zollvertrages 103
   Zollpolitischer Berater 105
   König Wilhelm v. Württemberg 107

Inhalt

	Seite
Für freiheitliche Reform der deutschen Bundesverfassung	109
Verfassungspolitisches	109
Deutschland und Österreich	111
Großdeutsche Bestrebungen	113
Im Reformverein	117
Im württembergischen Landtag 1861/1865	119
Parlamentarisches Wirken	119
Parlaments-Anekdoten	121
Mandatsniederlegung	123
König Wilhelm I.	125
Ungnade bei der württembergischen Regierung	128
Drohende Disziplinierung	129
Beim deutschen Bürgerkrieg von 1866	131
Mein politischer Standpunkt	131
Stimmung in Württemberg	133
Achtung für Preußen	135
Vor und bei dem Zollparlament 1868	136
Staatengruppierung	137
Kandidatur zum Parlament	139
Stellung zu Preußen	141
Wahlbewegung	143
Stimmrecht	145
Berufung nach Wien	146
Antrag einer Professur	147
In Österreich. Herbst 1868 bis Herbst 1871	149
Bis zur Bildung des Ministeriums Hohenwart	149
An der Wiener Universität	149
Abschied aus Schwaben	149
Universitätskollegen	151
Öffentliches Wirken außerhalb der Universität Wien	
Seitab von der Regierungs- und Parlamentswelt	155
Politische Passivität	155
Innerpolitische Lage	157
Öffentliche Vorlesung über den Börsenschwindel	158
Öffentliches Wirken	159
Ein erster Zusammenstoß mit Graf Beust	161
Der „Österreichische Ökonomist"	161
Graf Beust	163
Im „volkswirtschaftlichen Verein"	164
Graf Eugen Kinski	165

Inhalt

	Seite
„Kapitalismus und Sozialismus"	166
Mein sozialpolitischer Standpunkt	167
Das allgemeine Wahlrecht	169
Soziale Reform-Ideen	171
Verfassungspolitische Studien in Österreich über Österreich	172
Der böhmische Volksstamm	173
Graf Friedrich Dürckheim	175
Österreichische Verfassungsbewegung	177
Erste Beschäftigung mit österreichischer Politik	179
Österreichische Verfassungsgeschichte	181
Zentralismus und Föderalismus	183
Parlamentarische Lage	185
Staatsrechtliche Betrachtungen	187
„Österreichische Staatsgrundsätze"	189
Innerpolitische Lage Österreichs	189
„Österreichische Staatsgrundsätze"	191

Im Ministerium Hohenwart 5. Febr. bis 30. Oktober 1871 . . 192

Entstehung des Ministeriums	192
Beim Ausbruch des deutsch-französischen Krieges	192
Aktion zum Ausgleich mit Böhmen	193
Verhandlung mit den Böhmen	195
Erholungsreise nach Ober-Österreich	196
Hohenwarts erster Brief	197
Beim Ministerpräsidenten Graf Potocki	198
Abwartende Haltung	199
Audienzen bei Kaiser Franz Josef am 24. und 29. Oktober 1870	200
Stellung der Parlamente	201
Stellung der Kronländer	203
Begründung des „Ausgleichs"	205
Auftrag zur Kabinettbildung	207
Die Kabinettbildung	209
Vorverhandlung	209
Das Programm	211
Zusammensetzung des Kabinetts	213
Holzgethan	215
Das Geheimnis der Kabinettbildung	217
Die Parteien beim Amtsantritt des Ministeriums Hohenwart	219
Die Verfassungspartei	219

Inhalt

	Seite
Die Deutschliberalen	221
Stellung zur Opposition	223
Amtserfahrungen im Ministerium Hohenwart	224
Die ersten vierzehn Tage des Ministeriums Hohenwart	224
Anfeindungen	225
Stellung zu Beust	227
Ungarische Minister	229
Auf dem Lästerstuhle vor dem „Schottentore"	230
Dr. Herbst	231
Parlamentarische Händel	233
Adresse an den Kaiser	235
Verkehr mit dem Kaiser und mit den Beamten	236
Der Kaiser bei der Arbeit	237
Teilnahme an den Ministerratssitzungen	239
Bei den Mitgliedern des Kaiserhauses	240
Höchste Herrschaften	241
Erzherzogin Sophie	243
Die Audienzen im Ministerium	244
Petenten	245
Konzessionen	247
Einzelne Verwaltungsgeschäfte	249
Die Eisenbahnen	249
Die Weltausstellung von 1873	251
Die politische Polizei	253
Der deutsch-französische Krieg	255

Abbildungen.

A. Schäffle	Titelbild
Joh. Georg v. Cotta	56
Graf Hohenwart	216

Vorwort.

Die folgenden Blätter sind für meine Enkel, Waldemar und Julia Beck, entstanden. Nachdem meine bis ins Alter festgebliebene Gesundheit nach dem Verlust meines einzigen Kindes im Jahre 1892 stark ins Wanken gekommen war, drängte es mich, der Familie mein richtiges und vollständiges Lebensbild zu sichern. Das konnte nur so geschehen, daß ich es selbst entwarf; die Papiere, welche ich nur unzureichend und zusammenhangslos hätte hinterlassen können, wären ohne einheitliches Schriftvermächtnis von meiner eigenen Hand für die zweite Generation kaum verständlich gewesen.

Meine Aufzeichnungen werden durch die Tatsachen, welche sie mitteilen, und durch die Auffassungen, von welchen die Darstellung getragen ist, wohl auch in weiteren Kreisen einigem Interesse begegnen. Auch sie sind in ihrem bescheidenen Teil „Gedanken und Erinnerungen".

Bedeutende Vorgänge, welche im öffentlichen Leben Deutschlands und Österreichs sich vollzogen haben, und in welche mein Lebensgang verflochten gewesen ist, sind hier mehrfach weiter geklärt, einige erstmals wirklich aufgehellt. Zu letzteren zählte die innere Geschichte des Ministeriums Hohenwart und die Keimung der vollen deutschen Arbeiterversicherung im Herbst 1881 und zu Anfang 1882. Mein bis jetzt ungedruckter Briefwechsel über letzteren Gegenstand mit Fürst Bismarck findet sich vollständig mitgeteilt.

Manchem Leser mögen auch die Charakterbilder verschiedener bedeutender Männer, deren eigenstes Wesen mir durch innige Freundschaft ein offenes Buch gewesen ist, nicht unwillkommen sein. Ich habe sie, wie ich glaube, treu und richtig gezeichnet.

Meinen Schriften, den wissenschaftlich theoretischen und den praktisch publizistischen, hat bei meinen Lebzeiten ansehnlicher Erfolg nicht gefehlt. Vielleicht wird das eine oder das andere davon auch nach meinem Tode nicht ganz in Vergessenheit geraten. Für diejenigen, welche meinem diesfälligen Wirken einige Aufmerksamkeit schenken und vielleicht auch bewahren werden, bringen die folgenden Blätter die zureichende Erklärung aus dem ganzen Gange meines Lebens und aus den Strömungen des zeitgenössischen Geistes, von welchen ich umfangen gewesen bin.

Seit Jahrzehnten dem politischen Parteileben fremd, wissenschaftlichem Schultreiben mein ganzes Leben hindurch entrückt, hatte ich beim Niederschreiben weder Vorliebe noch Zuneigung zu überwinden und bin mir bewußt, nur die Wahrheit erstrebt zu haben. Die letztere erlaubt allerdings nicht, das zu unterdrücken und zu beschönigen, was eine vollbewußte Lebenserfahrung ans Licht zu ziehen und zu verwerfen genötigt ist.

Stuttgart und Karlsbad, 1899—1901.

A. Schäffle.

I.
In den Kindheitsjahren

Der Vater

Am 24. Februar 1831 habe ich in dem altwürttembergischen Landstädtchen Nürtingen, welches fast genau in der Mitte zwischen Hohenstaufen und Hohenzollern am Neckar gelegen ist, das Licht der Welt als Sohn protestantischer Eltern erblickt.

Mein Vater war dort Lehrer an der neugegründeten Realschule seit 1817. Er stammte aus Dürrmenz, württ. Oberamtsbezirks Maulbronn, als der Sohn eines Bauern und Kleinbierbrauers. Bevor mein Vater nach Nürtingen ernannt wurde, war er Volksschullehrer in Bonfeld, O.=A. Heilbronn, gewesen und hatte daselbst zugleich in der freiherrlichen Familie v. Gemmingen Unterricht erteilt. Von dort führte er meine Mutter, geb. Therese Schmidt, welche mit den freiherrlich v. Gemmingenschen Kindern erzogen worden war, nach Nürtingen heim. Johann Friedrich Cotta ist als Verlobter einer v. Gemmingen mein Taufpate geworden.

Meinen Vater verlor ich, achtundeinhalb Jahr alt, schon im Herbst 1839. Sein Bild scheint noch heute lebhaft und freundlich in die Erinnerungen meiner Knabenzeit hinein, und unvergeßlich ist mir der Schmerz geblieben, welcher mir die Kindesseele zerriß, als ich an der Spitze des Leichenzuges ihn zur letzten Ruhestätte geleiten mußte. Voll Liebe gegen die Seinigen, voll Aufopferung gegen seine Freunde, vom eifrigsten Bestreben beseelt, tüchtige Schüler emporzubringen, was ihm auf Jahrzehnte dankbare Verehrer erhalten hat, muß er nach allen Schilderungen, die ich in zuverlässiger

Weise von ihm erlangt habe, ein fester, unbeugsamer Charakter und mutiger, jeder Gegnerschaft standhaltender Vertreter seiner Überzeugungen, namentlich der Geistlichkeit und dem „Schreibertum" gegenüber, gewesen sein. Den „Präzeptor" fürchteten und vergötterten zugleich seine Schüler, deren viele mir meinen Vater übereinstimmend geschildert haben. Er war von nicht gewöhnlicher geistiger Begabung, ein vorzüglicher Mathematiker, allem praktischen Fortschritt zugeneigt, dabei sangeslustig und kunstsinnig, mit dem Bildhauer Dannecker befreundet. Die Gemeinde hat sein Andenken durch unentgeltliche Zuweisung der Begräbnisstätte geehrt. Er starb kaum fünfzig Jahre alt.

Eine volle, frische Erinnerung habe ich von meiner Mutter, die meinen Vater um neun Jahre überlebte. Sie besaß einen feinen, vollkommen durchgebildeten Geist, vorzügliche höhere gesellschaftliche Erziehung, größte Selbstlosigkeit, Offenheit, Abneigung gegen Klatsch und Schwatzhaftigkeit. Bei aller praktischen Religiosität hatte sie eine tiefe Abneigung gegen alles Sektirerische und Muckerische, woran die altschwäbische Welt südwestlich vom schwäbischen Jura auch damals so reich gewesen ist. Sie hat persönlich viel für meine Ausbildung getan, welche sie nach des Vaters Tode, namentlich in Geographie und Geschichte, eifrig selbst pflegte. Mein Vater hinterließ meine Mutter nicht in Wohlhabenheit. Ohne seine Schuld. Ersparen konnte man sich mit den damaligen Lehrergehältern noch weniger als mit den heutigen, und ohne den Zuschuß aus dem „Kostgeld" vieler dem „Präzeptorhaus" stets gern übergebener Zöglinge wäre die ökonomische Lage meiner Eltern schon vor dem Tode des Vaters vielleicht eine kritische geworden. Mit dem Tode des letzteren versiegte auch dieser Zuschuß, und die Mutter von vier unmündigen Kindern und einem unterstützungsunfähigen erwachsenen Sohne war wirklich arm. Sie hat als Witwe nicht aufgehört, ihr Brot mit Tränen zu essen, und die kummervollen Nächte, da sie auf ihrem Bette weinend saß, wären wohl kaum zu zählen gewesen.

Die Wohltaten, welche mein Vater vielen erwiesen hatte, brachten übrigens manche dankbare Unterstützung, ohne welche auch das bescheidene standesmäßige, damals sogenannte honoratiorenmäßige Leben eine Unmöglichkeit gewesen wäre.

Die kindliche Lebenslust war mir dennoch nicht vergällt, und die fünf Jahre, die ich nach dem Tode des Vaters bis zum Herbst 1844 noch bei der Mutter zubrachte, mit allen einfachen ländlichen Vergnügungen des primitivsten Reitens, Fischens, Krebsens, Schlittfahrens, Fuhrwerkens, Schwimmens, Raufens stehen mir heute noch topographisch genau in so frischem Gedächtnis, als hätte ich das alles erst gestern durchgenossen.

Jedes Jahr ging ich ein paarmal auf den Hohen-Neuffen in leichter Tagestour, mit einem Brot und einem Groschen (3 Kr. = 10 Mrkpf.) in der Tasche, welch letzterer zur Einkehr auf ein bis zwei Gläser Obstmost oder Bier zureichte.

Von dem ganzen Leben im Vater- und Mutterhause und von dem frohen Kindestreiben habe ich nur angenehme Erinnerungen. Es ist ja so gut gefügt, daß von der menschlichen Gedächtnistafel das Schlimme verschwindet, das Schöne aber bleibt, und daß der frühesten Jugend die Sorge der Eltern doch nur wenig sich eingräbt. Ich kann meine eigenen Kindheitseindrücke durch einen Anderen schildern lassen, der Gleiches in meinem Elternhause und in meiner Vaterstadt als Kostgänger erlebt und seine Kindheitserfahrung mit tiefem Gefühl bis ins hohe Alter festgehalten, namentlich meiner geistig anregenden und angeregten Mutter ein warm empfundenes Andenken bewahrt hat. Es ist der spätere bayerische Professor Heinrich W. J. Thiersch. Er hat im Jahre 1871, als ich in Wien das cisleithanische Ministerium des Handels übernommen hatte, folgende schöne Zeilen an mich gerichtet:

„Wien, 27. Februar 1871.

Euer Exzellenz wollen mir erlauben, die Hinterlassung meiner Karte zu erläutern.

Sind die Sagen, welche zu mir gedrungen, wahr, so stammen Sie aus Nürtingen und sind der Sohn meiner Pflegeältern, unter deren Obhut ich mich vor 42 Jahren sehr glücklich befand.....

Ich sah Ihren Herrn Vater seelig nur noch einmal, 1837. .... Ihre Frau Mutter war besonders gütig gegen mich; unsere Mitschüler mögen nicht ohne Neid bemerkt haben, wie ich als ingenium praecox und allzufrüh belesen in Dichtern und Novellisten mich einschmeichelte.

Die Schule des Rectors Pland [berühmter Lycealpädagoge], der Spielplatz um die alte Kirche, der Obstmarkt, der Neckar — sind lauter köstliche Erinnerungen, und ich freue mich, da mein Haupt schon beschneit ist, an dem Immergrün dieser Jugendgefühle.....

Ich bin, wie man in Bayern sagt, „freiresignierter Professor" — Wittwer seit drei Jahren nach einem langen, von Gott gesegneten Ehestand. Meine Kinder sind fast alle erwachsen — sie sind die Schatten, die am Abend länger werden, die mir zu erkennen geben, daß die Sonne meines Lebenstages im Sinken ist.

Möge die Ihrige sich noch lange auf der jetzigen Höhe erhalten, und Ihnen gegeben sein, unbeirrt durch Geschrei und Anfeindung, Gutes in weitem Umkreis zu wirken!"...

Nur ein einziges Mal habe ich vor meinem 14. Jahre meine Heimat verlassen, zu einem Ferienbesuch in dem zehn Stunden entfernten Vaihingen a. d. Enz, wohin ich nachts um 11 Uhr dem „Stuttgarter Stadtboten" unter den „Bläuwagen" aufgegeben wurde, um nach abermaliger Nachtfahrt als Boten-„collo" in der Frühe des dritten Tages beim Herrn Vetter in Vaihingen abgeliefert zu werden. Der erste Omnibus fuhr erst ein Jahr später von Nürtingen nach Stuttgart ab. Dem Weltwunder dieses Omnibus liefen wir bei der ersten Einfahrt zu Hunderten von Kindern nach. Wie eng diese Welt überhaupt war, ist heute, nachdem der Verkehr alles durcheinander rüttelt, kaum mehr begreiflich zu machen. Es wird meinen Enkel Waldemar, dessen Wiege nachmals auch in Nürtingen gestanden hat, eigentümlich anmuten, zu erfahren, daß ich damals mit Dutzenden anderer Kinder einer Geflügelhändlerin, die man uns als „Katholikin" bezeichnet hatte, gruselnd nachlief; die Frau war dennoch nur 1½ Stunden von Nürtingen in „Katholisch-Neuhausen" ansässig, wohin heute von Stuttgart aus die besondere Filberbahn läuft.

Lebhaft ist es mir in Erinnerung geblieben, wie begeistert mein Vater schon um die Mitte der dreißiger Jahre der Gründung deutscher Eisenbahnen entgegensah, und wie schweren Stand er hatte gegenüber der allgemeinen Verdammung derselben als eines „Teufelsfuhrwerkes", worin niemand fahren werde.

Glücklicher für Seele und Leib, gesunder kann die Kindheit nicht ablaufen, als sie für mich am schwäbischen „Albtrauf" dahingegangen ist.

II.

In den Lehrjahren

„Im Kloster."

Bei dem Mangel an Mitteln für meine Erziehung mußte mich meine Mutter für die theologische Laufbahn bestimmen, welche sich, wenn ich durch die Konkursprüfungen zum niederen Seminar, dem sogenannten „Kloster", und zum höheren Seminar, dem Tübinger Stifte, glücklich hindurchzukommen vermochte, ohne erhebliche Kosten einschlagen ließ. Den Engpaß des sogenannten „Landexamens" zur Aufnahme in das Kloster passierte ich nun allerdings nicht ganz leicht. Mein Lehrer verstand den Landexamendrill weniger als die Präceptoren zu Tübingen und Eßlingen, welche im Herbst 1844 mehr als die Hälfte von dreißig frommen Lämmern auf den Weg zur Kanzel brachten. Unter dreißig Aufgenommenen wurde ich, meines Erinnerns, der 27., war freilich auch der jüngste. Nicht weniger als etwa siebenzig junge Schwaben waren um die Freiplätze in Konkurrenz getreten. Von den Aufgenommenen ist reichlich ein Drittel der kirchlichen Bestimmung wieder untreu geworden; den einen und anderen hat die stark elliptische Lebensbahn als Soldaten, Bierbrauer, Gastwirt u. s. w. nach Asien, nach Nord- und Südamerika, einen sogar kryptoprotestantisch in die Direktion der Kapelle eines chilenischen Bischofs geführt. Ich sollte wenigstens nicht über die Grenzen Mitteleuropas hinausgeraten.

An der Reihe war 1844 das niedere Seminar zu Schönthal. Die „Einlieferung" dahin schuf mir eine neue Heimat, die ich in einem fränkischen Pfarrhause zu Orlach, O.=A. Schw.=Hall, finden sollte. Ihr Segen ist für mein Leben

„Im Kloster"

mitentscheidend geworden. Der Pfarrer des genannten Ortes namens Weilbacher, eines Bauers Sohn, war noch in Bonfeld ein Volksschüler meines Vaters gewesen. Mein Vater hatte ihm durch dritte Hand die Mittel zum Besuch des Gymnasiums in Stuttgart verschafft und so den Weg zum Studium der Theologie im „Stifte" zu Tübingen geebnet. Weilbacher vergalt jetzt meiner Mutter und mir reichlich, was mein Vater an ihm getan. Mir hat wirklich der Segen der Eltern ein Haus gebaut und zwar ein Pfarrhaus, von keinem der schwäbischen Pfarrhäuser übertroffen, deren Lob Ottilie Wildermuth verkündet hat. Zwei der edelsten Frauen, die mir im Leben begegnet sind, Weilbachers Gattin Caroline und deren Schwester Friederike hegten und pflegten mich wie ein Kind. Sie haben meiner Mutter für die vier letzten Jahre ihrer Witwenschaft meine Pflege so gut wie abgenommen. Über die am meisten kritische Lage meines Lebens sollten mich namentlich diese zwei Frauen bald (1849) hinwegheben. Ich war ihr Liebling geworden. Ich habe vierzig Jahre später der jüngeren, überlebenden beim Sterben beistehen und das gebrochene Auge bei einem ahnungslos unternommenen Besuche zudrücken dürfen. Meine Klosterferien und nachmals freie Zeiten habe ich häufig bei diesen Lieben zugebracht. „Der Pfarrer" war ein schlichter Seelenhirte, ein „Frommer" der Tat, auf protestantische Weise derselbe, dessen Lob Scheffel im Schwarzwaldgesange seines „Trompeter von Säckingen" verewigt hat. Das Schlimmste, was Weilbacher an seiner Kirche verbrochen hat, ist wohl dies gewesen, daß er einmal, durch Katarrh kanzelunfähig gemacht, mich schon mit 16 Jahren zu seinem Vikar bestellte und eine von mir selbst gefertigte Predigt, die einzige in meinem Leben, hat halten lassen. Im weiten Pfarrock des Pastors soll ich eigentümlich ausgesehen haben, und die andächtigen Bauern haben es doch wohl bemerkt, daß ich kein fertiger Theologe war; der biedere alte Schultheiß des Orts, der brave Vater des damals schon

Orlach und Schönthal

in glücklicher Ehe dem Somnambulismus entrissenen „Mädchens von Orlach", meinte nach dem Gottesdienst über mich zum Pfarrer: „Aus dem Pfarr'le [Pfarrerchen] kann ein rechter Pfarr' werde." Seine Ahnung sollte jedoch nicht in Erfüllung gehen. Es ist bei diesem einzigen Versuche praktischer Theologie geblieben.

Das Seminar Schönthal war einst Cisterzienserkloster gewesen. Es ist reizend am Ufer der Jaxt gelegen, eine Stunde oberhalb Jaxthausen, wo Goethe den Götz von Berlichingen dem Kommissär des Kaisers das unzarte Wort sagen läßt.

In Schönthal verbrachte ich die vier Jahre 1844 bis 1848, und hier habe ich den ersten festen Grund zu einer umfassenderen Bildung gelegt. Vorstand des Seminars war der berühmte Philologe Ludwig von Roth, dem ich für den klassischen Unterricht viel schulde und zeitlebens mit dankbarem Gedächtnis anhänglich geblieben bin. Außer griechischen und lateinischen Klassikern lernte ich das Alte Testament in der Ursprache kennen; das Hebräische, das ich mit großer Liebe aufnahm, ist mir nachher, als ich in Tübingen „Polizeiwissenschaft" vorzutragen hatte, für das Verständnis der aus Volksidiom und Hebräisch zusammengeronnenen Gaunersprache nützlich geworden. Meine Hauptneigung galt dennoch nicht der alten Philologie, sondern weit mehr der Mathematik, der Geschichte und der Geographie. Allem Drängen der Hauptlehrer, dem Studium der alten Sprachen einseitig obzuliegen, widerstand ich hartnäckig, auch nachdem ich den Zeugnisnoten nach bald der „Primus der Promotion" geworden war. Ich gelangte schon im niederen Seminar über die „niedere Analysis" hinaus; in Geschichte und Geographie kam ich — ebenfalls durch Selbststudium — jetzt schon sehr weit. Vielleicht wirkte bei diesem starken Hange die realistische Geistesrichtung meines Vaters nach. Die Professur an einer württembergischen Oberrealschule schwebte meinem jugendlichen Ehrgeize als höchstes Ziel vor.

„Im Kloster"

Zwei meiner drei Hauptlehrer waren ebenso eifrige als geschmacklose Pietisten. Ihnen bin ich heute noch dankbar, freilich in negativem Sinne. Sie haben mich jeder Gefahr der Vermuckerung, der äußeren Buchstabenfrömmigkeit gründlich und für immer entrückt. Gerade weil mich meine Mutter innerlich religiös angeregt hatte, stießen mich die erwähnten Lehrer ab. Zur abschreckenden Kennzeichnung damaliger Erziehungszustände will ich nicht unterlassen, meinen Nachkommen einige Proben schlechter Religionserziehung mitzuteilen.

Als ich von meinem Stubenprofessor erstmals auf sein Amtszimmer gerufen ward, hat er sich sogleich mir höchstselbst zum „himmlischen Vater" gemacht. „Sie sind Waise", fing er an, „nehmen Sie den himmlischen Vater an, wenden Sie sich nur in allem an mich." Dieselben Lehrer scheuten auch eine Art Ohrenbeichte nicht. Der sogenannte „Kleine Durchgang", d. h. das halbjährige zweimalige Antreten beim Zimmerprofessor zur Abhör der moralischen Fehler und disziplinaren Vergehungen war je auf den Samstag zwischen Beichtfreitag und Abendmahlsonntag verlegt; als hierbei nach den bei der Prüfung auf die heilige Kommunion entdeckten Sünden gefragt, also an dem protestantischen Seminar die Ohrenbeichte eingeführt wurde, verabredeten wir auf unserem Zimmer Nr. 1, daß alle dieselbe, im Auge der Lehrer mindest anstößige Sünde von sich bekennten. Alle bekannten den „Zorn" als ihren Grundfehler. Die Wirkung blieb nicht aus, die Ohrenbeichte hörte auf, die Zöglinge hatten die Erzieher gemeistert. Noch vieles Ähnliche vermöchte ich von den fruchtlosen Vermuckerungsversuchen zu erzählen, die mich früh, wenn auch nur auf kurze Zeit, zur Bank der Spötter gebracht hatten.

Der Zufall protestierte durch eine der heitersten Episoden meines Lebens schon früh gegen meine theologische Bestimmung. Es war etwa im vierten Halbjahr meines Klosterlebens, als der württ. Studienrat durch einen Titularprälaten die Seminar-Hauptvisitation vornehmen ließ. Bei dieser Gelegenheit ward jedem Zögling persönlich, im sogenannten großen Durchgang, vom Großvisitator das Urteil gesprochen. Der Zufall wollte es, daß der im Namen-Alphabet nach mir kommende Kommilitone vor mir zum Prälaten gerufen wurde. Als der Unglückliche, welcher mit der Seminarordnung häufig auf stark gespanntem Fuße gelebt hatte, wieder herauskam und mich an der Tür wartend fand, sagte er zu mir, ich möchte scharf aufmerken, was der Visitator über ihn — meinen Namensnachbar sagen werde, er wolle mir dann mitteilen, was der Prälat über mich gerühmt habe. Als ich vor den Prälaten getreten war, ging ein schreckliches Gericht über mich nieder, in dem das mir wohlbekannte Sündenregister des anderen mir vorgehalten wurde. Verblüfft wie ich war, ließ ich das eine Zeitlang über mich ergehen. Als ich dann versicherte, daß ich mich alles Vorgeworfenen unschuldig wisse, fragte der Visitator, ob ich denn nicht der X — — — sei. Als er hörte, daß ich Schäffle sei, sank der ehrwürdige alte Herr sprachlos auf seinen Stuhl zurück; fast machte es den Eindruck, als wolle er wie Eli rücklings hinunterfallen. Gehen geheißen traf ich meinen Kompromotionalen vor der Tür. Ich sagte ihm, was ich gehört, und daß ihm der Beruf zur Theologie abgesprochen sei. Er aber offenbarte mir, was der hohe Herr mir prognostiziert habe: „Schäffle" — hat er gesagt — „wenn Sie so fortfahren, werden Sie einst eine Säule der Kirche Württembergs, d. h. Prälat werden." Heiter gingen wir fürbaß. Die Ironie des Schicksals hatte dennoch die Prognose richtig gestellt. Mein Namensnachbar wurde zwar kein Prälat, aber ein streitbarer Pfarrer.

An das Zusammenleben mit vierzig Jugendgenossen denke ich gern zurück. Das „Kloster" war gewissermaßen ein politischer und sozialer Mikrokosmos, zum Makrokosmos fehlte ihm zwar der Einfluß des „Ewig-Weiblichen", und damit die Erziehung zu geselligem Schliffe. Weit mehr war der

Seminaraufenthalt eine Vorschule für das öffentliche Leben, der Tummelplatz im Übergang von der physischen Rauflust des Knaben zur geistigen Streitbarkeit des Mannes. Kräftiges Parteileben fehlt einer solchen Republik angehender Diener der Kirche nicht. Die starke Freiheitsbeschränkung — man durfte Winters nur von 12½ bis 2 Uhr nachmittags sich im Freien ergehen — war ganz erträglich, da die Cisterzienser große Wandelbahnen im Inneren geschaffen hatten, wo man ein öffentliches Leben führen und gegen die Lehrer konspirieren konnte. Die letzteren ließen wir schon im ersten Halbjahr auf einen Geisterspuk „hereinfallen".

Die Seminarlaufbahn war fast zurückgelegt, als 1848 die Februarrevolution hereinbrach. Diese warf ihre wilden Wogen auch in unser weit abgelegenes Kloster. Die Bande der Ordnung waren sofort völlig aufgelöst. Die Lehrer mußten gewähren lassen. Die Zöglinge zogen täglich durch die Klostergänge und sangen: „Das Volk steht auf, der Sturm bricht los." Einer von uns dichtete und komponierte gegen die Souveräne des weiland deutschen Bundes ein Lied: „Unserer siebenunddreißig ꝛc.", dessen weitere Reimstrophe sich heute noch nicht straffrei drucken ließe. Es waren zum Teil auch recht ängstliche Tage. Die Bauern standen auf, die Bücher der königlichen und der freiherrlichen Rentämter zu verbrennen; man verspürte wieder den heißen Boden, welcher seit Goethes „Götz von Berlichingen" als der klassische Schauplatz des Bauernkrieges gilt. Ein Aufruhr war zu fürchten. Einmal waren wir konsigniert, das ebenfalls im „Kloster" untergebrachte Königliche Kameralamt gegen einen erwarteten, die „Lagerbücher" bedrohenden Bauerneinfall zu schützen. Es kam nicht dazu. Wäre es dazu gekommen, so würden wir treue Verteidiger der „Ordnung" und des „Eigentums" kaum gewesen sein. Die radikalen Zeitungen — und das waren die gelesenen damals alle — empfahlen das „Fraternisieren mit dem Volk". Für das Königliche Kameralamt-Ärar hätten wir das junge Blut und Leben schwerlich gelassen. Der einzige Schaden, welchen der württembergische Fiskus erlitt, war die Zerschlagung etlicher Stühle, denen wir die Füße als Waffe gegen die Bauern mutwillig ausgerissen hatten.

Bald ging es mit leidlichem Fleiß an die Vorbereitung für den Konkurs nach Tübingen, im Herbst 1848, dabei an die Propädeutik in Logik und Psychologie. Die letztere gab Prälat Roth an der Hand der Schrift des Aristoteles „Über die Seele". Bei der Lektüre der letzteren schliefen die meisten den Mittagsschlaf eines heißen Sommers, so daß das meiste zum Übersetzen an mich kam. Meine Seele ward mir zwar auch als „Entelechie" nicht ganz klar, doch konnte ich — wohl infolge der bereits erlangten Schulung im abstrakten, mathematischen Denken — einiges Verständnis erreichen, und tiefer packte mich Aristoteles doch, als ich bald darauf bei einem Hegelianer zu Tübingen Psychologie zu hören hatte.

Die edelste persönliche Errungenschaft, die ich aus dem Kloster davontrug, war der Bund der Freundschaft mit Karl Victor Fride, einem Kommilitonen, der nachmals mein Kollege an der Tübinger staatswirtschaftlichen Fakultät geworden ist und seit 1874 als Lehrer des Staatsrechts an der Universität Leipzig wirkt. Eine nun mehr als fünfzigjährige, nie getrübte Freundschaft hat uns für das ganze Leben verbunden. Sein nie schwankender Charakter, der Adel seiner Gesinnung, die rasante Schärfe seines Verstandes haben mich stets unwiderstehlich angezogen. Bei aller Tiefe des Gemütes hat dieser Freund gegen Gemeinheit und Aufgeblasenheit über einen wahrhaft niederschmetternden Sarkasmus verfügt.

Innerhalb der Klosterräume entstehen indessen nicht bloß Freundschaften, sondern auch Abneigungen, welche sich leicht in das spätere Leben fortpflanzen. Eine solche erwuchs mir von einem anderen Promotionsgenossen, welcher früh so eifriger Historiker war, daß er sich damals schon daran versuchte, eine Geschichte Chinas zu schreiben. Später ist er der Fort-

„Im Kloster"

setzer der Weltgeschichte des großen Schlosser und Vorstand einer höheren deutschen Lehranstalt geworden. Als ich in den sechziger Jahren am deutschen Verfassungsstreit mich in einer ihm mißliebigen Richtung beteiligte und seine Parteigenossen von der damals herrschenden liberalen „Bulgär-Ökonomie" nicht besonders respektvoll behandelte, hat er mich in Acht und Aberacht erklärt und mich als einen „mittelmäßigen Nationalökonomen" an den Pranger gestellt. Ich habe ihm das nicht übel genommen, weil ich ihn genau genug kannte, um ihn nicht besonders ernst zu nehmen, und habe trotz vieler Aufforderungen, den Schuster zu seinem Leisten zu weisen, dennoch gern geschwiegen. Mein guter Kommilitone hat es offenbar selbst eingesehen, daß er mir Unrecht getan; er hat mir vor einigen Jahren in der versöhnenden Atmosphäre einer „Promotionszusammenkunft" die Hand gereicht, und ich habe sie ergriffen. Ich hätte der Sache gar keine Erwähnung getan, wenn ich nicht fürchten müßte, daß es für meine Nachkommen ein Entsetzen werden könnte, wenn sie mich der geschriebenen „Weltgeschichte" verfallen finden, ohne zu beachten, daß geschriebene Weltgeschichte niemals gottgemachtes Weltgericht gewesen ist, und daß bis in die neueste Zeit herein Historiker mehr als ägyptische Totenrichter, denn als Wissenschafter zu wirken sich gefallen haben.

Daß die Zeit der Flegeljahre von der „Promotion" überwunden gewesen war, als wir im September 1848 Schönthal zur Ablegung des Maturitätskonkurses für die Aufnahme in das Stift zu Tübingen verließen, vermöchte ich nicht zu behaupten. Die schlimmste Kollektivhandlung fast der Gesamtheit der Seminaristen war, daß sie sämtliche Diktathefte von vier Seminarjahren her einem Autodafé auf dem nahen Kreuzberg übergaben. Das einzige Haustier, welches wir im letzten Jahre gegen die hungrigen Klostermäuse aufgenommen hatten, einen Igel, ließen wir in einer Schachtel auf das Gesims des unter der Stube I gelegenen Schlafzimmers der Frau Professorin nieder. Ich würde das nicht anführen, wenn es nicht den Jugendübermut des Jahres 1848 kennzeichnete.

Den Konkurs hatte ich zur größten Freude meiner Mutter glänzend bestanden und bezog im Oktober 1848 das Tübinger Stift. Schon im Monat darauf starb meine teure Mutter.

Was sie hinterließ, reichte kaum zur Bestreitung der Begräbniskosten. Die Mittellosigkeit war durch meine Erziehung nicht veranlaßt worden. Was meine Mutter an unbedeutenden Möbelstücken weggegeben hatte, war nicht für mich draufgegangen und war nicht so viel, als ich ihr an Ersparnissen aus meinen jährlichen 60 fl. Geldreichung seitens der Klosterkasse in den Ferien zugetragen hatte; ich habe seit dem 13. Jahre meiner Mutter überhaupt nichts, und zuvor außer schlichtester Kleidung und Kost nur vier Taler für die Lateinschule jährlich gekostet. Leider habe ich Veranlassung, für meine Enkel diese Tatsache gegenüber einem etwa an ihr Ohr nachhallenden Fabulieren grundverlogener Phantasie innerhalb des Verwandtenkreises nachdrücklich hervorzuheben. Soweit ich Unterstützung und Zuschuß erhielt, geschah es in und von Orlach aus, immer so, daß die linke Hand nicht wußte, was die rechte tat.

Im Stift.

In Tübingen arbeitete ich fleißig, aber so weit es ging, nur in Mathematik, namentlich in höherer Analysis, die ich bei meinem nachmaligen Kollegen Zech gehört habe.

Gern hätte ich daneben Philosophie studiert. Sie wurde mir aber damals binnen weniger Hörstunden auf lange entleidet, bis ich Jahrzehnte später an die Quellen ging und erkenntnistheoretisch festen Boden fand. Sehr lebhaft sind mir in der Erinnerung die ersten drei Stunden Vorlesung über Psychologie geblieben, in welchen der Ordinarius das „Wesen der Seele" als „Identität der Spontanität und der Receptivität" begreiflich machte. In der ersten Stunde ging mir das Mühlrad im Kopf herum, in der zweiten begann der Respekt zu weichen, in der dritten wurde mir klar, daß ich Spontanität unter dem Namen Willen stets gehabt und empfindend längst „rezipiert" hatte. In die vierte und alle folgenden Stunden bin ich dann nicht mehr gegangen. Nachträglich bin ich dem Manne dankbar; denn er hat mich vom Irrgarten der damals noch grassierenden panlogistischen Spekulation, von den Verschrobenheiten der Denkphantastik, von dem „Grundschauen" im „Weltspiegel der Vernunft" ferngehalten, um so mich noch unverdorben später zu Lotze und Lange gelangen zu lassen.

Ich will nicht tote Lehrer beleidigen, würde aber unwahr sein, wenn ich sagen wollte, daß mich damals irgend eines der für den „Stiftler" obligaten Lehrfächer vom Katheder her angezogen hätte. Ob nur mir selbst, oder der Zeit, oder dem Dozent die Schuld zufiel, lasse ich dahingestellt. Eigentlich anregend war mir nur der alte Professor der Physik und Astronomie, Professor Nörrenberg, der Erscheinung nach ein Seni, in Wirklichkeit ein mathematisches Genie ersten Ranges. Ehemals Schlossergeselle, war er großherzoglich hessischer Kanonier geworden und weiter zur Tübinger Sternwarte aufgestiegen. Allein er war der sonderbarste Kauz von der Welt, welcher einen erzieherischen Einfluß auf die Jugend in stürmischer Zeit auszuüben nicht fähig war. Ein unpraktischer Gelehrter war er darum nicht; das hat er nachher bewiesen, als er einem Einbrecher eine Ladung Schwefelsäure aus der Glasspritze ins Gesicht applizierte, so daß dieser geblendet die Einsteigleiter hinunterstürzte und liegen blieb.

Mit dem „Schwänzen" der Kollegien war nun freilich nichts für das Leben gelernt. Dafür öffnete sich mir bald eine andere Schule. Nur sieben Monate habe ich das Brot des „Stiftes" gegessen.

Flucht aus dem Stift.

„Er entwich, er ging durch, er brach aus!" Diese Worte aus der Anklage Ciceros gegen Catilina wären eine übel angebrachte Überschrift, wenn das jähe Abschwenken vom Weg auf die Kanzel zu, wovon nun die Rede sein muß, als ein Akt der Verschwörung gedeutet werden dürfte. Das war es wenigstens nicht nach der Gesinnung, welche mich leitete. Die unmittelbare Folge sogar war die frühe Abneigung gegen Verschwörung und Revolution.

Schon im Frühjahr 1849 war ich wie hundert andere von der akademischen Jugend in den Strudel der damals haushoch gehenden politischen Wogen hineingeraten. Im Jahre zuvor, 1848, war unter den Tübinger Studenten der nationale Idealismus in heller, lichter Lohe emporgeflammt gewesen. Als nach Ausbruch der Februar-Revolution „der Franzosenlärm" gekommen war, wäre die Masse der Studentenschaft sogleich bereit gewesen, für das Vaterland in nächster Nähe zu sterben. Den Franzosen, welche schon in Rottweil und am Kniebis stehen sollten, hatte man beschlossen neckaraufwärts entgegenzuziehen. Ein Professor der staatswirtschaftlichen Fakultät, ein früherer Reiteroffizier, jetzt Technologe, war zum Kommandanten der Studentenlegion gewählt worden, und als er in einer feurigen Rede mit den Worten geschlossen hatte: „Für das Vaterland bis in den Tod, eure Schädel werden an den Gestaden des Neckar bleichen," waren dem Rufe dennoch hunderte von Studierenden gefolgt. Es war mit Rapieren,

Pistolen, Säbeln und teilweise auch mit Sensen zwei Stunden neckaraufwärts in die Bischofstadt Rottenburg gezogen worden. Die dort empfangene sichere Kunde, daß kein einziger Franzose diesseits des Rheines stehe, soll eher verstimmend gewirkt haben; aber kein Studentenschädel sollte durch die Franzosen an den Gestaden des Neckars bleichen. Im Herbst 1848 dagegen, als wir der alma mater uns ergeben, kannten wir solchen Idealismus nur noch vom Hörensagen. Die fromme Milch idealer Denkungsart war durch den Parteigeist bereits in gärend Drachengift auch unter uns Jünglingen verwandelt.

„Hecker hoch!" war in Ernst und Scherz verbreitet. Die Bevölkerung spaltete sich in die konservative oder sogenannte „vaterländische" Partei, welche partikularistisch, in die demokratische Partei oder „Roten", welche ideal=republikanisch gesinnt war, und in die ein deutsches Reich in irgend welcher besten Form erstrebenden Schichten, deren „Schwarzrotgold" da mehr ins Schwarzgelbe, dort mehr ins Schwarzweiße sich verfärbte. Eine Kaufmannsfamilie hatte je einen Vertreter in allen drei Parteien. Die Studentenschaft in ihrer großen Mehrheit war für „Schwarzrotgold" gewesen. Aber seit Ablehnung der Kaiserkrone durch Friedrich Wilhelm IV. war eine starke radikale Strömung entstanden. Nun galt auch mir wie anderen das Frankfurter Parlament, selbst noch als Volksvertretungsrumpf, zu welchem es so rasch abbröckelte, für die legitime Vertretung und souveräne Gewalt der deutschen Nation, der man zu folgen habe. Diese Bewegung war gerade in Württemberg eine so mächtige, daß das Rumpfparlament deshalb nach Stuttgart seinen Sitz verlegte. Hier wurde es später im Fritzschen Reithause militärisch gesprengt.

Auf einer nach Reutlingen einberufenen und aus allen Teilen Württembergs zahlreich beschickten Volksversammlung wußten es demagogische Schönredner, deren später kein einziger seine eigene Haut für das Parlament zu Markt trug, dahin zu bringen, daß tausende mit Begeisterung schwuren, bewaffnet dem Rufe der "Reichsregentschaft" Folge zu leisten. Darunter befand auch ich mich mit einer größeren Anzahl anderer Studenten verschiedener Fakultäten. Der Ruf ließ nicht lange auf sich warten, und im Juni 1849 zogen wir zu den gegen die Preußen kämpfenden Freischaren in Baden. Der Anschluß an die letzteren erfolgte in Gernsbach bei Baden-Baden, wohin wir, alle größeren Orte umgehend, über Altensteig und Enzklösterle durch den Schwarzwald völlig unbehelligt durchgekommen waren. Mit dem Übergang zu den Freischaren war auch gegen meine theologische Bestimmung endgültig die Entscheidung gefallen. Zwar nicht mit äußerer Notwendigkeit. Ein anderer Freischärler aus dem Stift, freilich ein zum Seelenhirten wirklich angelegter Mensch, ist in Stuttgart erster Hofprediger geworden und Prälat dazu. Aber für meine Person waren weder die eigenen Neigungen, noch die äußeren Umstände geistlicher Berufswahl günstig.

Oft und bald nachher habe ich mich unbefangen geprüft, wieso ich denn zu dem "Fehlzuge" nach Baden gekommen bin. Die Lockung radikaler Phrasen war nicht mächtig über mich gewesen. Die Wirkung der Reden politischer Hohlköpfe, welche gegen die "am Baum der Freiheit alle Früchte benagenden Wespen der Reaktion" wetterten, widerten mich durch ihre Geschmacklosigkeit an, und eher war ich gegen solche "Schwärmer" schon damals ein "Erzreaktionär". Die Enttäuschung über den Verlauf der damaligen nationalen Bewegung machte es möglich, daß ich mich zu dem Schwure in Reutlingen verleiten ließ. Diesen Schwur habe ich zwar gehalten gewissenshalber, aber geleistet habe ich ihn dennoch in einer Stimmung, an welcher auch ganz andere denn politisch-idealistische Motive Anteil gehabt haben. Ich würde vor meinen Enkeln heucheln, wenn ich nicht an das erinnern wollte, was damals sonst in meiner Seele vorging.

Geldnöte – Bruch mit der Theologie

Meine Mutter war, wie bemerkt, im Herbst 1848, wenige Wochen nach meinem Eintritt in das Tübinger Stift, gestorben. Das war für mich ein namenloser Schmerz gewesen, aber der stärkste Abhaltungsgrund gegen die Aufgabe der theologischen Laufbahn war gewichen. Hätte 1849 meine Mutter noch gelebt, schwerlich hätte ich ihr das Leid angetan, ihre höchste Hoffnung zu zerstören. Aus einer Laufbahn hinauszukommen, welche meinen Neigungen widersprach, war aber schon mein sehnlichstes Streben geworden, zumal da meine liebsten Freunde aus dem Seminar zu anderen Fächern übergegangen waren. Dazu kam, daß ich bei dem Mangel nahezu aller Geldzuschüsse in anderer Richtung in äußeres und inneres Gedränge gekommen war. Aus der Seminarkasse bekam ich des Jahres immer noch, wie vier Jahre lang in Schönthal, nur 60 fl., womit ich den Schneider, Schuhmacher, Buchhändler und anderes zu bestreiten hatte. Andere sichere Zuschüsse mangelten. Dazu hatte ich die Unklugheit begangen, sogleich beim Eintritt in das Stift mich der „Gesellschaft der Königsstiftler" anzuschließen, deren reiches Geistesleben mich angezogen hatte. Die obgleich grundsolide Geselligkeit dieser Gesellschaft führte alsbald über meine äußerst beschränkten Mittel hinaus. Schon nach einem halben Jahr trat ich, unter völlig wahrheitsgemäßer Angabe des Grundes, aus dieser Verbindung aus, was mir jedoch schwere Mißdeutung und ungerechte gesellige Mißhandlung zuzog. Bleiern lag der Druck der Mittellosigkeit auf meinem Geiste, gerade in einem Jahre allgemeinen Hochfliegens, und ich hatte das Gefühl — dessen erinnere ich mich genau —, daß ich einer Katastrophe entgegentreibe.

Auf das Kapital meines bereits erworbenen Schulsackes jedoch stützte ich — nach „Stiftler"-Art — ein ziemlich starkes Selbstvertrauen, und so wurde mir zu einem Schritt, den ich zu Lebzeiten meiner Mutter niemals getan haben würde, der Entschluß jedenfalls erleichtert. Schmerzlich war mir der Gedanke, daß ich meine zweiten Eltern in Orlach schwer betrüben würde. Aber ich war entschlossen, alle Folgen selbst zu tragen, mein Brot, wenn auch noch so kümmerlich, selbst zu verdienen. Wenn es in Deutschland mit der Existenz nicht ginge, war ich entschlossen, äußersten Falles außerhalb Europas mich durch die Welt zu schlagen. Mit der Theologie hatte ich so gründlich gebrochen, daß ich vor dem Abmarsch aus Tübingen auch meine hebräische Bibel zum Antiquar trug. Nichts habe ich nachmals an des Scheffelschen Trompeters Abzug aus Heidelberg so tief nachempfinden können, wie den Verkauf des corpus juris an „Leo Marsol, den schnöden Jud." Eine „Elzeviersche Prachtausgabe" war freilich mein hebräisches corpus theologicum nicht gewesen.

Freischaren-Erfahrungen.

Den Tag, da ich nach Baden zog, und den Tag, da ich von Baden zurückkam, weiß ich nicht mehr zu bezeichnen. Der Weg in der blauen Bluse sollte ein noch viel kürzerer werden als derjenige zur Erlangung des schwarzen Rockes. Aber bis heute festhaftende, tiefe Eindrücke habe ich in den etlichen vierzehn Tagen meines freien militärischen Erdenwallens doch empfangen. Ohne daß ich es kalendermäßig festzustellen wüßte, kann ich mir doch alles bis ins einzelne bestimmt vergegenwärtigen. Wer das nicht selbst erlebt hat, kann sich das Bild jener Tage kaum verschaffen. Darum will ich es mit einigen Strichen zeichnen.

Als wir nach Gernsbach gekommen waren, meldeten wir uns beim dortigen Bezirkskommissär oder Bezirkskommandanten der badischen provisorischen Regierung; die genauere Bezeichnung der damaligen Ausnahmsbehörden weiß ich nicht mehr. In dem Kommandanten hat uns Gott einen Engel auf einem verfehlten Pfad gesendet. Es war „Major" Max Dortu, ein junger Mann, welcher alle persönlichen Eigenschaften besaß, um idealistisch aufgeregte und von den Demagogen mißleitete Jünglinge zu fesseln; soweit es noch sein konnte, für seine Sache zu verwerten, aber, nachdem die Entscheidung gegen den Aufstand gefallen war, auch zu retten.

Dortu war der Sohn eines höheren preußischen Gerichtsbeamten; dieser war — wenn ich aus den Zeitungen das Richtige erfahren habe — in Potsdam angestellt gewesen. Der junge Dortu war, auf eine mir nicht bekannte Weise, nach Baden gekommen und hatte sich dem Aufstand, obwohl zur preußischen Landwehr gehörig, zur Verfügung gestellt. Die provisorische Regierung hatte ihn für den Bezirk Gernsbach bevollmächtigt; die Stellung, die er einnahm, kommt mir heute wie die eines revolutionären Landwehrbezirks-Kommandanten vor. Als solcher hatte er auch uns Zuzügler zu empfangen.

Unsere Aufnahme bei ihm war die beste, und schon am ersten Tage verwendete er einige von uns, darunter auch mich, zu dienstlichen Ausfertigungen, wofür es ihm an gebildeten Kräften durchaus gemangelt hatte. Sein Hauptquartier war in einem Wirtshaus auf dem Gernsbacher Marktplatze; das Schild weiß ich nicht mehr zu nennen. Schon am zweiten Tage nach unserer Ankunft — es mochte abends zwischen 10 und 11 sein — weihte er mich in die wirkliche Lage der Dinge ein; wir hatten bis dahin gearbeitet. Er teilte mit, daß in den nächsten Tagen die Entscheidung sicher gegen den Aufstand fallen werde. Er wolle sich auf dem Posten halten, solange es möglich, jedoch nur um Raub und Plünderung durch die ihm zugelaufenen Massen zu verhüten; wir sollten noch einige Tage aushalten, um ihn zu unterstützen. Er selbst, hinter welchem alle Brücken abgebrochen seien, werde den Rückzug nach der Schweiz antreten; uns bitte er, sobald er einen Wink gebe, selbst auf Gefahr einer Strafe in die Heimat zurückzugehen und das Exil zu vermeiden. Dortu war tief bewegt. Für sich selbst war der junge, geistig reine, körperlich bildschöne Mann offenbar geknickt und aus dem Himmel der damals allgemeinen politischen Illusion auf einen der, bei aller Naturschönheit, jetzt schmutzigsten Flecke wirklichen Erdendaseins herabgefallen; vielleicht ahnte er schon das Arge, was ihn alsbald ereilen sollte. Die paar Tage weiteren Zusammenseins erhöhten, bei stündlich wachsendem Ernst der Dinge, den unwiderstehlichen Zauber, den seine Persönlichkeit auf mich übte.

Eine trostlosere Lage für einen militärisch gebildeten Mann, als diejenige, in welcher Dortu sich befand, läßt sich auch kaum denken. Das beste Material für eine Revolutionsarmee, die älteren Jahrgänge militärisch geübter Männer, war entweder nicht beizubringen oder als „Volkswehr" bereits den einrückenden Preußen zwischen Neckar und Murg entgegengestellt. Was sich freiwillig ansammelte, war der Masse nach unsagbar gemeines Gesindel, welches jeder Zucht und Organisation spottete, nur essen und trinken wollte, am liebsten aber mit den von den entflohenen Herrschaften zurückgelassenen Mägden sich abgab. Das war noch kein zielbewußtes „Proletariat", welches „prinzipiell" Staat und Gesellschaft umstürzen wollte und daran sein Leben wagte; ein solches gab es damals in Deutschland noch nicht. Das war vielmehr, was heute gerade von der Sozialdemokratie als „Lumpenproletariat" bezeichnet werden würde. Und so wurde wohl ein wenig exerziert, um von schlimmeren Kraftübungen abzuleiten, und auch da kam es während einer Ruhepause einmal dazu, daß die Mehrzahl ein Zusammenlegen des mitgebrachten Geldes aller zur gleichen Austeilung an alle verlangte. Erzwungen wurde es aber nicht, dagegen waren wir zu entschiedenstem Gebrauch unserer mitgebrachten alten Musketen entschlossen.

Das alles hatten wir in wenigen Tagen selbst geschaut und tief empfunden. Dortus Eröffnung stimmte uns noch trauriger, aber wir harrten auch aus, bis Dortu uns nicht nur erlaubte, sondern aufforderte, einzeln oder doch zu wenigen über die württembergische Grenze zurückzugehen. Außer zwei Nächten Wachdienst vor Schloß Eberstein, welches zwar von seinen Schätzen geleert, aber nach Dortus Befürchtung gerade darum von Verwüstung bedroht war, kam es —

eine kleine Rekognoscierung über die württembergische Grenze ausgenommen — für uns überhaupt zu nichts.

Die gedachte Rekognoscierung freilich ist mir unvergeßlich. Kein komischerer Vorgang lebt in meinem Gedächtnis. Vielleicht hat der kleine Vorgang für die allgemeine Charakteristik damaliger Freischärlerei ein Interesse. Es war an einem der letzten Tage meines Aufenthaltes in Gernsbach, als stärkere Trupps der ins badische Unterland gepreßt gewesenen „Volkswehren" flüchtigen Fußes erschienen, ohne daß von ihnen Aufschlüsse zu erlangen waren. Dortu wollte über diese Bewegungen, welche sich längs der württembergischen Grenze hinzogen, Aufklärung erlangen und entsandte uns nach Loffenau und weiter über einen kleinen Paß in das württembergische Herrenalb, mit dem Befehl, selbigen Tages nach Gernsbach zurückzukehren. Der Kommandant unserer kleinen Truppe war ein früherer württembergischer Feldwebel, nun aber ehrsamer Schuhmacher zu Tübingen, der mit uns Studenten ausgezogen war; mangels jeder militärisch geschulten Persönlichkeit war er der einzige mögliche Führer. Die kurze Zeit, da wir in Gernsbach lagen, war er für uns die Zielscheibe von allerlei übermütigem Ulk. Er reizte dazu; denn um die Röte seiner Gesinnung zu bekunden, strich dieser Befehlshaber, wo ein Kalb oder ein Hammel geschlachtet wurde, seine Stiefel mit Blut an. Als wir nun von Loffenau bergan gegen Herrenalb marschierten, bemerkte die Spitze des Zuges in der Höhe das Vorüberziehen einiger hundert blinkender Bajonette. Das wurde an den blutbestiefelten Kommandanten zurückgemeldet. Dieser schwang sich an der Straßenböschung hinauf ins Gebüsch, anscheinend, um von dort aus entscheidende Umschau zu halten. Allein bald war klar, daß der Mutige verschwunden war, und trotz höhnischem Nachrufen sah man Schuster und Stiefel nimmer wieder. Dennoch lief die Expedition nicht auseinander. Die gesehenen Bajonette gehörten einem versprengten oder durchgegangenen

Trupp badischer Volkswehr an, von deren Führern jedoch nichts herauszubringen war. Einige Wagen Reichstagsabgeordneter, welche nach der eben erfolgt gewesenen Sprengung des Rumpfparlaments aus Stuttgart des Weges gefahren kamen, wiegten sich nach ihren Äußerungen noch in Illusionen; wir ließen sie passieren und konnten einem derselben, der nach seinem Sohn fragte, sagen, daß er diesen einige hundert Schritt weiter in der Nachhut finden werde. In Loffenau wurde der Kirchturm besetzt, damit unsere schwäbischen Landsleute nicht Sturm läuteten, und als die den Glockenturm bewachende Schildwache abzuziehen im Begriff war, schickte ihr der Herr Pfarrer — Blum hieß er — durch sein Dienstmädchen einen Krug Obstmost „wegen der Hitze des Tages und wegen der guten Bewachung seines Glockenturms". Als wir nach Gernsbach zurückkamen, wußte Dortu, daß alles verloren war.

Wir nahmen gerührt Abschied, und unserem Dortu glänzte eine helle Träne im Auge. Einige Wochen darauf war in den Zeitungen zu lesen, daß Max Dortu zu Freiburg i. Br. auf Denunziation seines Dienstdragoners ergriffen und standrechtlich erschossen worden sei. Hinrichtungen dieser Art in einer Zeit, da die Regierungen 15 Monate lang alle Macht in die Hand eines konstituierenden Nationalparlaments hatte gleiten lassen, welches von tausenden gutgläubig als Träger des souveränen Willens der Nation angesehen wurde, wirkten weithin sehr verbitternd und waren in einem durch drei Jahrzehnte bundestäglicher Schandwirtschaft mitverschuldeten Bürgerkrieg Akte zweifelhafter politischer Klugheit. Die Unpopularität, welche dem nachmaligen deutschen Kaiser Wilhelm I. damals den Namen des „Kartätschenprinzen" erweckte und welche in süddeutschen Herzen lange nachgeklungen hat, wäre vielleicht besser vermieden worden.

Einige Tage nach dem Abschied von Dortu befand ich mich wieder in Tübingen. Wir waren zu dreien das Murgtal aufwärts über Forbach nach Reichenbach gegangen, auf badischem Boden hatten wir Bluse, Muskete und Hirsch=fänger abgelegt. Unter Führung eines politisch ebenfalls kompromittierten, später auf dem Asberg büßenden Dorf=pfarrers schlüpften wir auf Waldwegen durch den eben von württembergischen Militär gezogenen Grenzkordon und ent=kamen auf dem kürzesten Wege nach dem damals besatzungs=losen Hohenzollernschen Lande. Von Hechingen sandten wir Nachricht zu den Freunden und entboten sie zur Beratung des weiteren. Nachdem wir dem Hohenzollern einen Besuch ge=macht hatten, der viel harmloser, aber auch weit weniger lächerlich war, als nachmals derjenige württembergischer Sol=daten unter dem Regierungskommissär Grafen Leitrum im Jahre 1866, trafen wir abends die in mehreren Wagen ge=kommenen Freunde, die entschieden von der Flucht in die Schweiz abrieten.

Abschied vom Stift

Fort ins Ungewisse.

Was sollte ich nun anfangen? In das „Stift" zurückkehren? Das taten sämtliche Stiftler, welche den Zug mitgemacht hatten. Sie wurden in den „Karzer", aber nicht wieder in den Stiftsgenuß eingesetzt; dennoch freilich sind sie fast insgesamt gute Seelenhirten geworden.

Ich für meine Person war entschlossen, eine „Säule der Kirche Württembergs" nicht zu werden, sondern irgend einen anderen Lebensweg tunlichst in der Richtung realistischer Studien einzuschlagen. Nicht, weil ich die Wiederaufnahme in das Stift bezweifelte, sondern weil ich nicht aufgenommen sein wollte, erklärte ich, daß ich auf das Benefiz des Stiftsgenusses verzichte und nach dem Grundsatz „die größere Strafe faßt die geringere in sich" [„poena major absorbet minorem"] der Antretung der Karzerstrafe, die sofort angesagt worden war, enthoben zu sein glaube. Die, obwohl nur mündlich ausgesprochene, „poena major absorbet minorem", welche an die entlassende Oberbehörde in Stuttgart berichtet worden sein muß, soll als Verhöhnung größte Entrüstung erregt haben, war aber eine bei den juristischen Freunden aufgegriffene Phrase, deren Anwendung in diesem Fall auch nicht eine Spur von Bosheit und Übermut anklebte; es war souveräner Unverstand.

Dennoch war die praktische Durchführung dieser Formel keine ganz leichte Sache gewesen. Als ich selbigen Abends ins Stift kam, meine Effekten zu holen, wollte man mich

Fahrt ins Ungewisse

sofort in den Karzer abführen. Es kostete viel simulierte Blödigkeit, um es zu erwirken, daß ich aus meinem draußen bei einem Freunde liegenden Tornister das unentbehrliche Nachtzeug holen durfte. Doch sah mich kein Pförtner am Klostertore wieder. Ich ging hinweg, begab mich für mein zweites Nachtquartier zu einem „Stadtstudenten" und ging des anderen Morgens frühe, bevor die Hähne des „Stifts" krähen, der Bannmeile der Stiftsgewalt entrückt, schon bei Bebenhausen fürbaß, auf dem Wege nach Stuttgart. Daß die Stuttgarter Oberbehörde ihrem Unmut über meine Karzerflucht in einem scharfen „Rüffel" des Stiftsvorstands und des Stiftsoberaufsehers Ausdruck gab, habe ich um so aufrichtiger bedauert, als die Gerüffelten vollständig unschuldig gewesen waren.

Unvergeßlich bleibt mir der schöne Morgen, an welchem ich, alles das Meinige, nur kein Geld in meinem Ranzen bei mir tragend, die acht Stunden Weges nach Stuttgart pilgerte, um dort bei der mir wohlgesinnten Mutter eines Freundes vorsichtig Quartier zu nehmen. Dann ging es weiter mit der Bahn nach Heilbronn, um von da am dritten Tage in dreizehnstündigem Marsch meine Adoptivheimat im Pfarrhaus zu Orlach zu erreichen.

Nach all der Umtreiberei der letzten Wochen, welche in der Diplomatie der Vermeidung der Karzerstrafe gipfelte, gewann ich nun die erforderliche Sammlung, um über meine Lage nachzudenken. Rückwärts schaute ich nicht mehr; Grübeln über Vergangenes und Unabänderliches lag niemals in meiner Art. Was ich eben selbst erlebt, war zwar teilweise anwidernd genug gewesen; aber politische Reflexionen darüber anzustellen, kam mir noch nicht in den Sinn, ich war dazu noch viel zu unreif. Erst später ist das unmittelbar Geschaute für meine ganze Lebensauffassung fruchtbar geworden. Die einzige Bitternis meines Innern war ungeheuere Verachtung und unbegrenzter Ekel gegen die gewissenlosen Aufwiegler der Rednerbühne auf der Reutlinger Volksversammlung. Die rote Demagogie war es gewesen, der wir verfallen waren; ich habe später vielseitigst gefunden, daß die schwarzen und die weißen Demagogen um kein Haar besser sind. Daß alle drei Sorten immer wieder auftauchen werden und gar nicht verschwinden können, ist mir aber erst 25 Jahre später, als ich im II. Band von „Bau und Leben des sozialen Körpers" den ewigen Schlackenfluß der sozialen Entwickelungsprozesse als unvermeidlich ergründen lernte, vollkommen klar geworden. Der unauslöschliche Ekel an jeder Art der ziellosen und selbstischen Volksverhetzung war aber zunächst die einzige Frucht, welche ich aus meinem Zuge nach Baden davontrug.

Aber auch der Abscheu vor den Demagogen trat zurück gegen den Entschluß, mit äußerster Energie außerhalb der geistlichen Laufbahn meines Glückes Schmied zu werden. Meine Gesamtstimmung war nichts weniger als gedrückt. Ich atmete leicht und war trotz oder vielmehr wegen des erfolgten Abbruchs aller Brücken hinter mir in einer gewissen frohen Stimmung, die mir so stark nur noch einmal in einem entscheidenden Momente geworden ist.

Vollständig unrichtig war die spätere Annahme einiger protestantischer Kollegen des Tübinger Akademischen Senates, die mir dauernden Haß gegen „das Stift" und, als ich württembergisches Landtagsmitglied geworden, den finsteren Gedanken eines Antrages auf Beseitigung dieser Anstalt andichteten. Ich habe ihnen die aufrichtige Versicherung geben können, daß mein Geschick nicht für Aufhebung „des" Stifts, sondern für dessen Vervielfältigung, d. h. für Herstellung von Fachfreiplätzen und Stipendien bei allen Fakultäten sprach, damit auch jeder unbemittelte Jüngling, der die Konkursprüfung besteht, die seiner Persönlichkeit entsprechende Berufsrichtung gewinnen könne. Dieser Gedanke hat bei meinen Kollegen von der protestantischen Fakultät fast noch mehr Kopfschütteln verursacht, als die mir zugeschriebene Absicht, das theologische Stift beseitigen zu wollen. Denselben halte ich aber heute noch feſt und habe ihn in meinen ſpäteren Schriften mit größtem Nachdruck zu vertreten geſucht. Armer Leute Kinder, welche Befähigung und Fleiß im Wettkampf der Gymnaſial- und der Fachprüfung dartun, würden ohne gefährliche An- und Abwege auf die Plätze gelangen, wo ſie — aus dem Volke kommend — für das Volk am meiſten wirken könnten. Das ergäbe auch in der Politik eine ſehr wünſchenswerte Konkurrenz gegen die geborenen „Edelſten der Nation". Im einzelnen würden freilich noch Fälle genug übrig bleiben, in welchen jüngere und ältere Männer mit feurigem Kern im Herzen die Schranken des Beſtehenden durchbrechen müſſen, um ihre Beſtimmung zu erreichen.

Ein väterlicher Freund

Ein Anlauf zum Lehrberuf.

In Orlach hatte ich zwar ernste Vorstellungen erhalten, war aber doch wie der verlorene Sohn wieder aufgenommen worden. Während der drei Monate, die ich nun dort zubrachte, schritt ich sofort zur Vorbereitung auf das Reallehrerexamen, mit allen Mitteln, die ich hier erreichen konnte. Wichtiger war für meine spätere Laufbahn der Umgang mit einem benachbarten Geistlichen, welcher mit der Orlacher Pfarrfamilie verschwägert war, namens Witt. Er war ein biederer Franke alten Schlages, der „letzte Hohenloher", wie ihn nachmals sein Nekrolog im „Schwäbischen Merkur" bezeichnet hat. Er war ums Jahr 1830 in die Burschenschafts-Prozesse verwickelt gewesen und hatte ein Jahr auf der Festung als politischer Gefangener absitzen müssen. Von da an hatte er nicht aufgehört, sich mit staatlichen Dingen zu beschäftigen, besaß darin ein reifes, wissenschaftlich wohl begründetes Urteil, stets von patriotischem Gefühl getragen. Für einen jungen Mann in der Lage, in welcher ich mich damals befand, war er wie geschaffen, der politische Seelsorger zu werden. Mit der ganzen Liebe eines väterlichen Freundes nahm er sich meiner an und hat mir in wenigen Wochen unendlich viel Licht aufgesteckt. Bei ihm wurde ich erstmals auch ein eifriger Leser der „Allgemeinen Zeitung", und bezüglich der damaligen revolutionären Be=

wegungen in Österreich hat er mir die „Kaiserliche" Auffassung gewiesen.

Meinem Drang zum Schullehrerberuf wurde inzwischen ein erstes praktisches Ziel gesteckt, das freilich sogleich auch das letzte werden sollte. Ich nahm im Herbst 1849 eine Privatlehrerstelle in Gschwend auf dem Welzheimer Walde (O.-A. Gaildorf) an, wo ich sieben Knaben aus verschiedenen Familien über die Volksschule hinaus zu unterrichten hatte. Es geschah zwar nur zu einem Gehalt von 120 fl. jährlich, neben freier Kost und Wohnung. Doch mit frischem, freien Mute unterzog ich mich der Arbeit bei angenehmer und anregender Berührung mit dem Geistlichen, dem Förster, dem „Wundarzt" und den anderen „Honoratioren" des Ortes. Auch die Schüler machten mir viele Freude, nicht am wenigsten derjenige, welcher dem lateinischen Sätzchen: gallus cantu indicat diem die klassische Übersetzung gab: „Der Franzose zeigt durch Krähen den Tag an." Jedoch schon im Juni 1850 verließ ich die Stelle und gab auch die Richtung auf den Schul- wie ein Jahr zuvor auf den Kirchenberuf für immer auf. Ich trat in die Redaktion des „Schwäbischen Merkur", Eigentums der Familie Elben, ein.

Diese Wendung meines Schicksals hatte eine eigentümliche Ursache. Im Examen zum Tübinger Stift im Herbste 1848 war ich von einem Verwandten der Familie Elben, dem Professor der Geschichte an der Tübinger Universität, Haug, in der Geographie examiniert worden. Nach der Lage des Kapes S. Roque in Südamerika befragt, hatte ich die richtige Antwort gegeben und an dieser gegenüber dem Examinator, welcher die Lage um geographische Breitegrade abweichend angab, mit der bescheiden vorgetragenen Bemerkung bestimmt festgehalten, daß das Lehrbuch und der Atlas dieselbe Angabe gleichmäßig falsch gemacht haben müßten. Der Irrtum des Examinators hat mein weiteres Schicksal

Anstellung

bestimmt. Haug, eine große Mannesseele, hatte mich sogleich im Oktober 1848 zu sich kommen lassen und mich mündlich wegen meines sicheren Auftretens belobt. Achtzehn Monate später um Personalvorschläge für die vakante Stelle beim „Schwäbischen Merkur" von seinen Verwandten angegangen, hat er mich angelegentlichst empfohlen, und ich erhielt die Anstellung, zunächst zu 600 fl., bei freier Wohnung, später zu 800 fl., zuletzt bei meiner Verheiratung mit 1500 fl., einem für damals glänzenden Jugendgehalt.

Fünf Jahre journalistischer Schulung.

Die journalistische Schule beim „Schwäbischen Merkur" war gerade in jenen Jahren für meine weitere Entwicklung günstig angetan. Der „Merkur" war noch nicht national-liberal-protestantisches Provinzialblatt, was er seit der Gründung des Deutschen Reiches wurde und hat werden müssen. Württemberg war zwar auch damals eine kleine Welt, aber es war eine kleine Welt für sich, ein politischer Mikrokosmos, ein „kleiner sozialer Körper". Der Merkur war die Times des „schwäbischen Globus". Er war kein ausgesprochenes Parteiblatt, darum aber nicht charakterlos. Er stellte sich keiner Richtung, außer dem damals selbst noch gemäßigten Ultramontanismus fremd gegenüber. Eben darum konnte man Menschen und Dinge vielseitig kennen lernen. Mit einem Male stand ich mitten in einem kleinen, aber doch in einem vollen Leben, und wohin ich griff oder vielmehr greifen mußte, da war es interessant, empfing ich Anregung, und konnte ich in der Schule des Lebens lernen.

Nicht der geringste Gewinn war die frühe Gewöhnung an geschäftlich-expedites Arbeiten.

Das Blatt gehörte zwei Familien an, den Söhnen und Enkeln eines „Magister Elben", welcher zu Ende des achtzehnten Jahrhunderts „den über Land und See daherfliegenden Götterboten Merkurius erworben und seinen Land- und Seegott durch die bewegte Zeit Napoleons I. gescheit durchgelootst hatte". In der einen der beiden nunmehrigen Arbeitgeberfamilien war der liberale, frisch von 1848 her sogar noch der radikale „rötliche" Standpunkt vertreten, die andere huldigte gemäßigten, sogar kirchlich-konservativen Neigungen. Beide Familien hatten aber in Vätern und Söhnen durchaus anständige Vertreter in der Redaktion. Die radikalere der beiden Familien war die begabtere. Dieser persönliche Zustand der Redaktion war meiner publizistischen Entwicklung überaus günstig. Ich besaß alle wünschenswerte Freiheit individueller Behandlung meiner Redaktionssparten und unterlag keinen Nötigungen in extremer Richtung, sei es nach rechts, sei es nach links. Dabei kam es mir zu statten, daß ich weder Deutschland, noch Schwaben, sondern das „Ausland", und zwar, mit Ausnahme von Italien, Schweiz und Rußland, das ganze Ausland zu redigieren hatte. Auf diesem Boden wenigstens waren auch in der damaligen, nach 1848 beschränkt reaktionären Zeit dem Journalisten keine Fußschellen angehängt. Die Familie ließ mich gewähren und konnte mich gewähren lassen. Trotz des damaligen Hereinbrechens der „Reaktion" war wenigstens die Zensur nicht wiedergekommen. Mit der letzteren hatte König Wilhelm I. vor 1848 gerade im „Merkur" selbst schlimme Erfahrungen gemacht; im Unmut hatte er bis 1848 dann und wann Artikelchen der Redaktion zustellen lassen, welche aber von seinen Zensoren regelmäßig gestrichen worden waren. Von gestrichenen Zensurstreifen waren damals noch etliche übrig.

Es gereichte mir zur lebhaften Genugtuung, nach dem Tode von Dr. Otto Elben, 1899, aus einem Brief des Sohnes zu erfahren, daß der Vater den Söhnen meine Arbeitskraft und Arbeitswilligkeit als Muster vorgehalten habe.

Der mir zufallende Teil des Redaktionsgeschäftes bedingte, wenn die Arbeit gründlich und sicher geleistet werden sollte, am meisten die Erwerbung vielseitiger wissenschaftlicher und praktischer Kenntnisse zur Vervollständigung des geographischen und historischen Wissens, welches ich im Klosterschulsack allerdings reichlich davongetragen hatte. Ich war geradezu gezwungen, Studien in Staatsrecht, Politik, Nationalökonomie zu machen und sogleich zu verwerten, umsomehr, als in diese Zeit der Kampf des dritten Kaiserreiches mit der zweiten Republik, der Staatsstreich vom Jahre 1851, der Krimkrieg und die erste Londoner Weltausstellung fallen sollten, Ereignisse, welche gerade ich selbständig zu bearbeiten hatte. Die Bewältigung eingehender Berichterstattung über die Londoner Ausstellung 1851 nötigte mich zu erstem Eindringen in die mechanische und die chemische Technologie, und im bereits beginnenden Verkehr mit den bedeutendsten damaligen Beamten der kaum begründeten gewerblichen Zentralstelle zu Stuttgart kam ich dabei viel weiter, als es mir durch die Anhörung einiger technologischen Universitätsvorlesungen hätte gelingen können. Physik hatte ich neben Mathematik schon in Tübingen bei Nörrenberg gern getrieben. Die Elemente der Chemie hatte ich an der Hand von Stöckhardts „Schule der Chemie" sowie mit Hilfe eines Apparates, den ich mir in der Gaildorfer Apotheke hatte zusammenstellen lassen, während meines achtmonatlichen Gschwender Aufenthaltes, zur Vorbereitung für ein Reallehrerexamen, mir selbst angeeignet; heute noch vermag ich die Freude, die mir das Gelingen der Experimente nach den Stöckhardtschen Abbildungen bereitet hat, aufs lebhafteste zu empfinden. Die Bearbeitung der ersten Weltausstellung zu London im Jahre 1851 für den „Merkur" war es auch, was mich zum ersten Eindringen in die Nationalökonomie fast zwingend veranlaßte. Ich möchte jedem Jünger der politischen Ökonomie einige journalistische Lehrjahre unter den anständigen Verhältnissen wünschen, wie solche die Familie Elben mir geboten hat.

Fachstudien

Höhere Staatsprüfung. Staatswissenschaftliche und philosophische Studien.

Bei so reicher praktischer Anregung war es mir verhältnismäßig leicht gemacht, das zur Ablegung der höheren Dienstprüfung im Ministerium des Innern erforderliche Fachwissen mir anzueignen; List, Hildebrand, Rau für Nationalökonomie, Puchtas Institutionen und Pandekten für die Geschichte und das System des römischen Rechtes, R. v. Mohl, Bluntschli, Zachariä und Zöpfl für das allgemeine und das positive Staatsrecht und für die Polizeiwissenschaft, Köstlin und Hufnagel für das Strafrecht, Fr. Payen (deutsche Bearbeitung von Fehling), Karmarsch und Hartmann für Technologie habe ich durchaus studiert mit heißem Bemühen, und der tägliche Umgang mit jüngeren Beamten von gutem Examen hat mir wohl alle die Lichter aufgesteckt, die mir von einem Katheder hätten leuchten können. Die Ziviljurisprudenz eignete ich mir freilich nur encyclopädistisch an. Am dunkelsten war mir noch der Zivilprozeß. Immerhin blieb mir die „geschriebene Vernunft" des römischen Rechts kein Buch mit sieben Siegeln. Im Jahre 1855 bestand ich die erste höhere Dienstprüfung mit gutem Erfolg, ohne irgend eine akademische Fachvorlesung gehört zu haben, nachdem ich von dem edlen Minister des Innern, Freiherrn v. Linden, auf Empfehlung verschiedener Beamten, namentlich solcher bei der Zentralstelle für Gewerbe, den Dispens von der

Bedingung des absolvierten Universitätsstudiums erhalten hatte.

Neben der Nötigung zu emsigen Fachstudien, welche mir teils durch den journalistischen Beruf, teils durch die Vorbereitung auf eine höhere Staatsdienstprüfung auferlegt worden war, erhielt ich auch Anregung und Antrieb genug zur Vervollständigung meiner allgemeinen Bildung, namentlich in Ästhetik, einigermaßen auch in Philosophie. Der teilweise berufsmäßige Rezensentenbesuch des Theaters veranlaßte mich, den deutschen Klassikern, welche ich schon im niederen Seminar viel gelesen, angelegentlich und mit tieferem Verständnis mich zuzuwenden. Goethes „Faust", Schillers „Wallensteins Tod", die römischen Tragödien Shakespeares konnte ich kaum satt bekommen. Die von Schiller im „Wallenstein" bekundete Intuition in das Staatswesen hat mich namentlich vom Beginne tieferen Eindringens in die Staatswissenschaft an mehr und mehr in Entzücken versetzt. Seitdem ist wohl kaum ein Jahr vergangen, ohne daß ich Wallensteins Tod mit immer steigender Bewunderung mehrmals gelesen hätte.

Die fünf publizistischen und staatswissenschaftlichen Lehrjahre haben mich auf dem ersten Weg zum Eindringen in die Philosophie wenigstens um einige Schritte weiter gebracht. Ich kam mit verschiedenen Männern in Berührung, welche im Tübinger Stift zur Propädeutik der Theologie die „Philosophie" schulmäßig absolviert hatten und den Dreitakt der spekulativen Dialektik so gut schlugen, als er sich schlagen läßt. Dennoch haben mich damals schon, viele Jahre bevor mir Lotze, namentlich aber Albert Lange die richtige erkenntnistheoretische Einsicht aufsteckten, und mir selbst über die soziale Psychogenese der menschlichen Vernunft ein Licht aufging, meine gepriesenen Landsleute Hegel und Schelling fast nur negativ angeregt.

Verführerischer für mich — allerdings nur für kurze Zeit — waren der ästhetische Hegelianismus meines schwäbischen Landsmannes Vischer und der staatswissenschaftlich-nationalökonomische Hegelianismus meines späteren Kollegen Lorenz v. Stein. Am meisten fruchtbare Anregung für einzelnes habe ich aber während dieser, meiner letzten Lehrjahre durch Rothes Ethik aus der damaligen spekulativen Theologie empfangen; Rothes gläubige Spekulation, welche m. E. sogar debuzierte, daß die Engel Flügel haben müssen, hatte mich zwar behutsam gemacht, aber nicht abgestoßen. Durch Rothe wurde ich auch mit Schleiermachers Ethik bekannt, und von dieser stammt es wohl, daß ich neben dem praktisch-technischen das „symbolisierende Handeln", neben den Sachgütern ferner die Idealgüter der Darstellung und Mitteilung nicht übersah, deren nationalökonomische Analyse mir fast zwanzig Jahre später den Einblick in den psychophysischen Mechanismus des „sozialen Körpers" erschlossen hat. Mit Krause und seiner Schule wurde ich erst später bekannt; allein der spekulative „Panentheismus" hat mirs dann ebensowenig angetan, als der spekulative Phanteismus meiner Landsleute und der spekulative Theismus Rothes zuvor. Den von Ahrens und Störke eine zeitlang für meine Tübinger Vorlesungen übernommenen, viel zu engen Realbegriff habe ich bei der Ausarbeitung von „Bau und Leben" als erheblichen Irrtum erkannt und fallen lassen.

Bei meiner philosophischen Durchbildung in jenen Jahren empfing ich jahrelang höchst dankenswerte Anregungen durch einen früheren Dozenten der Philosophie, Dekan Wullen in Stuttgart, an welchen ich schon von Gschwend aus gewiesen worden war. Er hat mich auch mit Fr. v. Baader, den großen bayerischen Theophilosophen bekannt gemacht, dessen staatsphilosophische Aphorismen (in der Hofmannschen Ausgabe) mich anzogen und die ersten starken Anregungen gegen den damals noch grassierenden extremen Liberalismus und Individualismus gaben; erwachsen ist die Auflehnung gegen letzteren aus mir selbst, und schon in meinen ersten von

1856 ab erscheinenden Abhandlungen hatte ich zur Kritik des einseitigen Liberalismus und Individualismus die Elemente einer positiven Sozialanschauung gewonnen. Irrig ist die Angabe, daß der Philosoph Planck („Weltalter") auf meine sozialwissenschaftliche Entwicklung irgendwie bestimmend eingewirkt habe.

In der Zeit von 1850—55, welche ich als den Abschluß meiner Lehrjahre bezeichnen muß, habe ich wirklich viel gelernt. Daß ich das Gelernte eigentümlich gelernt habe, daß theoretische und praktische, wissenschaftliche und geschäftliche Ausbildung in engste Wechselwirkung traten, ist für meine Entwickelung günstig, jedenfalls entscheidend gewesen. Der journalistische Beruf lehrte mich redigieren und schreiben, nötigte mich, alles dafür erforderliche Wissen, Menschen und Dinge betreffend, mir anzueignen, dabei auch täglich englisch und französisch zu lesen. Das war die praktische Seite, und eine bessere Schule für das Leben als die, in welche ich — mit 19 Jahren als Redakteur — gegangen bin, hätte ich mir nicht wünschen können. Der journalistische Beruf veranlaßte mich aber auch, die Ergänzung meiner theoretischen Bildung zu einem abgerundeten und sicheren Berufswissen in einer ganz anderen Richtung als derjenigen für die Laufbahn eines Realschullehrers zu suchen. Die Richtung auf die Staatswissenschaft und Nationalökonomie mit dem Unterbau eines encyklopädischen Rechtsstudiums habe ich in dieser Zeit — neben und zwischen langen täglichen Redaktionsarbeiten — mit dem größten unablässigen Eifer so verfolgt, um die höhere Staatsprüfung für den Dienst im Ministerium des Innern (1855) ablegen zu können. Ich habe auch von 1855 ab unaufhörlich gelernt, aber ich habe niemals bloß aus den Büchern oder für das Bücherschreiben und den Lehrstuhl gelernt. Das kann ich nicht bedauern, wenn ich darob auch unsanft ein Autodidakt gescholten worden bin. Nach meiner Individualität habe ich es als eine besondere Gunst des Schicksals anzusehen,

Verheiratung

daß die Vollendung meiner Lehrjahre praktisches Referendariat und intensivste theoretische Fachbildung zugleich gewesen ist. Dem Scheuleder der Schulen bin ich dadurch entrückt worden und auch dem entrückt geblieben, als ich — nicht weniger als elf Jahre lang — zu meinen Füßen aufmerksame Zuhörer sehen durfte.

Meine Lehrjahre waren mit meinem 24. Lebensjahre zu Ende. Mit der Zurücklegung der höheren Dienstprüfung für das württembergische Ministerium des Innern konnte ich nach menschlichem Ermessen einer ökonomisch gedeckten Zukunft entgegensehen. Die zur Begründung eines Hausstandes reichlich zureichende Stellung war gewonnen, und ich schritt am 2. Oktober 1855 freudig zur Ehe mit Caroline Scherff, geb. 21. April 1830, mit welcher ich mich am 22. Juli 1853 verlobt hatte. Unser Familienleben ist von da bis heute unentwegt dasselbe geblieben, so daß ich mir die Angaben hierüber bis zum Schluß dieser „Erinnerungen" vorbehalten kann.

III.
In den Wanderjahren

Mit Johann Georg von Cotta.

Als Wanderjahre darf ich wohl den Lebensabschnitt vom Herbst 1855 bis Herbst 1860 bezeichnen. Diese Jahre führten mich erstmals in eine weitere Welt zu selbständigem Schaffen, zur Gehilfenschaft von Meistern. Jetzt legte ich den Grund für meine Berufung zum akademischen Lehramt und begann größere Reisen, deren erste schon die bedeutungsvollste werden sollte. Die Schule des bloßen Redigierens und des Zeitungsschreibens, die Zeit der Vorbereitung für die Staatsdienstprüfung waren vorüber. Ich war genügend ausgestattet, die wissenschaftliche Laufbahn zunächst literarisch zu betreten und am politischen Leben über journalistische Tagelöhnerei hinaus teilzunehmen. Und wirklich wurden es Fragen der Wirtschaftsgesetzgebung und der außerwürttembergischen Politik, welche mir den Stoff zu den ersten, einen wissenschaftlichen Namen begründenden Abhandlungen und zugleich die Gelegenheit des ersten Zusammenarbeitens mit Staatsmännern verschafften.

In beiderlei Hinsicht war für meinen Lebensgang bedeutsam die Bekanntschaft und bald innige Freundschaft mit dem Stuttgarter Großbuchhändler Johann Georg Cotta, welcher mich schon wegen meiner ersten Abhandlung für sein Schoßkind, die „Deutsche Vierteljahrschrift", lieb gewonnen hatte und mir bis zu seinem Tode (8. Febr. 1863) eine nur immer wachsende Zuneigung bezeugen sollte.

Mit Joh. Georg von Cotta

Freiherr Johann Georg von Cotta war der Sohn des genialen Johann Friedrich Cotta, des „Freundes von Schiller und Goethe". Johann Georg war der Erbe des reichen Besitzes an klassischen Verlagswerken und der großen freiherrlichen Landgüter geworden. Das Vermögen des Vaters war freilich stark mit Schulden belastet gewesen, als Johann Georg die Leitung des Verlags und die Güterverwaltung übernahm, und darunter hatten sich bedeutende Posten von zweifelhaftem Werte befunden. (Vergl. m. Nekrolog J. G. Cottas in der Münchener Allg. Zeitg. 1863.) Mein Freund hatte es verstanden, was er ererbt von seinen Vätern, in sehr kurzer Zeit zu erwerben, um es zu besitzen.

Die weise Beschränkung, die er sich bei der Abstoßung der zweifelhaften Werte des Vaters auferlegte, war keineswegs Ausfluß einer vergleichsweisen Beschränktheit des geistigen Horizonts. Er besaß klaren Verstand, einen weiten Blick, blieb wie sein Vater ein Geschäftsmann großen Stiles, in der Landwirtschaft nicht weniger als im Verlagsbuchhandel. Er war aber auch gleich seinem Vater, welcher in der württembergischen Verfassungsgeschichte von 1815—1819 und bei der Begründung des Zollvereins (wie von mir in dessen Biographie nachgewiesen) die hervorragendste Rolle gespielt hat, von hoher staatsmännischer Beanlagung. Diese betätigte er nicht bloß als langjähriger Abgeordneter des ritterschaftlichen Adels im württembergischen Landtag, sondern auch und hauptsächlich durch die von Fr. Schiller mitbegründete „Allgemeine Zeitung", welcher er die Vorliebe des Vaters unerschütterlich treu bewahrte; dann durch das „Morgenblatt", das „Ausland" und durch die „Deutsche Vierteljahrschrift"; die letztere redigierte er selbst. Auch Johann Georg hatte, wie das bei seinem Vater Johann Friedrich nach Heine der Fall gewesen, „die Hand über die ganze Welt" und vielverzweigte Verbindungen mit Staatsmännern, namentlich denjenigen Österreichs.

Sein Ehrgeiz war es in jenen Tagen, der Schaffung der Zollunion Deutschlands mit Österreich ebenso zu dienen, wie sein Vater dem Zustandekommen des Zollvereins 25 Jahre früher großartig gedient hatte.

Bei J. G. Cotta die Wanderjahre verbringen zu dürfen, gab auch eine politische Ausbildung. Er kannte namentlich die Großen der Welt. Wie oft warnte er, sich denselben ungerufen zu nähern, wenn man nicht zu den Bedienten geworfen werden wolle. Er hatte den Grundsatz, Fürsten nur antwortsweise zu fragen. Seine Lehren bleiben mir in dieser Hinsicht fest im Gedächtnis. J. G. Cotta ging ohne Aufforderung nicht einmal in Stuttgart zu Hofe und ließ sich auch sonst von den Mächtigen immer suchen, ohne selbst persönlichen Vorteil zu suchen oder auch nur anzunehmen. Darum wurde er gesucht, genoß großes Vertrauen und war imstande, bedeutende Anregungen teils selbst zu geben, teils zu vermitteln.

Persönlich war er anspruchslos, liebenswürdig, offen und zuverlässig, unermüdlich arbeitsam.

Dieser Meister war es hauptsächlich, welcher mich meine fünf Wanderjahre beschäftigte und führte, mich für die Oberleitung der „Allgemeinen Zeitung" bald zu seinem vertrautesten Berater erkor und die „Deutsche Vierteljahrschrift" für meine ersten wissenschaftlichen und politischen Abhandlungen ganz zur Verfügung stellte. In alles, was bei ihm zusammenlief, erhielt ich Einsicht. Jeder Tag brachte mir — oft in täglich dreimaligem Verkehr — neue Anregungen und große Einblicke.

Ich war längst sein vertrautester Freund geworden, als er im Herbst 1859 im Seebad Ostende, wohin er die Tagebücher seines Vaters mitgenommen hatte, fand, daß ich ihm von letzterem schon 27 Jahre vorher am Tage meiner Taufe als Täufling zur tunlichst vorzugsweisen Verwendung in den Cottaschen Geschäften empfohlen war. Überall zog er mich zu, so auch 1859 zu der kleinen Tafelrunde auserlesener

Mit Joh. Georg von Cotta

Dichter, Künstler und Schriftsteller, welche er in seinem Hause am Tage des Schillerjubiläums um die Tochter Schillers, Frau von Gleichen-Rußwurm, versammelte. Seinen Tod habe ich wie ein Sohn beweint. Seit 1860 war er meiner Familie auch durch Übernahme der Patenschaft für unser erstgeborenes Kind näher getreten.

In Cottas „Deutscher Vierteljahrschrift" trat ich in dieser Zeit bereits für zeitgemäße, positiv berufsgenossenschaftliche Organisation unbeschadet der Gewerbefreiheit ein („Abbruch und Neubau der Zunft"); so war bereits meine erste größere Abhandlung sozialwissenschaftlichen Inhalts. Weiter folgten: „Vergangenheit und Zukunft der deutschen Gemeinde" (1856, zweites Heft), in ähnlichem Geiste: „Der moderne Adelsbegriff" (1856, drittes Heft), eine falsche Idealisierung des ganzen Standes, wofür Cotta das verführerische Modell war, noch ohne Erfahrung über den Stand im allgemeinen. Sodann: „Das heutige Aktienwesen" (1856, viertes Heft); „Untersuchungen über eine Ordnung der deutschen Goldsurrogate"; „Der dritte internationale Kongreß für Statistik in Wien"; dann in dem Jahrgang 1858 derselben Zeitschrift eine Monographie: „Die Handelskrisis von 1857 mit besonderer Rücksicht auf das Bankwesen", „Die Wiener Zollkonferenzen", „Das Wachstum des englischen Verwaltungsstaates" (nach und gegen Gneist), 1859: „Vorschläge zu einer gemeinsamen (deutschen und österreichischen) Ordnung der Gewerbebefugnisse und Heimatsrechtsverhältnisse nach den Grundsätzen der Gewerbefreiheit und Freizügigkeit"; „Finanzgeschichtliche und volkswirtschaftliche Betrachtungen über den Krieg".

Große Gesichtskreise

Einführung in die große Politik.

Nicht ebenso leicht zwar, wie durch Cotta und seine Zeitschriften, wäre ich doch wohl auch ohne diesen literarisch durchgedrungen. Der für mein Leben entscheidendere Einfluß der Bekanntschaft mit Johann Georg war jedoch ein anderer, ohne welchen ich politische Anschauungen größeren und größten Horizontes und die Möglichkeit eines durch Erfahrung geübten Blickes für „Bau und Leben des sozialen Körpers" vielleicht nie erlangt haben würde. Die Scheuleder der beschränkten schwäbischen Lebensanschauungen, für welche damals wenigstens der Homersche „Nabel der Erde" zwischen Stuttgart und Eßlingen am Neckar lag, wurden mir schon jetzt, im weiten Gesichtskreis eines großen Geschäftsmannes, vollständig abgestreift.

Bald hatte mich das Vertrauen Cottas unmittelbar in den Strudel der „großen Politik" hineingezogen. Dies geschah zuerst beim Kriege Napoleons III. gegen Österreich und bei dem, was diesem Kriege vorausging. Im September 1857 waren Napoleon und Alexander II. in Stuttgart als Gäste König Wilhelms I. zusammengekommen. Bei dieser Begegnung wurde der Krieg Frankreichs gegen Österreich unter Neutralität Rußlands verabredet. Die beiden Kaiser waren kaum über die württembergischen Grenzpfähle zurückgegangen, als Cotta von König Wilhelm zu sich beschieden wurde. Der König hatte offenbar Kenntnis oder doch Wind über das, was an seinem Hoflager vorgegangen war. Cotta wurde von ihm mit den Worten empfangen: „Sie wollen Deutschland an den Leib! Schlagen Sie in Ihrer ganzen Presse Alarm!" Kaum zurück aus dem Schlosse, rief mich Cotta, und es wurde Alarm geschlagen, nach Kräften. Der Satz, daß der Rhein am Po zu verteidigen sei, ist zuerst in der Allgemeinen Zeitung ausgesprochen und anderthalb Jahre lang unermüdlich variiert worden. Und das war damals die allgemeine Ansicht. Auch der Regent von Preußen teilte sie; sonst hätte nicht auch er schließlich zum Bundeskrieg mobil machen lassen. Richtig war es ja, daß der Krieg gegen Österreich in Italien, wenn auch die Orsinibombe dazu trieb, von Napoleon III. nicht als Befreiungskrieg für Italien, sondern als Vorläufer eines Krieges zur Eroberung der Rheingrenze gedacht war. Cotta war vollständig mit der Agitation einverstanden und trieb eher an, als daß er mäßigte. Dabei war Wiener Hof= oder Regierungsgunst nicht im mindesten im Spiel. Noch viel weniger Geld. Cotta wäre unbestechlich gewesen, auch wenn er äußere Veranlassung gehabt hätte, noch mehr Geld zu verdienen, als er hatte und redlich erwarb. Ohne alle Erinnerung daran, daß das Österreich Metternichs dem Vater, Johann Friedrich Cotta, jene namenlosen Preßschereien bereitet hatte, welche in der Biographie über ihn quellenmäßig dargelegt sind, war Johann Georg Cotta mit seiner Allgemeinen Zeitung der begeisterte Verehrer der Radetzkischen Armee geworden, und auch jetzt war er keinen Augenblick im Zweifel, daß nicht die Befreiung Italiens, sondern die Schwächung Österreichs und hierdurch Deutschlands das Endziel der Politik Napoleons III. war.

Cotta kannte Napoleon III. und verachtete ihn. Auch die schönen Augen der geistvollen Königin Sofie von Holland, Tochter des Königs Wilhelm I., die auf Cotta zu wirken suchten, machten keinen Eindruck zu Gunsten des Abenteurers.

Bei vollständig gleicher Gesinnung wie jener, welcher ich sieben Jahre lang im „Schwäbischen Merkur" gegen den Napoleoniden hatte Ausdruck geben können, schrieb ich in dem Cottaschen Organe gegen den französischen Einfall in Deutschland vom Po aus fast mit meinem Herzblute. Eine Beeinflussung von Wien aus hat dabei in keiner Weise stattgefunden.

Österreich fand die Unterstützung Preußens und daher auch des übrigen Deutschland nicht. Es kam zum Frieden von Villafranka und zur „Entrüstung" in Preußen.

Der Friede von Villafranka hat mich wie viele andere tief verstimmt. Man wollte damals weder für die österreichische noch für die preußische Vormacht, sondern für Deutschland überhaupt gegen Frankreich den Verteidigungskrieg. Wenn Österreich dem Staate Preußen vorgeworfen hatte, daß dieser die Lage benutzen wolle, um Österreich aus seiner uralten Stellung in Deutschland durch Usurpation des alleinigen Bundesoberbefehls zu verdrängen, so zeigte jetzt Österreich durch den mit dem Napoleoniden geschlossenen Pakt, daß ihm selbst nicht Deutschland gegenüber Frankreich, sondern seine eigene Machtstellung zugleich in Deutschland und in Italien maßgebend war. Keine der beiden Großmächte hatte der anderen etwas vorzuwerfen. Das empfand ich voll. Heute wird niemand, sei es dem Regenten von Preußen, sei es dem Kaiser von Österreich darob grollen, daß sie so gehandelt haben, wie es geschehen ist; sie waren die Träger des historischen Berufes ihrer Häuser und beide verfolgten ihre dynastischen Interessen, der eine wollte haben und der andere nicht lassen. Allein, wer damals weder schwarz-weiß noch schwarz-gelb dachte, wünschte und agitierte, konnte beim Frieden von Villafranka nur nach beiden Seiten tief verstimmt sein.

Ohne Einfluß auf meinen Lebensgang ist die damalige große Enttäuschung nicht geblieben; diese hauptsächlich war es, welche in mir den Überdruß an der journalistischen

Tagesarbeit zeitigte. Sie erzeugte zwar nicht „Preußenhaß" in mir, der mir ebenso oft, als grundlos vorgeworfen worden ist, hinterließ aber noch längere Zeit einen Stachel der Antipathie gegen die preußische Politik in mir, und es mag sein, daß ich damals — wie nachher bei der „Stoß ins Herz"-Depesche Bismarcks im Jahre 1866 an Lamarmora — der Abneigung in Briefen und in mündlichen Äußerungen nicht immer maßvollen, gewiß aber stets überzeugungsvollen Ausdruck gegeben habe.

Reise nach Wien. — Erste Berührung mit österreichischen Verwaltungsmännern.

Unmittelbar vor der Kaiserzusammenkunft zu Stuttgart im Herbst 1857 war ich zum erstenmal in Österreich gewesen und hatte dabei, zwar nicht mit der Regierung, aber mit zwei wissenschaftlich hochgebildeten Verwaltungsmännern ersten Ranges, mit dem berühmten Chef der amtlichen Statistik Österreichs, Baron von Czoernig, und mit dem noch bedeutenderen, auch philosophisch und ästhetisch hochgebildeten Sektionschef im Finanzministerium v. Hock, dem Verfasser der „Finanzverwaltungen Frankreichs" und der „Finanzen der Vereinigten Staaten", deren „Abgaben und Schulden", persönliche Beziehungen gewonnen. Mit dem letzteren bin ich alsbald auf sehr freundschaftlichen Fuß zu stehen gekommen und darauf bis zu dessen Tod (1869) geblieben. Er sollte mein „Meister" für die praktische Handelspolitik werden. Die Empfehlungsbriefe Cottas hatten mich, aus Anlaß des damaligen statistischen Kongresses, bei beiden Männern eingeführt.

Bis dahin war ich nur zweimal über Württemberg hinausgekommen gewesen. Einmal als Seminarist nach Frankfurt a. M., zum Besuch einer Patin; sodann im Jahre 1856 an den Bodensee und in die Ostschweiz. Von der Frankfurter Reise erinnere ich mich, daß mich der Gemahl meiner Patin mit nach Homburg nahm, wo er für mich an der Spielbank einen Einsatz machte, aber mich durch nichts bestimmen konnte, weiter zu spielen, als ich auf drei Züge acht

Gulden gewonnen hatte. Das Hazardspiel hat mir in jeder Form immer widerstrebt, auch Kartenspiel ist für mich stets reizlos gewesen.

Zum erstenmal sah ich nun im Herbst 1857 das Leben der Hauptstadt eines großen Reiches und kam überdies mit großstaatlichen Beamten ersten Ranges und auch wissenschaftlich größeren Schlages zusammen. Voll von neuen und großen Anschauungen und von tiefen Anregungen kehrte ich von dieser Reise, welcher dann im folgenden Jahrzehnt solche nach den österreichischen Alpen, Westfalen, Holland und Belgien, zu verschiedenen Weltausstellungen nach Paris und London gefolgt sind, nach Stuttgart zurück.

Von v. Hock namentlich habe ich mein seitdem nicht erloschenes, durch J. G. Cotta gewecktes Interesse für Österreich verstärkt davongetragen. Allein Österreich selbst habe ich damals doch noch nicht kennen gelernt. Ich suchte es zu studieren. Aber ich las mit der falschen Brille der bureaukratischen Zentralismus, der keine glänzenderen Vertreter gehabt hat, als die beiden genannten Männer. Ich dachte mir Österreich noch lange so, wie es eben in der vorzüglich geschriebenen und an administrativen Unterweisungen üppig reichen „Neugestaltung Österreichs" (Czoernig) auf dem Papier fertig und von der zentralistischen Bureaukratie in der Zeit des Absolutismus gehofft war. Aber es war doch nur das absolutistisch-zentralistische Österreich des Dr. Alexander Bach, nicht das Österreich, wie es auf seinen natürlichen Grundlagen aufgebaut allein blühen und gedeihen kann. Ich brachte große und neue, aber im Grunde auch falsche Anschauungen nach Hause. Ich sollte erst später Österreich in Österreich kennen lernen.

Äußere ominöse Erlebnisse hätten mich schrecken können, ein zweites Mal nach dem Kaiserstaate zu gehen. Schon bei dieser ersten Reise waren Eingang in den Kaiserstaat und Rückkehr aus demselben nicht ganz gefahrlos abgelaufen. Als

Für die Zolleinigung

ich auf dem Hinwege nach Wien am dritten Tage der Donaureise von Donauwörth her in Linz das Dampfboot bestieg, wäre ich beinahe von der Schiffskanone in die Donau geblasen worden, indem ich eine Sekunde vor dem Abbrennen an der vom Matrosen verlassenen (!) Lunte vorüberging. Auf der Rückreise schlief ich zu München im Hotel zum Oberpollinger, in unmittelbarer Nähe des Karlstores, in der Nacht, in der eine Explosion verschiedenen Menschen das Leben gekostet hat. Dabei habe ich mir eine langwierigere Verletzung am Fuß zugezogen, als ich über zahllose, Bett und Boden bedeckende Glasscheiben hinweg in ziemlich adamitischem Zustand den Hausflur zu gewinnen suchte.

Die Haupteinwirkung des Wiener Besuches war handels- und volkswirtschaftspolitischen Inhaltes. Der von da ab rege Verkehr mit v. Hock machte mich von 1858 an schon zum begeisterten Anhänger der Zolleinigung Deutschlands mit Österreich, der Herstellung eines großen, zusammenhängenden, mitteleuropäischen Verkehrsgebietes, welches von der Nordsee bis zum Schwarzen Meer, von der Ostsee bis zur Adria reichen sollte. Diesen Gedanken habe ich von da an unverrückt bis heute festgehalten. Seine Verwirklichung war möglich, wie auch nachträglich die staatsrechtlichen Verhältnisse zwischen Preußen, den Mittelstaaten und Österreich und wieder innerhalb Österreichs zwischen dessen einzelnen Kronländern sich gestalten mochten. Der verfassungspolitisch „großdeutsche" Gedanke war in jenen Jahren noch nicht maßgebend für mich gewesen. Schon im Jahre 1858 schrieb ich den Artikel „Wiener Zollkonferenzen" im Interesse der Fortbildung des Zolleinigungsvertrages vom 19. Februar 1853, für welchen ich die nächsten sieben Jahre so viele und scharfe Lanzen, oft vielleicht zu ungestüm, gebrochen habe.

Durch J. G. Cotta kam ich auch in der Heimat selbst in weitere Berührung mit hervorragenden Verwaltungsmännern, von welchen ich viel gelernt habe. So mit dem

Ministerpräsidenten Freiherrn v. Linden, mit dem damaligen Oberregierungsrat, nachmaligen Kultusminister Golther, und durch diesen mit den Brüdern Geßler, wovon der eine nachmals das Ministerium des Innern übernahm, und der andere das Kultusministerium lange Jahre innegehabt hat. Mit Golther befreundete ich mich bald, bis uns das Jahr 1865 in der Schwäbischen Politik auseinander führte. Er besaß eine tiefe und gründliche Kenntnis der damaligen spekulativen Philosophie. Mehr als seine Philosophie wirkte auf mich das bedeutende juristische Wissen des gewiegten Staatsrechtsreferenten im Ministerium des Innern. Auch mit den bedeutendsten Kräften der beiden Zentralstellen für Gewerbe und für Landwirtschaft stand ich auf freundschaftlichem Fuße.

Damals trat ich auch erstmals öffentlich auf, teils im Stuttgarter Gewerbeverein, in dessen Auftrag ich wiederholt öffentliche Vorträge nationalökonomischen und staatswissenschaftlichen Inhalts hielt, teils im Bürgerausschuß (Stadtverordnetenschaft) Stuttgarts, in welchen ich gegen meine Verwahrung gewählt wurde. Mein erster öffentlicher Vortrag fand vor großer Zuhörerschaft über den Münzvertrag zwischen Österreich und Deutschland vom 24. Januar 1857 statt. Die Vorträge für den Gewerbeverein, die ich durchaus frei hielt — ich habe nie in meinem Leben eine Rede wörtlich vorbereitet oder auswendig gelernt — wurden mir eine gute Schule für das öffentliche Sprechen, dessen ich nicht allzu schwer mächtig wurde.

Geistiges Ergebnis der Wanderjahre.

Mit dem Ende des Zeitraums, den ich als die Wander=
jahre bezeichne, war meine ganze Lebensrichtung entschieden.
Vor allem politisch. Ich war dem radikalen Individualismus
und vulgären Liberalismus, wie er damals noch im ganzen
freisinnigen Württemberg und in Süddeutschland grassierte,
innerlich entfremdet. Die Schlagworte von 1848 widerten
mich teilweise an. Auch persönlich verkehrte ich am liebsten
mit „gemäßigten" d. h. nicht reaktionären Konservativen. Von
dem Haß eines Radikalen gegen Preußen war keine Spur
vorhanden. Ganz genau erinnere ich mich eines bezeichnenden
Vorfalles aus dem Jahre 1856. Damals war der Prinz
von Preußen, nachmaliger Kaiser Wilhelm I., wegen des
Neuenburger Handels nach Stuttgart gekommen. Radikale
sympathisierten mit der Schweiz und schmähten gegen den
„Kartätschenprinzen", wie er damals noch von 1849 her hieß.
Innerhalb der Redaktion des Schwäbischen Merkur fiel da=
mals von einem Mitglied, welches nachher fanatischen Kultus
für Preußen getrieben hat, eine starke Verwünschung gegen
den am Lokal vorüberfahrenden Prinzen. Die Antipathie
gegen solchen Radikalismus war in mir schon so mächtig,
daß ich mich für die Mission des Prinzen geneigt aussprach.

Derselben zugleich tief antiradikalen und antireaktionären,
namentlich aber antipartikularistischen Grundgesinnung ent=
sprang es auch in den Jahren darauf, daß ich beim Eintritt

Ergebnis der Wanderjahre

in den württembergischen Landtag zu den gemäßigten Konservativen mich hielt, beim Konflikt der Krone mit dem Landtag in Preußen für Roon und Bismarck gegen die liberalen Doktrinäre Partei nahm und ohne jegliche Anregung von Berlin her publizistisch für die Militär-Reorganisation eingetreten bin. Allerdings habe ich nicht aus persönlicher Sympathie für Bismarck oder Roon oder den Regenten gestritten — niemand wußte und ahnte die Größe und Gewalt des Dreibunds dieser Männer —, und nicht um deren Dank, sondern aus „Haß der Städte", d. h. aus Abneigung gegen die extrem Liberalen des preußischen Landtages und gegen die bei dieser Opposition befindlichen Harmoniker der vulgären Nationalökonomie.

Die politische Grundanschauung war schon durch die tiefer eindringende Vorbereitung auf die höhere Staatsdienstprüfung redlich gewonnen worden. In der Tat enthalten schon die ersten Sätze meiner ersten wissenschaftlichen Abhandlung über „Abbruch und Neubau der Zunft" das Programm meiner ganzen späteren sozialpolitischen und sozialwissenschaftlichen Richtung. Ich bin schon da gegen Zunftbann für Legalgenossenschaften modernsten Schnittes, bekämpfe das Faustrecht des „laisser faire, laisser aller", verstehe unter Freiheit genau das, was der Liberalismus und Individualismus nie darunter begriffen hat: „Die Freiheit jedes Gesellschaftsgliedes in seiner organischen gesellschaftlichen Berufsfunktion", „nicht die möglichste Losgebundenheit des Einzelnen vom Staate und allen anderen Gesellschaftsgliederungen, was eine schlechthin antisoziale, Staat und Gesellschaft auflösende Freiheit wäre."

Schon jetzt war ich Gegner der extremen, damals auch im Kreuzzeitungslager herrschenden Freihandelspartei Norddeutschlands, wie ich Gegner der extremen Schutzzöllner Süddeutschlands, eines Moritz Mohl, Kerstorff von Augsburg u. a. gewesen bin. Mit beiden Extremen habe ich mich da-

mals schon herumzuschlagen gehabt. Bastiat und Schulze-
Delitzsch hatten es mir damals schon so wenig antun können
wie Carey. Im Zweifel war ich, wie noch heute, für wirt-
schaftliche Freiheit, für das internationale Ineinandergreifen
der Märkte, aber wo der Freihandel entwicklungsfähige, nationale Produktionszweige an der Entwicklung zu hemmen oder
schon entwickelte wieder zu ersticken und zu verkümmern drohte,
für Schutz der nationalen Arbeit im verständigen Sinne
des für die Entwickelung und für die Erhaltung erforderlichen Schutzausmaßes. Ich war damit einer der wenigen
weißen Raben unter den Nationalökonomen Süddeutschlands.
„Nichts als Freihändler" bin ich nie gewesen und in den
reinen Freihandels-Kosmopolitismus habe ich mich keinen
Augenblick verstiegen. Das hat mir auch sofort kein geringerer als W. Roscher bezeugt, der 1860 in einer Anzeige
der 1. Auflage meiner Nationalökonomie (1859) gerade die
Stellungnahme zur Handelspolitik als „echt politisch" (in
Zarnckes Lit. Central-Bl.) gerühmt hat. Allerdings wäre ich
damals noch nicht imstande gewesen, die Handelspolitik als
Funktion einer zugleich international wie national wirkenden
Auslese im Daseinskampfe zu begründen; erst 15 Jahre später
habe ich im II. Band meines „Bau und Leben des sozialen
Körpers" die Schutz- und Freihandelsfragen als Erscheinungen
des allgemeinen sozialen Entwickelungsgesetzes auf volkswirt-
schaftlichem Gebiet einfach, wie ich meine, zu erfassen ver-
mocht.

In der deutschen Verfassungspolitik war ich weder damals noch je später Partikularist. Als in Süddeutschland
nachmals 1864 das „Großdeutschtum" in den reinen Partikularismus sich entpuppte, habe ich mich unter Bruch mit
allen bisherigen Parteiverbindungen zurückgezogen, wie ich
weiterhin darstellen werde. Die schwäbische Selbstgenügsam-
keit war mir schon zu jener Zeit, wie jetzt, unverständlich.
Ich verlangte eine Grundreform der deutschen Bundes-

verfassung mit wirklicher Volksvertretung und habe dafür ein ganz positives Programm entworfen, namentlich in den „Realpolitischen Zeitgedanken" (Dt. Vierteljahrsschr. 1859. S. 303 ff., 313.) Von einem gesamtdeutschen Gewerbe- und Heimatrecht habe ich mir viel versprochen und bin hierfür in der Abhandlung der Dt. Vierteljahrsschr. über gemeinsames Gewerbe- und Heimatrecht nachdrücklich eingetreten. In dem Artikel zu den „Wiener Zollkonferenzen" hatte ich bemerkt: „Sieht man den ganzen deutschen Jammer von Rastatt bis Rendsburg an, sieht man zu, wie die augenscheinlichste Gefahr der politischen Konstellation eine immer tiefere Verstrickung der Regierungen in innerer Uneinigkeit nicht aufzuhalten vermag, so kann kein Zweifel sein, daß für die Lösung der deutschen Frage ein soliderer Boden gesucht werden muß in innigster Ineinanderüberleitung des materiellen und geistigen Kulturlebens, in Erzeugung einer organischen Interessengemeinschaft und eines gemeinsamen Lebensbewußtseins, was allein in der Politik auf die Dauer gleichartige Zielpunkte zu geben und auch bei bloß förderativen Formen eine einige Willenszusammenfassung nach außen zu verbürgen vermag."

Übergang zur akademischen Laufbahn.

Bei dem Gang, welchen meine Entwickelung seit 1856 genommen, hätte die Lust zur Fortsetzung des journalistischen Berufes bei der schwäbischen „Times" überhaupt schwinden müssen. Es kamen nun aber besondere Umstände hinzu, die, trotz seiner stets erschallenden Kassandrastimme, dann auch mir den Redaktionsberuf bei der Tagespresse überhaupt für immer entleideten. Die Gründe lagen nicht an den Personen, sondern in der Privatdienststellung, die für den Geistes=arbeiter, sobald er Selbständiges zu leisten vermag, mehr und mehr bedrückend werden muß. Über meine Arbeitgeber konnte ich mich auch jetzt nicht beklagen. Sie behandelten mich persönlich gut und honorierten mich sehr angemessen. Meine scharfe Stellungnahme gegen Napoleon III. schon vom Jahre 1850 an bis zum Jahre 1860 hatte ihre Billigung; alle zudringlichen Annäherungen durch bedeutende schwäbische Literaten, welche damals in Paris abenteuerten und für Napoleon Stimmung machten, wurden von den Eigentümern abgewiesen.

Zuerst und immer mehr stieß mich jedoch dieses ab, daß ich auch nach Erlangung der staatswissenschaftlichen Doktor=würde (Dezember 1856) und nachdem ich mir durch die Deutsche Vierteljahrsschrift in der politischen Ökonomie einen gewissen Namen bereits errungen hatte, gehindert blieb, über Gegen=stände meines Faches das Wort zu ergreifen, und daß ich gezwungen war, zu Auslassungen eines gelegentlichen Mit=

arbeiters zu schweigen, welche meiner ganzen wissenschaftlichen Überzeugung, wie ich sie öffentlich bereits vertreten hatte, ins Gesicht schlugen. Das ergab eine nicht mehr zu hebende Entzweiung mit dem journalistischen Wirken im Privatdienst. Ich empfand zum erstenmal das Drückende der geistigen Lohnarbeit in abhängiger Stellung, und auf meine spätere sozialpolitische Richtung hat dies wohl einigermaßen als Ferment gewirkt.

Der souveräne Nationalökonom des Blattes war Moritz Mohl gewesen, Vertreter der extremsten Schutzzöllnerei und bureaukratischen Bevormundung, früher k. württ. Obersteuerrat. Bei den besten Absichten für sein Land, bei völliger Uneigennützigkeit und großer Belesenheit bestand sein Haupttalent darin, dasjenige zu bekämpfen, was auf volks- und staatswirtschaftlichem Gebiete an der Zeit war und was wirklich gekommen ist. Dabei war er leidenschaftlich und gehässig auf das Äußerste und fälschte gelegentlich frisch drauf los, wo er sich nicht kontrolliert glaubte. Ich habe ihm das in meinem Sonder-Erachten zum Bericht der volkswirtschaftlichen Kommission über den preußisch-französischen Handelsvertrag an den württembergischen Landtag drastisch nachgewiesen, ohne daß er zu erwidern vermochte. Jeden Meinungsgegner stellte er als Spion und Söldling hin. Wegen meiner Ansichten über Aktienwesen und Zettelbanken trug er mich als von Hansemann (Diskontogesellschaft) bezahlt, vier Jahre später wegen meines Auftretens gegen die extrem-schutzzöllnerischen Gegner des preußisch-französischen Handelsvertrages als von Ludwig Napoleon bestochen, in der schwäbischen Welt herum. Er hat mir damals schweres Leid bereitet. Übrigens habe ich ihm die Stirn geboten. Nicht bloß später in der württembergischen Abgeordnetenkammer, sondern noch während ich beim „Schwäbischen Merkur" stand, z. B. in dem Artikel von Pickfords Monatschrift „Auf groben Klotz ein grober Keil!"

M. Mohl

M. Mohl war in seinem ganzen Wesen und Wirken der typische Ausdruck des altwürttembergischen „Schreibertums" aus der Zeit vor 1848. Der bedeutendsten damaligen Familie dieser Gesellschaftsschicht war er entsprossen. Er wurde seines Naturells und seiner Erziehung nicht in dem Grade Herr, wie sein Bruder Robert Mohl, dessen Werken die Eierschalen polizeistaatlicher Auffassung doch auch nicht von den Flügeln gefallen sind. Immerhin war M. Mohl schon in der Jugend so gewesen, wie er nun im Alter war. Dreißig Jahre später habe ich in den mir zum Zweck der Biographie Johann Fr. Cottas geöffneten Akten des K. württ. Finanzministeriums gefunden, daß Cotta bei seiner, für die Zollvereinsgründung übernommenen Mission von dem jungen Finanzreferendar M. Mohl von Ort zu Ort verfolgt und nach Hause ans Finanzministerium verdächtigt worden ist; Cotta sah sich daher veranlaßt, bei der Regierung mit der Erklärung, daß er weiterhin zur Aufgabe seiner Mission genötigt sein würde, Beschwerde zu führen. Bezeichnend dafür, welcher besonderen Gunst die M. Mohlsche Art in der württembergischen Bureaukratie, lange über die vormärzliche Zeit hinaus, sich zu erfreuen hatte, ist es, daß die fragliche Beschwerde Joh. Fr. Cottas das einzige Aktenstück war, dessen Abdruck mir noch 50 Jahre nach seinem Datum vom K. württemb. Finanzminister v. Renner verwehrt worden ist. Vom Hauptredakteur des „Schwäbischen Merkur" habe ich schon 10—12 Jahre nach der Zurücksetzung, die ich M. Mohl gegenüber erfahren hatte, die Genugtuung erhalten, daß er in einem an mich nach Wien gerichteten Briefe über das Frühere sein Bedauern und die Anerkennung aussprach, ich habe mit meiner Auffassung durchgreifend recht behalten.

Ausschlaggebend für die Aufgabe der journalistischen Laufbahn war eine andere Erfahrung. Nach der ermüdenden Preßkampagne gegen Frankreich während des Sommers 1859 war ich, an Leib und Seele abgespannt, im Herbst einige

Wochen bei v. Hock in den Salzburger Alpen gewesen. Als ich zurückkehrte, hatte der Merkur vollständig umgesattelt, gewiß aus wirklicher Überzeugung, aber ohne daß mir auch nur ein Wort gesagt wurde, weshalb nun zu vertreten sei, was den ganzen Sommer hindurch gerade von mir und mit Zulassung der Verleger bekämpft worden war. Ich schrieb von da an nur Tatsächliches. Mein Entschluß, vom Journalismus für immer und unter allen Umständen Abschied zu nehmen, stand jetzt unerschütterlich fest.

Nun standen mir nur zwei Richtungen frei: der Übergang in den Staatsdienst oder eine akademische Laufbahn. Eine Anstellung im württembergischen Staatsdienst hatte jedoch schon keinen Reiz mehr für mich; ich war durch Cotta in weitere politische Beziehungen hineingeraten und hatte schon 1857 einen Ruf als Hauptredakteur beim K. württembergischen Regierungsorgan abgelehnt, indem ich kaum zu etwas mich weniger geeignet gefühlt hatte, als zum journalistischen Staatsdienst. Verführerischer war ein Anerbieten des Ministers Freiherrn v. Bruck gewesen, welcher damals die Absicht gehegt hatte, durch Österreich ein allgemeines deutsches Gewerbe- und Heimatrecht im Sinne meiner Abhandlung im Jahrgang 1859 der Deutschen Vierteljahrsschrift zu betreiben. v. Bruck bot mir durch Cotta eine hervorragende Stellung als Ministerialrat an. Weil ich mich dieser Stellung bei einer noch zu wenig sicheren Kenntnis des positiven österreichischen Verwaltungsrechtes nicht sicher gewachsen fühlte, lehnte ich ab. Die akademische Laufbahn, welche mir bereits winkte, erschien mir als diejenige, bei welcher ich mich freier und unabhängiger entfalten könnte. Hier vermochte ich neben dem Dozenten und Forscher auch Publizist zu bleiben, ohne als journalistischer Tagesarbeiter dienen zu müssen. Ich habe auch diese Ablehnung nicht zu bereuen gehabt. Wenige Monate nachher endete Bruck als Selbstmörder, und in Wien war ein gänzlicher Systemwechsel im Anzuge.

Heute noch empfinde ich die dankbare Rührung, welche ich über die gütige Lösung meines Geschickes empfand, als ich von v. Hock den nachfolgenden ergreifenden Brief empfing:

„Geehrter Freund! Es ist Nacht, tiefe Nacht rings um mich. Bruck ein Selbstmörder, ein Selbstmörder, um der Verhaftung, der Verhaftung wegen eines Verbrechens zu entgehen! Als ich Jhnen Montag Nachmittags schrieb, war er noch am Leben. Schon gingen Gerüchte eines Selbstmordes um; aber ich glaubte sie nicht, die Plötzlichkeit seiner Entsetzung schien mir genügender Grund seiner Erkrankung. Morgens darauf war an der Sache schon nicht mehr zu zweifeln. Man hatte ein grausames und gänzlich unnützes Spiel mit seinen Freunden getrieben. Noch vermag ich es nicht über mich, ihn als Theilnehmer eines Unterschleifs, einer Veruntreuung zu denken, ich vermuthe eine Ausbeutung seiner Stellung durch Betheiligung an Actien, Börsespiel u. dgl.

Wäre ich ein Prediger oder Moralist, ich könnte Jhnen ein Kapitel über die Folgen eines leichten Gewissens schreiben; ich kannte ihn seit 1842 von meiner Dienstleistung in Triest her. So nahe ich ihm im Dienste stand, nie betrat ich sein Haus; so verlockend vor zwei Jahren die Verwaltungsrathstellen bei den verschiedenen Unternehmungen waren, nie nahm ich eine an; der Schatten an der Wand entging mir nicht.

Allein es war eben nur ein Schatten. Die Größe und Hochherzigkeit seiner Ansichten, die Genialität seiner Entwürfe, der Reichtum seiner Erfindungsgabe, sein edles und mildes Wesen, die bezaubernde Liebenswürdigkeit seines Umgangs waren überwältigend. Die Zeit, die ich mit ihm gearbeitet, rechne ich zu den genußreichsten meines Lebens, namentlich jene während seiner ersten ministeriellen Thätigkeit im Handelsministerium.

Übergang zur akademischen Laufbahn

Sein trauriges Ende hat aber leider noch eine andere als moralische Bedeutung; ich halte sie politisch für eine der tiefsten Wunden, die Österreich erhalten hat. Ungeachtet sein Ansehen im Auslande gesunken war, galt er noch immer als einer der rettenden Geister Österreichs, auf ihn hofften dessen Freunde, er war ein Band zwischen Österreich und Deutschland, Österreich und Preußen, die Geldwelt hatte ihr Vertrauen auf ihn nicht verloren, seine Erfindungsgabe hätte noch oft Mittel gegen große Verlegenheiten gefunden. Sein Tod ist aber nicht blos ein entgehender Gewinn, er ist auch ein positiver Schade. Die Hochadeligen werden darauf hinweisen, von welchem Nachtheil es sei, bürgerliche Minister zu wählen; alle Reactionäre, alle Ultra, alle Prohibitionisten, Zünftler, Feinde der Einigung mit Deutschland, Anticentralisten, kurz alles Kehricht der Rumpelkammern wird zur Geltung kommen und aus seinen Fehlern auf jene des Systems schließen, das er vertreten. Vor großen, kühnen und freien Gedanken wird man fortan zurückschrecken, alle Mittelmäßigkeit wird sich in vollem Rechte glauben. Die gegenwärtige Unentschiedenheit und Unentschlossenheit, das Mißtrauen und der Argwohn des Kaisers werden sich steigern und weiß Gott, wir bedürfen der entscheidenden That. Und nun, verehrter Freund, glauben Sie, daß es mich gelüstet, unter solchen Verhältnissen Minister zu werden oder daß ich nur die entferntesten Chancen dafür gehabt habe? Oder glauben Sie, daß ich diese Würde annehmen und tragen könnte, wenn ich mir bewußt wäre, mittelbar oder unmittelbar, im Wege der Presse oder auf andere Weise dazu beigetragen zu haben, daß ich sie erhalte? — Finanzminister oder überhaupt Minister Österreichs zu werden, ist eine Mission, ein Prophetentum oder Apostolat, dem man sich nur dann unterziehen darf, wenn man unzweifelhaft weiß, es ist Gottes Wille und nicht der eigene, der es uns auferlegt.

Ich schließe mit dem Ausdruck aufrichtigster Ergebenheit.
Den 27. April 1860.

Ihr Hoď."

Um auf v. Bruck keinen häßlichen Schatten zu werfen, bemerke ich, später lediglich gehört zu haben und es heute noch zu glauben, daß nur die stattgehabte Entlassung — die Folge der Überschreitung der Nationalanleihe durch geheime Emissionen für den Militäraufwand — den Selbstmord veranlaßt habe. Das Gegenteil ist m. W. wenigstens nicht erwiesen worden.

Jetzt führte mich meine Laufbahn als Lehrer an dieselbe Universität zurück, von welcher ich elf Jahre früher als Student so jäh entwichen war. Meine Abhandlungen bahnten mir den Weg zur akademischen Professur. Ich hatte seit 1856 in vielfachem Verkehr mit dem ersten Schüler Hermanns, Professor Helfrich in Tübingen gestanden, welcher damals häufig nach Stuttgart kam, um dem Kronprinzen, nachmaligen König Karl von Württemberg, staatswissenschaftliche Privatvorträge zu halten. Er war kein im Großen synthetischer Geist, aber ein feiner, zuverlässiger Filigranarbeiter, von welchem ich im Kleinen viel gelernt habe. Er empfahl mich nachmals beim Weggang von Tübingen (1860) zu seinem Nachfolger auf dem Lehrstuhl, welchen er von Robert Mohl übernommen hatte.

Aus jener Zeit schon datiert auch das Interesse des Altmeisters der historischen Schule der Nationalökonomie, W. Roscher, für mich; er hat mir sein ganzes Leben lang das Wohlwollen bewährt, welches von ihm schon in Briefen von 1859 an Cotta ehrend niedergelegt ist.

Roscher hat mich damals schon wiederholt zu Berufungen empfohlen gehabt, als ich nach Tübingen einen Ruf der staatswirtschaftlichen Fakultät erhielt und annahm.

IV.

In den Jahren der Mannesreife

Selbständiges Wirken in beruflich gebundener Stellung.
In Deutschland Herbst 1860 bis Herbst 1868.

Mit dem Übertritt auf die Universität Tübingen, im Herbst 1860, welchem bald der Eintritt in die württembergische Abgeordnetenkammer im Herbst 1861 nachfolgte, begann mein selbständiges Wirken. Der erste Hauptabschnitt desselben reicht bis Herbst 1868 und war ausgefüllt einmal durch die akademische Tätigkeit an der heimischen Universität, sodann durch die Teilnahme an der Volksvertretung im württembergischen Landtag und im deutschen Zollparlament, weiter durch die erste sozialpolitische Publizistik, endlich durch die Parteibetätigung für die Gewinnung der mitteleuropäischen Zolleinigung und für die Reform der deutschen Bundesverfassung. Als zweiten Hauptabschnitt habe ich das Wirken in Wien an der dortigen Universität und im Ministerium Hohenwart (1868—1871) anzusehen. In diesen beiden Abschnitten war mein Leben hauptsächlich ein beruflich gebundenes. Vom Jahre 1872 ab arbeitete ich in völlig unabhängiger Lebensstellung, ganz dem wissenschaftlichen und publizistischen Wirken hingegeben. Dieses letzte Stadium, an dessen Schluß ich mich angekommen fühle, darf ich wohl objektiv als die Krönung meiner Lebensarbeit, subjektiv als das an geistigen Früchten und an Befriedigung in schöpferischer Arbeit reichste meines Lebens ansehen.

An der Universität Tübingen.

In den Anfang meines selbständigen Wirkens fällt die akademische Tätigkeit an der Universität Tübingen. Aus den schon dargelegten Gründen war ich dem Ruf dorthin gefolgt. Der Senat hatte auf Antrag meines Spezialkollegen Schütz das Extraordinariat für mich beantragt, der Chef des Kultusministeriums v. Rümelin, der nachmalige berühmte Universitätskanzler, aber hatte mir unter schmeichelhafter Anerkennung meiner literarischen Leistungen sogleich das Ordinariat angeboten, um mir „die Stellung zu erleichtern". Zeitlebens habe ich diesem großen Manne, den ich zuvor mit Entrüstung im württembergischen Landtag gehetzt gesehen hatte, die innigste Dankbarkeit dafür bewahrt, daß er mir in der Zunftlaufbahn nicht bloß die akademische Lehrlingschaft des Privatdozententums, sondern auch das Gesellentum des Extraordinariats erspart hat. Obgleich — vielleicht auch weil ich sofort viele Zuhörer bekam und behielt, wäre ich wahrscheinlich langsamer vorwärts gekommen.

Als ich nach meiner Ernennung erstmals nach Tübingen kam, war die erste Person, welche mir bei dem Aussteigen aus dem Postwagen begegnete, der inzwischen zum Universitätspedell vorgerückte Stiftspedell, dem ich Sommer 1849 entwischt war. Er meinte: „Das hätt' i domals net glaubt." Mein Amt konnte ich erst zu Anfang November antreten. Das Kind, welches uns vier Monate zuvor (30. Juli) geboren worden, war einer schweren Krankheit verfallen, als unser Mobiliar schon auf dem Wege nach Tübingen sich befand, und hatte samt der Mutter in Stuttgart zurückgelassen werden müssen. Als ich den ersten akademischen Vortrag hielt, wußte ich nicht, ob das Töchterchen noch am Leben war oder nicht.

Der neue Beruf bereitete mir besondere Schwierigkeiten nicht. In den freien Vortrag fand ich mich leicht hinein. Der Lehrauftrag umfaßte: Nationalökonomie, Politik, Polizeiwissenschaft, Enzyklopädie der Staatswissenschaften, nicht auch Finanzwissenschaft. Die damals bedeutendsten Handbücher dogmatischen und dogmengeschichtlichen Inhalts, die Lehrbücher und Monographien auf dem Gebiete der Nationalökonomie, der Volkswirtschaft und der Verwaltungspolitik waren mir aus erster Hand längst vertraut geworden. Die weniger größeren Lücken für die Polizeiwissenschaft vermochte ich rasch zu ergänzen. Am meisten Denken legten die theoretische Politik und die einheitliche Systematisierung sämtlicher staats- und rechtswissenschaftlicher Disziplinen für die Vorlesung über Enzyklopädie der Staatswissenschaften auf.

Besonders packten mich die Grundprobleme der Rechts- und Staatsphilosophie. Ich ging an alle Quellen bis auf Aristoteles und Plato, Hobbes und Hugo Grotius zurück. Dabei befriedigten mich weder die Konservativen, wie Julius Stahl, obwohl des letzteren glänzender Geist im Einzelnen tiefen Eindruck auf mich machte, und Haller, noch der Liberalismus und Individualismus eines J. J. Rousseau, den ich jetzt erst im Original kennen lernte, noch die Eklektiker, den feinsinnigen Trendelenburg nicht ausgenommen. R. Mohl und Bluntschli haben mich mehr abgestoßen als angezogen. Eine Zeitlang folgte ich, wie bereits angegeben, den Spuren Krauses und seiner bedeutenden Jünger Ahrens und Röder, deren Staatsbegriff — der Staat bloß Organ des Rechts — mir jedoch trotz aller Streckungsversuche, die ich machte, bald nicht mehr behagte. Erst bei den zehn bis dreizehn Jahre später gemachten Studien für meinen „Bau und Leben des sozialen Körpers" bin ich durch die Zusammenfassung des zerhackten sozialwissenschaftlichen Fachwissens zu einheitlicher Soziologie mit den Begriffen Staat und Volkswirtschaft auf — wie ich glaube — vollkommen sicheren Grund zu stehen gekommen.

Es entstanden weiter rein wissenschaftliche Aufsätze, darunter namentlich derjenige „Zur Theorie der Polizei". Sie wichen von der Auffassung R. von Mohls weit ab. Ich hatte bald gefunden, daß es kein absolutes Prinzip der Polizei gebe, daß diese nur eine Erscheinung sachgemäßer staatlicher Arbeitsteilung sei, wie die Justiz und alle anderen besonderen Zweige der Staatsverwaltung auch.

Was den Zweig der Sicherheitspolizei betrifft, fand ich die drei Bände des hannoveranischen Praktikers Zimmermann, an welchem R. v. Mohl kein gutes Haar gelassen hatte, nicht bloß zutreffend, sondern auch in erquickend geistvoller Weise geschrieben. Dennoch hielt ich die sogenannte Wohlfahrtspolizei d. h. die Wirtschafts- und Bildungspflege immer noch eines sorgfältigen wissenschaftlichen Anbaues wert. Die Arbeit über Polizei erschien in der „Tübinger Zeitschrift" und ist auch abgedruckt im 1. Band meiner „Gesammelten Aufsätze". Der Grundgedanke meiner Inauguralrede und Abhandlung „Zur Theorie der Polizei" ist nachmals immerfort gewachsen, zunächst in den Aufsätzen der „Tübinger Zeitschrift".

Die akademische Stellung ist mir dadurch nicht erleichtert worden, daß mein Freund Oberregierungsrat v. Golther im Frühjahr 1861 Kultusminister und daher für mich vorgesetzter Fachminister wurde. v. Rümelin, der nach Geist und wohl auch nach Charakter größte Unterrichts- und Kultusminister,

Berater des Kultusministers

welchen Württemberg je gehabt hat, war wegen des vertragsmäßigen Abkommens mit Rom in Kirchenangelegenheiten dem „Konkordatssturm", welcher durch das altwürttembergische Land brauste, erlegen. König Wilhelm suchte und fand auf den Rat v. Lindens in Golther den Mann, welcher die Aufregung beschwören sollte. Es war, als ich im Frühjahr 1861 eben die ersten Universitätsferien in Stuttgart zubrachte. Golther war zuerst zaghaft der ungeheuern Agitation gegenüber und beriet eingehend mit mir. Ich war der Ansicht, daß in Gesetzesform der ganze Kirchenstreit sich nicht allzu schwer beilegen lassen werde. In dreitägiger gemeinsamer Arbeit auf Zimmer Nr. 3 des Gasthofs Zum Goldenen Bären, welches ich bewohnte, wurden die Grundlinien des Gesetzentwurfes fertig gestellt und dann vom Könige angenommen. Der Entwurf wurde ohne viel Schwierigkeiten Gesetz, und das Gesetz hat nachmals, während in Preußen der „Kulturkampf" tobte, die Probe bestanden, dem Lande den konfessionellen Frieden auf lange erhalten.

Golther war mir nun noch befreundeter geworden, als dies schon bisher der Fall war. In akademischen Angelegenheiten hörte er gern meinen Rat, aber nie habe ich die Vertrauensstellung mißbraucht. Der Umstand, daß der Minister häufig in dem Sinne der Anträge entschied, welche ich im akademischen Senat unterstützte, trug mir auch da, wo ich gar keinen Rat gab, Mißtrauen ein, und der Universitätskanzler v. Gerber, nachmals langjähriger Minister des Kultus und des Unterrichts im Königreich Sachsen, ein zaghafter, weicher Charakter, fürchtete mich ganz mit Ungrund als geheimen Nebenkanzler. Die mit jedem Jahr steigende politische Zerklüftung auch innerhalb der akademischen Welt trug noch mehr dazu bei, mich wegen meines intimen Verhältnisses zum Minister zu verketzern. Noch zu einer Zeit, da ich mich mit dem rückfälligen Regierungspartikularismus, insbesondere auch mit v. Golther selbst hatte entzweien müssen,

dauerte diese Verunglimpfung fort, so z. B. in der damals viel=
besprochenen Angelegenheit Pauli.

Meine geselligen Beziehungen mit den Kollegen waren
ursprünglich beschränkte. Zuerst ging ich hauptsächlich mit
Th. v. Geßler, dem nachmaligen Universitätskanzler und lang=
jährigen Kultusminister, um. An ihn war ich durch dessen
geistsprühenden Bruder Ernst, den nachmaligen Minister des
Innern, gewiesen worden.

Viel reicher wurde mein geselliges Leben, als zu=
erst 1862 mein Freund Karl Victor Fricker für Staatsrecht,
bald darauf der Freund des letzteren, Gustav Mandry, für
römisches Recht in Tübingen Lehrberuf übernahmen. Wie
Fricker wurde auch Mandry mir ein inniger Freund für das
ganze Leben.

Dieser engste Kreis erweiterte sich ziemlich rasch. Ich
war durch v. Cotta an den Nestor der kathol. Fakultät v. Kuhn
als „großdeutsch" gewiesen worden. Mit diesem ungewöhnlich
scharfsinnigen Theologen verkehrte ich gern. Innerlich näher
kam ich jedoch dessen Kollegen: Hefele, Aberle, Himpel. Mit
den beiden letzteren hat mich bis zu deren Tode warme Freund=
schaft verbunden. Die anregendste Geselligkeit vereinigte täg=
lich vor dem Abendbrot auf eine Stunde diese und andere
Kollegen, ohne daß je ein konfessioneller Mißton in dem nach
seinen religiösen Lebensanschauungen sehr gemischten Kreise zu
hören gewesen wäre.

Wie unbefangen damals der Verkehr zwischen beiden
Konfessionen war, beweist dies, daß ich bei meiner Aus=
arbeitung der Vorlesung über Politik mich bei meinem katho=
lischen Kollegen Aberle über die beste Art, die katholische Kirche
dem Staate gegenüber gemäßigt zu machen, befragen konnte
und darauf eine sehr ernst gemeinte Antwort erhielt. In der
Vorlesung über „Politik", welche mir oblag, war ich selbst
mit der Frage nicht fertig geworden; denn die politischen
Rezepte aus R. v. Mohls „Politik" erschienen mir durch die Er=

fahrung nicht als wirksam erwiesen. Ich hatte Aberle darob
auf einem Spaziergang meine Not geklagt, worauf dieser
kurz und trocken antwortete: „Uns," d. h. die katholische
Geistlichkeit, „kann man nur am Ehrgeiz und der Eitelkeit
packen, je höher hinauf, desto mehr!" Ich habe das später
in Österreich bestätigt gefunden, wo die Erzbischöfe am Hofe
wie Erzherzöge behandelt und die Bischöfe und Prä=
laten häufig mit der Geheimratswürde bekleidet werden, so
daß sie dem Kaiser persönlich nahe bleiben. Im Kreise meiner
katholischen Kollegen von damals habe ich viel für das ganze
Leben gelernt. Ohne diese Schule hätte mir die österreichische
Welt kaum verständlich, geschweige lieb werden können.
Die Kindheitseindrücke der Intoleranz waren übrigens schon
vorher ziemlich verwischt gewesen. Besonders Aberle hat mir
aus seinem reichen, moraltheologischen Wissen viele Anleihen
gegeben, z. B. in der Polizeiwissenschaft für die Prostitutions=
frage, wofür er mich Patuzzi kennen lehrte.

Bei allem Reichtum des Wissens und des Geistes war
Aberle nach Gesinnung wie ein Kind und tat wie ein Kind.
Es war kein Wunder, daß er der Liebling der Kinder seiner
protestantischen Kollegen wurde; er pflegte den Kleinen, die
ihn besuchten, den Bär zu machen, indem er seinen braunen
Schlafrock über sich warf, und wenn sie dann hereinkamen,
brummte: einmal geschah es freilich, daß er brummte, als
statt seines jungen Lieblings der eben in Tübingen studierende
Prinz Wilhelm von Württemberg, spätere König Wilhelm II.,
zum Besuch bei ihm eintrat.

Das Universitätsleben war politisch wieder sehr bewegt
geworden, wie 1848/49. Weniger freilich in den Kreisen
der Studenten als in denjenigen der Professoren. Der Gegen=
satz zwischen den Kleindeutschen oder den „Gothaern" des
Jahres 1849, und den Großdeutschen, zu welchen ich gehörte,
spitzte sich immer mehr zu. Bei Berufungsvorschlägen stemmten
wir uns gegen die Übergehung befähigter Landeskinder. Dar=

aus wäre uns ein Vorwurf zu machen gewesen, wenn dabei die akademisch-wissenschaftliche Befähigung der neu zu gewinnenden Lehrkräfte außer Acht gesetzt worden wäre. Dieser Vorwurf ist unserer Senatspartei gemacht worden, öffentlich sogar in sogenannten historischen Schriften, war aber gänzlich unbegründet. Frider für Staatsrecht war eine ausgezeichnete Kraft, welche schon 1874 einen ehrenvollen Ruf nach Leipzig erhielt, wo er seitdem hervorragend gewirkt hat. Der Pandektist Mandry, dessen Berufung ich lebhaft unterstützte, hat nicht bloß seine akademische Aufgabe vollständig gelöst und einen glanzvollen Ruf an die Universität München ablehnen können, sondern hat auch mit Pape, Pland und Sohm hervorragend für die Abfassung des bürgerlichen Gesetzbuchs gewirkt; beiläufig bemerkt: die württembergische Regierung hat nachmals (1900) Mühe gehabt, den Grund der Nichtberufung Mandrys zum Universitätskanzler an Weizsäckers Stelle vor dem Lande zu — vertuschen. Mandry war vom Unterrichtsminister Sarwey, der sogleich darauf starb, nahegelegt worden, ihm zu erklären, daß er (Mandry) als Katholik sich nicht geeignet erachte, Kanzler zu werden, was Mandry ablehnte und mit der Bemerkung erwidert hatte, er wolle selbstverständlich nicht Kanzler werden, wenn er das Vertrauen des dem Kanzler vorgesetzten Ministers nicht haben würde; so weiß ich es von Mandry selbst, welcher sein Leben lang jeder Unwahrheit unfähig gewesen ist. Anderer Schwaben Beförderung, die ich mit zu verantworten hatte, brauchten wir uns nicht zu schämen. Der Ästhetiker Friedrich Vischer, dessen Rückberufung aus Zürich nach Tübingen wir wirksam betreiben halfen, war eine Kapazität von Ruf über Deutschland hinaus. Der hervorragende schwäbische Dichter Hermann Kurz, dessen Berufung zum zweiten Universitätsbibliothekar gegen einen anderweitigen Vorschlag der Mehrheit des akademischen Senats erfolgte, hat auch als Bibliothekar seinen Posten gut ausgefüllt. Der Vorschlag Burckhardts in Basel für Geschichte, gegenüber dem eines Dutzendhistorikers von damals, der von der gegnerischen Seite in Vorschlag kam, war gewiß kein Akt der Parteipolitik, und ruhig konnte ich einem der zugleich unfähigsten und vorlautesten Kollegen von der anderen Partei, welcher uns den Vorwurf dennoch im vollen Senate zuschleuderte, mit der Frage abfertigen: „Quis tulerit de seditione querentes?" „Wer ertrüg's mit den Gracchen, wenn sie über Aufruhr klagen!"

Burckhardt wäre in keinem Fache des damaligen deutschen Parteischemas unterzubringen gewesen, hat aber leider nicht angenommen. Keine schwäbische Null ist von uns vorgeschlagen oder, wo sie bereits angesetzt war, als Privatdozent oder als Extraordinarius weiter gehoben worden.

Der Vorwurf des Ultramontanismus blieb uns nicht erspart. Die Koryphäen der katholisch-theologischen Fakultät: der Dogmatiker Kuhn, der Kirchenhistoriker, nachmalige Bischof Dogmatiker Kuhn, der Kirchenhistoriker, nachmalige Bischof Hefele, der Moraltheologe Aberle, der Orientalist Himpel neigten nicht bloß gesellig zu uns. Irgend welche ultramontane Konnivenz der großdeutschen Professoren protestantischer Konfession ist aber hierbei niemals ins Spiel gekommen; sie wurde gar nicht verlangt. Diese Männer, gesellig die liebenswürdigsten, freundschaftlich die treuesten Menschen, standen sämtlich gegen das, was die letzten Jahre vor dem vatikanischen Konzil die Losung der Ultras war. Wenn Hefele nachher den vatikanischen Beschlüssen sich unterworfen hat, so geschah es, weil er ein Schisma als Kirchenhistoriker für verfehlt und als Politiker für völlig aussichtslos hielt. Ich habe ihn 1869 in Rorschach auf seiner Durchreise nach Rom zum Konzil gesprochen, wo er mir erklärte, daß er in der Opposition gegen die päpstliche Unfehlbarkeit bis zum äußersten verharren, aber zu einem Schisma die Hand nicht bieten werde. Er hat kein Versprechen verletzt, als er es später ablehnte, sich in einen altkatholischen Bischof zu verwandeln.

Gerade weil ich Protestant war, konnte ich dem Eifer meiner Kollegen von der katholischen Fakultät gegen die Unfehlbarkeit des Papstes und gegen die unbefleckte Empfängnis Mariä nicht mit großer Wärme folgen. Wenn die Kanzel unfehlbar ist, warum nicht auch der Papst? Wenn Maria unbefleckt empfangen hat, warum kann sie samt allen ihren Ahninnen bis auf Eva oder wenigstens bis auf Davids Mutter zurück nicht selbst unbefleckt empfangen worden sein? Ich habe das in nichtfrivolem Ausdruck damals auch häufiger geltend gemacht. Ohne die damalige Belehrung katholischer Theologen ersten Ranges wäre ich übrigens nachmals dem rüden Angriff einer polnischen Dame an der Tafel der Kaiserin von Österreich wehrlos gegenübergestanden.

Die politische Zerrissenheit der akademischen Lehrerwelt von damals war übrigens kein Hindernis, mit politischen Gegnern freundlich zu verkehren. Mein Nebensitzer im Senat, der nachmalige Universitätskanzler v. Weizsäcker, hatte jederzeit stets ein freundliches Wort, und dem Kollegen Pauli habe ich gerade damals, als er wegen eines unbesonnenen Aufsatzes in einem politischen Wochenblatte gegen die Regierung — ein Vorgänger Delbrücks — gemaßregelt wurde, die volle Achtung bewahrt, die der feine Geist und brave Mann verdiente. Der Parteihaß hat mich als Anstifter und Beförderer der Maßregelung Paulis verläumdet. Nichts ist irriger. Der Kanzler Geßler hatte den Wunsch des Ministers v. Golther, daß der Senat ein gegen Pauli gerichtetes Disziplinarvotum ausspreche, zu erkennen gegeben. Für meine Person lehnte ich das ab, mit der Bemerkung, daß ein politischer Zeitschriftsartikel Paulis in nicht akademischer Angelegenheit seine Amtspflicht nicht berühre und demnach überhaupt nicht Sache des Senates sei.

Neben dem akademischen Wirken im Lehramt war ich in Tübingen emsig auch an der wissenschaftlich=literarischen Arbeit. Eine Reihe theoretischer und politischer Abhand=

lungen kam an der Dt. Vierteljahrsschrift zu Stande: 1861. „Rechtsphilosophische Zeitgedanken über die politische Bedeutung der Nationalität, historisches Recht, Autonomie und Polizeistaat." Dann: „Der gegenwärtige Standpunkt der wissenschaftlichen Polizei und Politik." (Tübingen, Inauguralrede), „Die Bundesreform und die großdeutsche Versammlung in Frankfurt." (1863. 1. Heft); „Schulze-Delitzsch und Lasalle." (1863. 3. H.); „Die Wahl einer deutschen Volksvertretung am Bund" (1863. 4. H.); „Bourgeois- und Arbeiter-Nationalökonomie." (1864. 2. H.); „Der deutschfranzösische Handelsvertrag und die Zolleinigung mit Österreich." (1862); 1865. (4. Heft) „Le Plays Sozialreform"; 1868: (1. Heft) „Über postalisches Spar- und Versicherungswesen." In der Tübinger „Zeitschrift für die gesamte Staatswissenschaft," deren Redaktion ich im Winter 1860 übernommen und wohin ich schon 1857 zwei Artikel über „Die deutsche Münzkonvention vom 24. Januar 1857" geliefert hatte, veröffentlichte ich der Reihe nach weiter: „Die Konkurrenz der Organe des Staatslebens." (1864); „Die westeuropäische Zollreform der zollvereinsländisch-österreichischen Industrie" (zwei Artikel, 1864); dann: „Die geheime Stimmgebung bei Wahlen in die Repräsentativkörperschaften, geschichtlich, theoretisch und nach dem Stande der neueren Gesetzgebung betrachtet," (1865), „Die Theorie der ausschließenden „Verhältnisse"" 1867, welche unter dem Titel: „Theorie der ausschließenden Absatzverhältnisse" auch gesondert ausgegeben worden ist. Im Jahre 1867 erschien völlig umgearbeitet und unter dem neuen Titel: „Das gesellschaftliche System der menschlichen Wirtschaft" meine Nationalökonomie in zweiter Auflage bei H. Laupp.

Nur ein Teil dieser Hervorbringungen sind rein theoretischen Inhaltes. Die Mehrzahl derselben galt, wie schon die Titel zeigen, der praktischen Politik, oder war von ihr rückwirkend beeinflußt. Die deutsche Verfassungspolitik, die mitteleuropäische Handelspolitik, endlich die Sozialpolitik gaben den Stoff für die genannten Abhandlungen, welche z. T. nur als Überarbeitungen der bedeutenderen unter den vielen Berichten sich darstellen, die ich, als Mitglied von meines Erinnerns vier Landtags-Kommissionen, in dieser Periode an die württembergische Kammer der Abgeordneten zu erstatten hatte.

Erste Stellungnahme zur „Arbeiterfrage".

Die ganze Zeit hat mich erstmals die „Arbeiterfrage" im tiefsten bewegt. Die bisherige Nationalökonomie Deutschlands hatte dafür kaum ein akademisches Interesse gehabt; es ist ja nur zu wahr, daß die Eulen der Minerva erst am Abend ausfliegen! L. Steins „Geschichte der sozialen Bewegung" hatte wohl die französischen Vorgänge geistvoll und packend beleuchtet, allein auf deutschem Boden hatte noch keine Arbeiterbewegung größeren Stils zündend gewirkt. Ich selbst war dem vulgären Liberalismus in der Nationalökonomie gleich von Anfang ablehnend gegenüber gestanden; wenn ich auch die extreme Schutzzöllnerei ablehnte, so war ich niemals mit den „Harmonikern" der besten der möglichen sozialen Welten, den deutschen und französischen Bastiats in Übereinstimmung gewesen. Daß die absolute Harmonie der kapitalistisch-liberalen Volkswirtschaft nicht vom „ewigen Naturgesetz" gefordert sein könne, hatte ich von der älteren historischen Schule eines Roscher erfahren und als journalistischer Lohnarbeiter selbst empfunden. Ich war daher äußerst empfänglich, als Ferdinand Lassalles leuchtender Meteor am publizistischen Himmel aufstieg.

Die Empfänglichkeit für die, wenn auch zurückhaltende Würdigung seiner Sache war bei mir nur gesteigert durch den Kampf gegen die „Nichts-als-Freihändler" und durch die maßlosen persönlichen Unbilden, in welchen ich damals von den Bastiat-Schulze-Harmonikern durch die liberale Tagespresse Spießruten gejagt worden war. Es ist heute fast unglaublich, wie damals die seichteste nationalökonomische Auffassung terroristisch sich breit machte; das vatikanische Dogma von der Unfehlbarkeit in Sachen des Unwißbaren war Kinderspiel gegenüber der Infallibilität auf den Kongressen „Der Volkswirte" gewesen.

Da war Lasalle aufgetreten mit seinem „Bastiat-Schulze-Delitzsch oder der ökonomische Julian" und mit seinen zündenden Reden. In der „Dtsch. Vierteljahresschrift" nahm ich durch mehrere, oben bereits erwähnte Abhandlungen, auf streng objektive und kritische Weise Stellung zu dem Agitator. Wie mir später Lassalles Parteigenosse Schweitzer, als Kollege im Zollparlament, mitteilte, soll Lassalle eben im Begriff gewesen sein, sich mit mir auseinanderzusetzen, als ihn die Kugel der Eifersucht traf.

Für die Zolleinigung Deutschlands mit Österreich.

Noch intensiver, für meine Fachbildung nicht weniger fruchtbar war meine publizistische Betätigung in der Sache der österreichisch=deutschen, damals schon auch mitteleuropäisch gedachten Handels= und Zollunion. Beim Kampfe hierfür war ich in die vorderste Linie geraten; ich focht dabei mit Lust und Begeisterung. Dabei stand ich im regsten Verkehr mit Staatsmännern, wie die vorliegenden, leider nur noch bruch=stückweise vorhandenen Korrespondenzen ergeben, die meinen Nachkommen ein Bild meiner damaligen Verbindungen ge=währen werden. Der Kampf war auf zwei Fronten zu führen, einmal gegen den verbündeten „Gothaismus" und die „Nichts=als=Freihändler", sodann gegen die süddeutschen und die österreichischen Schutzzöllner.

Der Gedanke der deutsch=österreichischen, weiterhin mittel=europäischen Zoll= und Handelseinigung, dessen technisch=ad=ministrative Durchführbarkeit mir zuerst im Jahre 1857 beim Studium der deutschen und der österreichischen Zollverwaltung zur unumstößlichen Gewißheit geworden war, galt mir schon 1858 als die erste zu lösende Aufgabe positiv=großdeutscher Politik, ganz abgesehen von der Frage, wie verfassungs=politisch der Hegemoniekampf zwischen Österreich und Preußen enden, wie schließlich der hüben und drüben im Zollwesen herrschende Absolutismus abzuschaffen und durch eine konsti=tutionelle Behandlung des gesamtdeutschen Zoll= und Handels=

wesens zu ersetzen wäre. Jahre bevor die „Kleindeutschen" den „Nationalverein" und die „Großdeutschen" den „Reformverein" gründeten, hatte ich mich in den „Wiener Zollkonferenzen" (D. V. J. Schr. 1858) für den großen Gedanken eines mitteleuropäischen, zunächst österreichisch-deutschen Zollvereins eingesetzt.

Die Form der gesamtdeutschen engeren Zollgemeinschaft war durch das Verhältnis, welches der Vertrag vom 19. Februar 1853 — gültig gewesen vom 1. Februar 1854 ab — geschaffen hatte, bereits gegeben. Diese Form erschien mir geeignet, auch andere Staaten Mitteleuropas zu fassen. Sie bedeutete: eine gemeinsame Außengrenze mit gemeinsamem Tarif gegen alles Zollausland; zwischen den verbundenen Staaten freien Verkehr für möglichst viele Produkte und ermäßigte Tarifsätze in einem inneren Zwischentarif für andere Artikel; Erhebung der eigentlichen Finanzzölle durch jeden der verbundenen Staaten für sich an den Außen- bezw. Zwischen-Grenzstellen; mäßige Schutzzölle für bestimmt benannte Artikel innerhalb eines periodisch-völkerrechtlich oder dauernd-staatsrechtlich gebundenen Maximaltarifes; Kontrolle der gemeinsamen Grenzzollverwaltung nach den bereits bewährten Einrichtungen des preußisch-deutschen Zollvereins; gleichartiges Handels-, Patent-, Wechsel-, Gewerbe-, Niederlassungs-, Münz- und Kreditgeld-Recht. Bei solchen Grundzügen der Organisation war keiner der Zollbundesgenossen in seiner Finanzfreiheit oder Souveränität bedroht. Wenn der deutsche Bund staatsrechtlich in zwei Hälften auseinanderging, so konnte und mußte der weitere Bund in Zoll- und Handelssachen erst recht fortbestehen: entweder völkerrechtlich gegen periodische — zwölfjährige — Erneuerung aller oder doch bestimmter tarifarischer und formeller Zollvertrags-Bestimmungen oder staatsrechtlich durch Abschluß auf ewige Zeit, wenigstens was gewisse Freiartikel und Differential-Begünstigungen im Zwischenverkehr betrifft. Die Möglichkeit fortschreitender

Zollannäherung gegen außen hin und völliger Beseitigung der Schutzzölle an den inneren Zwischenzolllinien war gesichert, wenn alle teilnehmenden Staaten sich verpflichteten, in Handelsverträgen mit dritten Staaten die Differential=Begünstigungen für die Angehörigen des engeren internationalen Zollvereines vorzubehalten. Der Zollbund konnte in der einen oder anderen Form auch konstitutionell ausgestaltet werden, indem entweder ein einziger großdeutscher Vertretungskörper von Delegierten oder mehrere durch Delegation mit einander verhandelnde Vertretungskörper zur Sache der Zoll= und Handelseinigung zuständig gemacht wurden.

Die Frage des Zollvereins war nun mit dem Jahre 1860 akut geworden. Es galt den Vertrag vom 19. Februar 1859, auf Grund dessen, seit 1854, eine wesentliche Annäherung des Zollvereins und Österreichs im Zollwesen bestand, gemäß den positiven Bestimmungen desselben fortzubilden. Der gedachte sogenannte „Februarvertrag" hatte im Eingang als Zweck bezeichnet, „die allgemeine deutsche Zolleinigung anzubahnen", und in Artikel 25 zur Verwirklichung dieser Absicht für 1860 den „Zusammentritt von Kommissionen vorgesehen", um so die Zolleinigung, oder sofern eine solche noch nicht zu Stande gebracht werden könnte, über weitergehende Verkehrserleichterungen und über möglichste Annäherung und Gleichstellung der beiderseitigen Tarife zu unterhandeln.

Der für die Weiterbildung des Februarvertrages vorgesehene Zeitpunkt traf eine verfassungs= und volkswirtschafts=politisch äußerst ungünstige Konjunktur an. Preußen war von Olmütz her, weiter wegen der verletzenden Handlangerei Österreichs für die Schweiz und für Frankreich im Neuenburger Handel (1856), endlich und hauptsächlich vom Frieden von Villafranka her voll tiefen Grolles gegen die österreichische Politik, und nicht ohne Grund. Der Argwohn, daß Österreich mit der Zollvereinigung Preußen in Deutschland zurück=

drängen wolle, war bei den Berliner Staatsmännern stärker denn je; der Entschluß, das Werk von 1853 nicht fortzubilden, sondern wieder aufzulösen, hatte an maßgebender Stelle die Oberhand. Und die allgemeinen Umstände waren in verführerischem Grade dazu angetan, den Hegemoniekampf gegen Österreich auf handelspolitischem Gebiete zum Austrag zu bringen, Österreich zunächst volkswirtschaftlich aus dem Verband mit Deutschland ganz zu verdrängen. Der „Freihandel" war in Norddeutschland Trumpf, namentlich da, wo heute der Agrarismus am liebsten den „geschlossenen Handelsstaat" Fichtes einrichten und ohne „Kanitz keine Kähne" verwilligen möchte. Ludwig Napoleon III. hatte eben die freihändlerischen Verträge mit England und mit Belgien geschlossen und klopfte in derselben Richtung beim Zollverein an. Die norddeutsche Freihandelspartei, welche über so bedeutende Köpfe wie Delbrück, Philippsborn, Michaelis verfügte, stand so gut wie ganz im Lager des im Nationalverein wieder aufwachenden „Gothaertums", das überdies den Glauben, Österreich werde demnächst in Atome sich auflösen, in voller Überzeugung hegte. Dazu kam, daß für die Erneuerung der mit 1865 ablaufenden Zollvereinsperiode stark schutzzöllnerische Widerstände von Süddeutschland in Aussicht standen. Alles zusammen konnte Preußen wahrlich dazu bestimmen, durch einen freihändlerischen Pakt mit dem Ausland die Erneuerung des Zollvereins ohne Österreich zu erzwingen.

Die Gelegenheit war günstig. Der damalige Leiter der preußischen Politik faßte 1860 die Gelegenheit, und Graf Bismarck behielt sie beim Schopfe. Graf Bernstorff erklärte, als Österreich die im Februar-Vertrag für 1860 vorgesehenen Konferenzen verlangte, den Zweck des Februarvertrages von 1853 für ein unerreichbares Ziel, lehnte die Beschickung der verabredeten Konferenzen zur Fortbildung der Zollannäherung und Zolleinigung ab, schloß mit Frankreich den Vertrag vom 29. März 1862 und ratifizierte am 2. August diesen Vertrag, durch dessen Artikel 31 jede zoll- und handelspolitische Sonderbeziehung und Sonderannäherung an Österreich für den Zollverein ausgeschlossen wurde, ohne die übrigen Regierungen zu fragen. Es war ein handelspolitisches Villafranka gegen Österreich. Preußen unter Graf Bernstorff und Österreich unter Graf Rechberg stellten sich schroffer als je gegenüber; die Regierungen der deutschen Mittelstaaten — die politische Beute, um welche abermals gestritten wurde — stellten sich ganz überwiegend auf Seite Österreichs.

Mit dem Abschluß und der Ratifikation des französischen Handelsvertrages einseitig durch Preußen, d. h. ohne Zustimmung der übrigen Zollvereinsstaaten, war nun zwar eine Zwangslage geschaffen. Aber keine geradezu drängende! Der Zollvereinsvertrag lief erst Ende 1865 ab, und man hatte Zeit, dadurch, daß Österreich und die Mittelstaaten den Tarif des preußischen Handelsvertrages sich aneigneten, soweit es ihre Industrie nur ertragen konnte, zugleich der gemäßigten Freihandelsrichtung, welche damals ganz Mitteleuropa und Westeuropa einschließlich Preußens und Sachsens beherrschte, entgegenzukommen und die spezielle Handels- und Zollannäherung zwischen Österreich und dem Zollverein weiter zu führen. Es galt nun, für eine solche Politik die deutschen Mittelstaaten zusammenzufassen.

Tatsächlich war die kleindeutsche Vormachtstellung, welche Preußen durch den Zollverein bereits gewonnen hatte, durchaus nicht gefährdet, denn es stand gar nicht in Frage, den Zollverein aufzulösen. Vielmehr sollte der Zollverein den einen, die österreichische Monarchie den anderen Zollkörper der Union bilden. Preußen blieb unerschütterlich an der Spitze des Zollvereins, der ja auch administrativ notwendig und daher unauflösbar war; niemand dachte daran, neue Zwischenzolllinien auch innerhalb des Zollvereins wieder aufzurichten. Es war der engere Bund des außerösterreichischen Deutschland mit „Österreich im weiteren Bund", wenigstens konnte

Für die Zolleinigung

der Schöpfung diese Richtung durch Preußen mit sicherer Hand vorgezeichnet werden. Die Wiederzertrümmerung der Ansätze des weiteren Bundes war mit nichten eine Notwendigkeit. Außerhalb des extremen Freihandelslagers sah man das auch in Preußen ein; kein Geringerer als Viebahn, der Autor des besten Werkes über den Zollverein von damals, der Gesinnung nach ein Preuße vom Scheitel bis zur Zehe, hatte eben in seiner Statistik des zollgeeinten Deutschlands (Berlin 1858) geschrieben: „Die Abschließung des Februarvertrages wurde in Deutschland ziemlich allgemein, vielleicht mit Ausnahme der extremen Freihandelspartei mit Freude begrüßt und bildet einen wesentlichen Fortschritt in der zeitgemäßen Fortbildung der deutschen Handelspolitik."

Ich selbst hatte am Schluß meines vielgelesenen Aufsatzes über den deutsch-französischen Handelsvertrag (D. V. J. Schr. 1862) die obige Auffassung mitten im heißen Streit, obwohl Großdeutscher, den Gegnern zugerufen (S. 126): „Mir scheint, daß selbst der Neugothaismus sein Vorgeben des „„weiteren Bundes"" mit Österreich nicht schon bei dieser ersten praktischen Probe auf handelspolitischem Gebiete in dem Maße Lügen strafen sollte, wie es durch die blinde Verteidigung dieses Vertrages geschieht. Kämen je die Dinge so, daß ein politischer und der engere Verband mit Österreich unmöglich würde, den Großdeutschen zur Klage, den Kleindeutschen zur Freude, so läge nach dieser Seite eine versöhnende und entschädigende Ausgleichung."

Diese Auffassung ist damals nicht durchgedrungen, und daß es nicht geschah, war — wie ich heute fester als je überzeugt bin — für ganz Deutschland eine große Einbuße bezüglich seiner Stellung dem Orient gegenüber. Mir erscheint es als der größte Schaden, welchen der abstrakte Freihandel unserer nationalen Zukunft wachsenden Riesenreichen gegenüber vorläufig zugefügt hat.

Allein die Meinung, daß die preußische Regierung und

Scheitern der Zollverhandlungen

der damals in der öffentlichen Meinung Norddeutschlands infallibilistisch allmächtige Cobdenismus allein die Schuld trüge, würde nach den Beobachtungen und Erfahrungen, die ich damals persönlich gemacht habe, eine ganz ungerechte sein. Das Mißlingen war mindestens ebenso durch die österreichische Regierung und durch die österreichischen sowie die süddeutschen Schutzzöllner herbeigeführt. Namentlich die mit der Verfassung vom 26. Febr. 1861 mächtig gewordenen österreichischen Industrieschutzzöllner haben durch ihren parlamentarischen Handelsminister Plener, der nichts weniger als ein Bruck gewesen ist, den genialen Hock lahm gelegt. Rechberg konnte oder wollte dem keinen ausreichenden Widerstand leisten; er wurde in der Handels- wie der Verfassungsfrage viel weniger von den großen Gedanken selbst als von der schwarzgelben, wie Graf Bernstorff von der schwarzweißen Eifersucht beherrscht, wurde bald müde und wünschte schließlich mit den übrigen Regierungen, sowohl den groß- als den kleindeutschen Reformbestrebungen gegenüber, es wäre Schlafenszeit. Diese Schlafenszeit kam mit dem schleswig-holsteinischen Erbfall, wenn sie auch nur als eine kurze sich erwies. Die Zolleinigungs- wie die Bundesreformfrage waren Ende 1863 im Einschlummern. Gegen Österreich war sie schon zu Anfang des genannten Jahres durch die eigene Schuld der österreichischen Regierung entschieden. Schon damals war v. Hock durch Plener kalt gestellt. Die Egeria des auswärtigen Ministeriums an v. Hocks Stelle sollte nun ein Ministerialrat P. werden; derselbe war ein guter Tariffachmann, besaß aber kein Äderchen größerer politischer Auffassung. Wie zuerst, bevor er zurückgedrängt war, v. Hock mit mir in Tübingen einen Tarif im Sinne der von uns vertretenen Handelspolitik hatte ausarbeiten sollen, war nun P. von der österreichischen Regierung dazu ausersehen, mit mir und bei mir den entsprechenden Tarif zu Faden zu schlagen. Diesem Ansinnen entzog ich mich, wie aus dem vorhandenen Originalbriefe M. v. Gagerns an mich hervorgeht. Der handelspolitische Feldzug war bereits verloren. Hock hatte das schon zu Anfang (am 6. Januar des Jahres 1863) richtig prognostiziert, indem er u. a. an mich schrieb: „Sie haben ein tätiges und erfolgreiches Jahr verlebt, haben gewirkt und mit Anerkennung und Ehren gewirkt, eingegriffen in die großen Angelegenheiten des Vaterlandes und Samen für die Zukunft ausgestreut. Auch ich habe die erste Hälfte des Jahres in großer und angestrengter Tätigkeit als Vertreter des Finanzministeriums im Reichsrat zugebracht, in der zweiten Hälfte zog ich mich wegen der bodenlosen Systemlosigkeit des Ministers zurück. Die große Frage des französischen Handelsvertrages — genehmigen Sie bei diesem Anlaß meinen Glückwunsch zu Ihrem herrlichen Aufsatz in der V. J. Schr. — schleppt sich müßig fort; ich fürchte sehr, daß, wenn nicht Preußen nun Dummheiten macht, es den Vertrag am Ende doch durchsetzt. Frankreich und England und alle Feinde der Kleinstaaterei in Deutschland stehen auf seiner Seite, in Bayern ein matter Minister und ein unentschlossener König; bei uns läßt man die Prohibitionisten ungescheut ihr Spiel treiben, und Finanz- und Handelsminister werden im entscheidenden Augenblick das Ministerium des Äußeren im Stich lassen. Adieu hohe Politik, wenn es sich um Grobheiten und Drohungen Wiener Fabrikanten, Impopularität und Gunst des Hofes handelt.

Ihr
treu ergebenster
Hock."

Weiter schreibt v. Hock am 11. Februar 1863:

„Theurer Freund!

Die Ideen, die Sie in Ihrem Brief entwickeln, sind ganz die meinen. Ich habe schon in der Sitzung der Zollcommission vom 2. September v. J. den Gedanken entwickelt, die renitenten Staaten müssen sich unter sich über einen eventuellen Zollvertrag verpflichten und ebenso eventuell mit Österreich einigen, und wir müßten schon itzt beginnen einen Tarif zu verfassen. Auch was den Inhalt dieses Tarifs betrifft, da wo es nur immer angeht, Anname der Positionen des Handelsvertrags bin ich ganz mit Ihnen einverstanden. Ich habe mich darum beeilt Ihren Brief dem Grafen Rechberg mitzutheilen, allein meine Theilnahme mußte ich an zwei Forderungen knüpfen: daß mir gestattet werde im Ministerrathe unter dem Vorsitze des Erzherzogs die Frage, namentlich jene des Tarifs und der Garantie eines Minimums der Einname (wiewohl letztere bereits im Principe von S. Majestät bejahend gelöst ist), zu erörtern und daß in Folge der Erörterung die maßgebenden Minister ihre zustimmende Erklärung abgeben, so daß ich mit voller Beruhigung abreisen kann, nicht desavouirt zu werden und meine Mitpacifcenten (wenn man Sie und v. Kersdorf so nennen darf) nicht auf einen falschen Weg zu führen. Graf Rechberg theilte, wie er mir in einer späteren Unterredung sagte, meinen Brief in einem engeren Ministercomité dem Erzherzoge (Rainer) mit und es wurde genehmigt, daß ich reise; nicht einmal eine schriftliche Instruction wollte mir ertheilt werden. Es sei doch nur eine Privatbesprechung, deren Ergebniß erst Gegenstand diplomatischer Verhandlungen werden könne. Ich erklärte hierauf unter diesen Umständen könnte ich nicht reisen, ich sei kein agent provocateur, ich müßte sicher seyn, daß die uns sich annähernden Staaten auf dem Wege, den ich ihnen einzuschlagen rathe, sich wirklich mit Österreich zusammenfinden, und daß umgekehrt, das was ich Österreich rathen müßte, dort angenommen und trotz aller inneren Hindernisse festgehalten werde. Sie sehen, verehrter Freund, ich kann als ehrlicher und als ehrliebender Mann in der Sache nichts mehr thun. Daß mir Ihr Brief viele unangenehme Stunden verursachte, indem man übel aufnahm, daß ich nicht als blindes Werkzeug ging, wohin man eben wollte, und Minister Plener neuerdings Anlaß fand, über meine Rücksichtslosigkeit, daß ich Ihren Brief nicht zuerst ihm mittheilte, und meine Insubordination Klage zu führen, ist nicht Ihre Schuld, Sie kennen eben unsere Verhältnisse nicht. Meine herzlichsten Grüße und meinen innigsten Dank für das mir geschenkte Vertrauen an die Herren Neurath, Hügel und Golther. — Lassen Sie bald wieder etwas von sich hören, Sie wissen gar nicht, wie sehr mich jeder Ihrer Briefe freut, er ist wie ein frischer Windhauch in der schwülen Athmosphäre, in der ich schmachte. Denken Sie sich nur Eines: Plener verlangt die vorläufige Censur meines Werkes („Abgaben und Schulden"); ich habe sie ihm rund abgeschlagen.

Wien den 11. Februar 1863.

Ihr treu ergebenster

Hock."

In übereinstimmender Beleuchtung zeigt sich die damalige Lage und Entschlußlosigkeit in dem folgenden Briefe Max v. Gagerns vom 25. Februar 1863:

Wien, den 25. Februar 1863.

Verehrtester Herr Professor!

Durch die freundlichen und inhaltreichen Zeilen vom 22. ds. haben Sie mich aus einer thatenlosen Verstimmung herausgerissen, in welche mich das bisherige Scheitern Ihres vortrefflichen Vorschlages vom 4. ds. versetzt hatte. Nehmen Sie meinen herzlichen Dank für die neue Anregung! Ohne Zweifel hat Ihnen Hock gerade genug von dem Hergang jenes Scheiterns gesagt, um das etwa Fehlende errathen zu lassen. Das Meinige habe ich in dieser leidigen Sache gethan; — es war alles vergeblich. Dr. Hock wollte — von seinem Standpunkt nicht ohne Grund — den Anlaß benutzen, seine Ansichten nicht nur zur Anerkennung zu bringen, sondern auch seine Stellung wieder zu befestigen. Darum bestand er auf Formen und Vorbedingungen, zu welchen man sich anderseits nicht herbeilassen wollte. Obgleich er nun in seiner einflußreichen Stellung, besonders als Vorsitzender der aus verschiedenen Ministerien zusammengesetzten Zollkommission verbleibt, so wird er doch, in Folge seiner Weigerung bei dem neulichen Anlaß, schwerlich wieder zur Zollkonferenz noch zu andern späteren Verhandlungen als B e v o l l m ä c h t i g t e r von Oesterreich abgesandt werden.

In unserem Ministerium, wo man Ihren Vorschlag mit Beifall und Eifer ergriffen hatte, legt man fortwährend noch großes Gewicht auf den Gegenstand desselben. Mein College Biegeleben wünschte auch jetzt, daß die vorbereitende Tarifarbeit durch vertraute Hände in Zeiten unternommen würde und womöglich noch vor der Zollkonferenz, deren Natur und Verlauf ihm doch noch nicht so inhaltleer und negativ vor Augen steht! Was u n s betrifft, so wird es im rechten Augenblick an der Courage zu der Revenuen-Garantie n i c h t f e h l e n. Die Regierungen haben sich auch wohl vorbehalten, ihren bis jetzt bezeichneten Commissionen Verstärkung nachzuschieben, und zwar jede ihren eigentlichen Triarier. Preußen selbst bleibt noch unberechenbar.

Augenblicklich erwartet unser Ministerium des Aeußern eine Antwort der F i n a n z e n, w a s j e t z t z u g e schehen habe? Hock wird also a m t l i c h seine Daten abzugeben haben. Unter ihm ist Hofrath P. die einzige ganz capitelfeste Specialität und in Tariffragen vielleicht noch kundiger als er selbst. Würden Sie sich, verehrtester Herr Professor, entschließen können, mit dem letztgedachten braven alten Herrn casu quo die beabsichtigte vertrauliche Privat-Arbeit in Tübingen zu unternehmen? Ich bitte im engsten Vertrauen hierüber um eine Antwort. (Kersdorf sind wir

Für die Zolleinigung

sehr einverstanden, vorläufig wenigstens ganz herauszulassen.) Sie denken uns die Initiative zu: es wird aber wesentlich an Ihnen seyn, uns zum Ansetzen der Hebel zu helfen.

Mit Schrenks Circulardepesche war man hier sehr zufrieden. Er ist langsam, säumig, aber von Charakter und Richtung zuverlässig.

Mit aufrichtigster Hochachtung

der Ihrige

M. v. Gagern."

Die letzten Briefe in der deutschen Zollfrage, welche ich von Max v. Gagern noch besitze, sind folgende:

Wien, 3. Juni 1864: „Mein hochverehrter Freund! Die bayrischen Ministerialräthe haben uns gestern verlassen und das Programm zur neuen Münchener Zoll-Conferenz mitgenommen, welches ohne Zweifel den Regierungen schnell mitgetheilt wird, um vorher ihre Commissäre dafür zu instruiren. Wir hoffen, daß auch Hannover kommt und Cassel wenigstens seinen Beitritt zusagt und sich durch Hannover vertreten läßt. Der Inhalt der Vereinbarung liegt in folgender Punctation:

Punctation zu einem Uebereinkommen zwischen Oesterreich und dem Zollverein.

1. Artikel 31 des französisch-preußischen Vertrags wird dahin abgeändert, daß derselbe auf Oesterreich und andere nicht im Zollverein stehende deutsche Staaten keine Anwendung haben soll.

2. Oesterreich führt seine Tarifreform auf Grundlage des Entwurfs vom 18. Nov. 1863 durch und verpflichtet sich, als Zwischenzoll von den aus dem freien Verkehr des Zollvereins kommenden Waaren nur $1/2$ des allgemeinen Zolles als Regel einzuheben. Von dieser Regel werden Ausnahmen statuirt: a) Von Waaren, welche im

Zwischenverkehr zollfrei seyn sollen. b) Von Waaren, welche im Zwischenverkehr einer höheren Quote als ½ des allgemeinen Zolles, c) Von Waaren, welche auch im Zwischenverkehr dem ganzen allgemeinen Zoll unterliegen werden.

3. Der Zollverein wird seinen Tarif in solcher Art regeln, daß seine von dem österreichischen Tarif abweichenden Sätze für alle Waaren, welche in Oesterreich der Regel des ½ Zwischenzolles (ad 2) unterliegen, wenigstens 10 % mehr als die Hälfte der österreichischen Zollsätze betragen werden: Er verpflichtet sich ebenfalls, von den aus dem freien Verkehr Oesterreichs kommenden Waaren in der Regel um ½ seines Außenzolles zu erheben. (Auch hier die 3 Ausnahmen.)

4. Die Ausnahmen von der Regel des ½ Zwischen-Zolles a b c beiderseits werden im Wege der Verhandlung zwischen beiden festgesetzt (a möglichst zu erweitern, b c möglichst zu beschränken).

5. Die Erhebung des Zwischenzolles darf nur mit Zustimmung des anderen Theiles vorgenommen werden. (Benachrichtigung 3 Monate vorher.)

6. Durchfuhrzollfreiheit bleibt aufrecht.

7. Verkehrsverbote in Fällen von Krieg, Seuchen usw. sind vorübergehend zulässig.

8. Die Staatsmonopole und die Autonomien der inneren Besteuerung bleiben unbeirrt.

9. Die schließliche Zolleinigung bleibt Endziel auch dieses Vertrages.

10. Der Vertrag wird auf 12 Jahre, vom 1. Januar 1866 angefangen, abgeschlossen.

Durch eine besondere Registratur vom 1. Juni haben sich die bayrischen Räthe verpflichtet, dieses Programm zu empfehlen als Grundlage der Zollconferenz. Kommt die Erneuerung des Zollvereins auf dieser Grundlage nicht zu Stande, so ist Oesterreich bereit, mit jeder sich bildenden Zollvereinsgruppe entweder ein engeres Zollbündniß auf Grund 10. Juni 1862 oder einen Zollververtrag auf Grund obiger Punctation abzuschließen. —

Können und wollen Sie dieses Programm 1. in Stuttgart unterstützen, 2. in der Allgemeinen Zeitung besprechen? [ist nicht geschehen.] Es ist wenigstens elastisch und hat bei uns sogar die anher schutzzöllnerischen Autoritäten für sich!

In Eile

ganz der Ihrige

v. Gagern.

Wien, 24. Juli 1864.

„Verehrtester Herr Professor,

Ganz richtig haben Sie aus der Sachlage und einigen Symptomen der Zeitungswelt herausgefühlt, wie zeitgemäß und willkommen ein erneutes Lebenszeichen von Ihrer Hand uns hier sein würde. Ich sage uns, weil ich eine so wichtige Mittheilung wie die Ihrige vom 19. d/s. nicht für mich allein bestimmt zu halten berechtigt war und sie vielmehr sofort auch dem Grafen Rechberg, H. F. M. v. Biegeleben und S.=Ch. Hock zur Kenntniß brachte. Daß wir mit Ihrer Auffassung vollkommen einverstanden sind, hat Dr. Hock Ihnen vielleicht schon direkt ausgesprochen..... Wiederholtes Klagewort kommt mir von Dr. Reischach [Inhaber der „Allg. Ztg." nach J. G. Cottas Tode] zu, der, wie es scheint, von dem vortrefflichen, aber mit Scheuledern aufgeschirrten M. Mohl hart belagert wird. Die Sachlage hierselbst ist augenblicklich folgende: Nachdem man es versäumt hat, unseren Februar=Plan der privaten Zusammenkunft in Tübingen zu ermöglichen und plötzlich die Zeit brängte, hat man sich rasch entschließen müssen, eine gutacht=

liche Tarifarbeit im Kreise hiesiger Fachleute Hals über Kopf vorbereiten zu lassen, jedoch ohne Zuziehung des Handelsministeriums, in welchem stärkere Schutzzoll-Ansichten vorwalten..... Das Vorstehende theile ich Ihnen, verehrter Herr, als einem österreichischen Hausfreunde mit und bitte Sie, mir das Vertrauen durch einen offenen Ausspruch zu erwidern, ob wir auch jetzt noch Aussicht haben, durch einen wohlüberlegten Tarif-Vorschlag ein Compromiß zu Stande zu bringen, welches von uns dem Zollverein entgegengebracht, nicht allein Bayern und Württemberg, sondern möglichst viele Vereinsstaaten gewinnen, und vielleicht selbst in einzelnen Theilen Preußens Anklang finden könnte? Ein Compromiß zwischen billigen Anforderungen beider Parteien, möglichst dem französischen Handels-Vertrag-Tarif sich nähernd usw.

v. Gagern.

Das alles kam zu spät. Es war schwache Macht und noch weniger Ernst dahinter. Ich hielt, wie schon seit Frühjahr 1863, zurück. Die Sache war auch wirklich verloren. Bismarck hatte in seiner genialen Weise es durch den dänischen Feldzug zu Stande gebracht, daß auch bei den Mittelstaaten die Zolleinigungsfrage versumpfte. Die Aktionslust war schon beinahe auf den Nullpunkt gesunken, als zu Anfang des Jahres 1864 der Bericht der volkswirtschaftlichen Kommission des württ. Landtages über den französischen Handelsvertrag zur Verhandlung kommen sollte. Der Schutzzöllner M. Mohl hatte in der Kommission alle sechs gegen meine Stimme gehabt. Das Sondergutachten, das ich an den Landtag erstattete, war für die praktische Politik nun gegenstandslos geworden, wie der mehr als 1000 Foliseiten umfassende Riesenbericht des schutzzöllnerischen Gegners auch. In meinem Sondergutachten ist sehr viel sorgfältig aus den Quellen geschöpftes, industrie-statistisches und zolltechnisches Material samt der bedeutendsten Streitschriften-Literatur zur Sache verarbeitet, so daß der Wert desselben für die wirtschaftsgeschichtliche Forschung vielleicht nicht ganz verloren sein wird.

Das Fehlschlagen der Handels- und Zolleinigung zwischen Österreich und dem Zollverein erscheint mir wenigstens als eine der größten Einbußen, welche das Deutschtum in Österreich und nach dem Orient hin erlitten hat. Nur bei möglichster Verkehrsgemeinschaft konnte der deutsche Einfluß durch seine Kapitalüberlegenheit, durch seine Intelligenz, durch die unwiderstehliche Übermacht der bedeutendsten mitteleuropäischen Sprache im freien Verkehr, rasche und große Eroberungen machen. Das, was mittelst der Amts- und Armeesprache, mittelst der Schulpolitik gegen die Slaven und Ungarn im besten Falle erreicht werden kann, vielleicht aber gar nicht mehr erreicht werden wird, erscheint mir, neben dem Einfluß, den man mit der Vereitelung der Zolleinigung preisgegeben hat, vergleichsweise unbedeutend. Die Einigung war ein deutsches Interesse allerersten Ranges. Mit größter Befriedigung denke ich daher an meine nun geschilderte Teilnahme an den Bestrebungen der Jahre 1859—1863 zurück. Ich lebe mehr denn je der Hoffnung, daß dieselbe Absicht allmälig, wenn auch sehr langsam, zu voller Anerkennung gelangen wird.

Ob es möglich sein wird, auf die zum Nachteil des Deutschtums verlassenen Unionsbestrebungen wieder einzulenken? Ich möchte es wünschen, aber die Widerstände dagegen sind, das läßt sich nicht verkennen, inzwischen gewaltig gewachsen. Immerhin sollte man meinen — und ich habe dies in meinen „Kern- und Zeitfragen" noch in neuester Zeit glaubensvoll festgehalten —, die mitteleuropäische Zolleinigung müsse dennoch kommen, wenn der Kontinent Rußland, Nordamerika und dem Greater Britain der Engländer gegenüber nicht handelspolitisch sich verzwergen will.

Die angenehmste Erinnerung aus dem handelspolitischen Wirken jener Zeit ist mir der persönliche Verkehr mit König Wilhelm I. von Württemberg. Der König empfing mich, um über den preußisch=französischen Handelsvertrag sich mit mir zu besprechen, volle Fünfviertelstunden — es wird kaum ein Jahr vor seinem Tode gewesen sein. Erstaunlich waren die frische, tiefeindringende Sachkenntnis, die große, staatsmännische Auffassung, welche niemals den Überblick im Detail verlor. Ich fand vollständig bewahrheitet, was mir Cotta zuvor geschrieben hatte: „Der König hat schon so viel los, daß es zum Verwundern ist, jedenfalls m e h r als seine Minister." Cotta setzte bei: „Die Königin von Holland sagte ihm mit Heftigkeit, Louis Napoleon v e r l a n g e, fordere den Vertrag, habe ihr beim Abschied wiederholt gesagt: „il me faut ce traité a b s o l u m e n t; faites que votre père s'y conforme" ... Hierauf habe ihr der König erwidert — Cotta hörte dies wohl von seinem Freunde und Verwandten, dem auswärtigen Minister, Baron von Hügel —: „Meine liebe Tochter, was dem Kaiser der Franzosen frommt, kann uns deutschen Fürsten und dem deutschen Volk nie frommen. Du suchst bei ihm Hülfe gegen England wegen Eurer indischen Besitzungen — sehe zu, daß er Euch nicht in Schaden führt. Seine Herrschaft verspricht keine Dauer, England aber wird bleiben."

König Wilhelm erlebte die handelspolitische Niederlage nicht mehr. Er starb am 24. Juni 1864.

Erst 1865 fand die Verlängerung des Zollvereins unter Preisgebung aller Errungenschaften und aller Aussichten des Februarvertrages statt. Mit dieser Entscheidung erlagen die süddeutschen Schutzzöllner auf 14 Jahre der Freihandelspartei. Diese selbst aber liegt seit 1879 in Deutschland und in Frankreich von agrar= und industrieschutzzöllnerischer Ausbeutung des exklusiven Nationalismus zerschmettert darnieder. „Die Extreme berühren sich" — auch in ihrem Schicksal. Die Einsicht ist allgemein gewonnen worden, daß der kosmopoli-

tische Freihandel Utopie ist, daß mit der Meistbegünstigungs=
klausel die Welt sich für den Freihandel nicht erobern läßt, da
man in den Spezialtarifen nur „leere Gläser" zu bieten braucht,
wie das Thiers und Pouyer=Quertier bei der wohl auf Del=
brücks Rat aufgenommenen Klausel des Frankfurter Frie=
dens allsogleich im Schilde geführt und nachher auch sofort
praktiziert haben. Der „reine Freihandel" kann nicht nur nicht
im Sturmschritt über die ganze Welt hin erreicht, sondern
nur teilweise und langsam durch Aneinanderlagerung und
Verschmelzung gleich interessierter, dabei ergänzungsbedürf=
tiger Nachbarländer gruppenweise errungen werden. Die
leidenschaftlich aufgetretenen Einwendungen gegen die von mir
vertretene Auffassung (vergl. Sondergutachten) sind für jeden
Fachmann so fadenscheinig, daß man heute kaum begreift, wie
sie überhaupt im Ernst je haben aufgestellt werden können.
Unter jenen Einwendungen war mir schon damals am wenigsten
diejenige begreiflich, derzufolge „zu große" Zoll= und Handels=
körper, wie Deutschland und Österreich zusammen, von Frei=
händlern als ein Übel bezeichnet werden konnten. Heute schon
ist die Meinung eine ganz andere geworden, und würde man
weithin froh sein, wenn nicht in den Frankfurter Frieden
die kosmopolitische Meistbegünstigungsklausel, sondern nach der
Entscheidung über die Hegemonie im Prager Frieden der
handelspolitisch weitere Bund mit Österreich stabilisiert wor=
den, worin wechselseitig für Handelsverträge mit dritten
Staaten die dauernde Verpflichtung zum Vorbehalt engeren
Zusammenschlusses miteinander und mit den benachbarten
Staaten Mitteleuropas eingegangen worden wäre.

Für freiheitliche Reform der deutschen Bundesverfassung.

Kaum war der handelspolitische Hegemoniekampf zwischen Österreich und Preußen in Fluß gekommen, so entzündete sich immer mehr auch der verfassungspolitische Streit über die Reform der deutschen Bundesverfassung. Es bildeten sich zwei Parteilager. In einem standen die „Kleindeutschen", welche Österreich in den „weiteren Verband" mit Deutschland zurückgedrängt und die deutschen Mittel- und Kleinstaaten unter Preußen gebracht sehen wollten. Es waren die Gothaer von 1849 in neuer Auflage; organisiert war diese Partei im „Nationalverein". Das andere Lager bildeten die „Großdeutschen", welche wenigstens die zum deutschen Bund gehörigen Kronländer der habsburgischen Monarchie in dauernder staatsrechtlicher Verbindung mit dem übrigen Deutschland erhalten sehen wollten; die Großdeutschen fanden sich zum „Reformverein" zusammen. Beide Gruppen verlangten Volksvertretung beim deutschen Bunde; der linke Flügel der Großdeutschen, welchem ich mich anschloß, verstand darunter einen nicht bloß mit beratenden Befugnissen ausgestatteten deutschen Reichstag.

Das Verbleiben Österreichs wurde von den Großdeutschen so gedacht, daß österreichische Vertretungskörper gleich den Landtagen der übrigen deutschen Staaten Delegierte zur gesetzgeberischen Behandlung der gemeinsamen, namentlich militärischen, volkswirtschaftlichen und justizgesetzlichen Angelegenheiten und zur Verabschiedung der gemeinsamen

Reform der deutschen Bundesverfassung

Steuern und Ausgaben, zur Genehmigung der Reichsverträge entsenden sollten.

Eine Abneigung gegen direkte Wahl dieses Reichstages bestand bei dem linken Flügel der Großdeutschen nicht. Man nahm die Form der Delegierten-Beschickung an, weil sie geeignet erschien, für gewisse Reichs-Angelegenheiten auch eine Vertretung der außerdeutschen Staatsgebiete der beiden Großmächte heranzuziehen und zwischen der Volksvertretung im Reich und derjenigen in den Bundesstaaten eine organische Verbindung herzustellen. Als bündische Angelegenheiten waren das Auswärtige, das Reichsheer-, Reichsmarine- und Reichsfestungswesen, das Zollwesen, das Handels-, Wechsel-, Patent-, Gewerbe- und Niederlassungsrecht gedacht. Das Schul-, Unterrichts- und Kirchenwesen sollte, wie es heute noch im neuen Deutschen Reiche der Fall ist, den einzelnen Bundesstaaten überlassen bleiben. Die Einzelstaaten hätten in weitem Umfang ihre Landesverwaltung dem Reich zur Verfügung zu stellen gehabt, namentlich für die indirekten Steuern, wie das auch für das heutige Deutsche Reich nach dem Vorgang der Zollvereins-Verrechnung beliebt worden ist. Zu diesem Programm konnte man sich damals mit bestem Gewissen bekennen. Das „Deutsche Reich" von 1871 hat für den „engeren Bund" der Gothaer mehr auch nicht gebracht, nur daß der Bund enger geblieben ist und es für absehbare Zeit bleiben wird. Daß derselbe preußische Staatsmann, welcher daran war, den deutschen Bund in Trümmer zu schlagen und Österreich aus seiner halbtausendjährigen Verbindung mit Deutschland hinauszudrängen, ohne auch nur das, was am gothaischen Programm von 1849 großdeutsch gewesen war, den „weiteren Bund mit Österreich", zu begünstigen — daß dieser Staatsmann selbst einen weiteren Bund suchen und knüpfen würde, wie er es dann 1879 getan, konnte niemand voraus wissen. Auch nicht dies, daß an der Spitze bereits die Männer standen, welche imstande waren, gegen ganz Europa das Werk auf dem Wege der Gewalt siegreich durchzuführen. Ebenso wenig wußte jemand, daß der König von Preußen, was seine geschichtliche Größe ausmacht, diese Männer halten und gewähren lassen würde. Die preußische Volksvertretung selbst kämpfte eben damals den heftigsten Kampf gegen diese Männer, der König war, wie jetzt offenbar geworden ist, damals nahe daran, dem Thron zu entsagen und ihn seinem Sohn, der mit der Opposition sympathisierte, zu überlassen. Wenn man heute die damalige staatsrechtliche Stellung Österreichs in Deutschland mit Oncken als „Fremdherrschaft" charakterisieren will, so hat diese, auch objektiv völlig unhaltbare Auffassung, wenigstens in süddeutschen Herzen, nicht den geringsten Widerhall gefunden. Selbst noch in Versailles (1871) war ja König Wilhelm I. selbst „moros" gewesen, wie man inzwischen authentisch erfahren hat, ehe er die deutsche Kaiserkrone annahm, und König Friedrich Wilhelm IV. hatte 1849 zur Kaiserdeputation des Frankfurter Parlaments gesagt: „Das Ding, von dem wir reden, drückt nicht den Stempel von Gottes Gnaden aufs Haupt, ist keine Krone; es ist das eiserne Halsband einer Knechtschaft, durch welches der Sohn von mehr als vierundzwanzig Regenten, Kurfürsten und Königen, der Herr des tapfersten und treuesten Heeres der Welt, der Revolution zum Leibeigenen gemacht würde."

Auch die Großdeutschen meiner Richtung wollten entschieden vorwärts auf dem Wege freiheitlicher Einigung des deutschen Volkes. Sie wollten es aber ohne Ausnahme auf friedlichem Wege, im Einvernehmen beider historisch gegebenen deutschen Großmächte, ohne deren vereinigte Kraft der Widerstand des ganzen übrigen Europa nicht überwunden werden zu können schien. Heute, wo auf dem entgegengesetzten Wege von „Blut und Eisen" das Deutsche Reich unter Preußens Führung glorreich hergestellt worden ist, wird der wahrhaftige Großdeutsche von einst für diese Schöpfung den letzten Pfennig und den letzten Blutstropfen gerne ein=

Reform der deutschen Bundesverfassung

setzen. Das Deutsche Reich aber ist von keiner der zwei großen, deutschen Parteien, sondern von dem genialen Dreigestirn Roon-Moltke-Bismarck sowie von demjenigen geschaffen worden, der dies Dreigestirn aufgehen und dann, so lange er lebte, nicht untergehen ließ. Beide Parteien aber haben das Verdienst, daß sie unablässig die Reform der deutschen Bundesverfassung forderten und die Forderung nicht mehr zur Ruhe kommen ließen, bis sie zur eisernen Erfüllung reif war.

Ich will dennoch nicht sagen, daß alle Großdeutschen die Bundesreform ernstlich wollten. Nur zu viele Partikularisten haben bei ihnen vorübergehend Unterkunft gesucht und gefunden, namentlich Welfen. Zu diesen Pseudo-Großdeutschen habe ich, wie ich durch Schrift und Tat bewiesen habe, niemals gehört. Andrerseits darf auch der eifrigste Nationalvereinler nicht behaupten, daß seine ganze Partei den Kurs nach dem Dreigestirn des Königs Wilhelm genommen und das Ziel, welches erreicht worden ist, unverrückt im Auge gehabt und behalten habe. Bei der preußischen Heeresreform und bei der Augustenburger Affäre ist massenhaft gerade von Nationalvereinsmitgliedern ein gegen Bismarck feindlicher Kurs eingehalten worden.

Als sich mit dem Jahre 1864 in den Mittelstaaten der Partikularismus nach der Händereichung zwischen Österreich und Preußen wieder offen breit machte und die teilweise angenommene großdeutsche Vermummung abgeworfen war, weil jener kurzsichtig genug meinte, es werde wieder alles gut beim alten bleiben, habe ich mich von aller Parteiverbindung aus der Zeit von 1860 bis 1864 losgelöst.

Meine persönliche Beteiligung und meine Erlebnisse bei den verfassungspolitisch großdeutschen Bestrebungen will ich nur mit wenigen Strichen zeichnen. Im großdeutschen Reformverein bin ich als Ausschußmitglied gewesen. Ich habe mich dabei dennoch weit weniger ins Zeug gelegt oder legen können, als in der Sache der Zoll- und Handelseinigung Deutschlands mit Österreich. Das hatte seinen guten Grund. Die überwiegende Masse der Mitglieder des Ausschusses waren vortreffliche Menschen, aber auch, wie ich mehr und mehr fand, vielfach konservative Partikularisten, welchen es um einschneidende Reform des deutschen Bundes im Sinne der Heranziehung einer mit wirksamen konstitutionellen Befugnissen ausgerüsteten Nationalvertretung ernstlich nicht zu tun war. Das zeigte sich schon bei der Konstituierung des Vereins, welche am 28. und 29. Oktober 1862 zu Frankfurt im Hause des Senator Bernus stattfand. Mit Mühe gelang es, ein Programm zustande zu bringen; ich verweise auf meine Darstellung in der „D. V. J. Schr.": „Die Bundesreform und die großdeutsche Versammlung in Frankfurt." Was an dem damals beschlossenen Programm bezüglich der Volksvertretung Entschiedenes enthalten war, ist wesentlich auch unter meinem Antrieb hineingekommen. Der Antrag, welchen ich mit meinen Kollegen von der Tübinger Universität Geßler und Kuhn gestellt hatte, entsprach dem, was ich schon 1859 und eben wieder in der „D. V. J. Schr.", stets in der „Allgemeinen Zeitung" und namentlich in einigen durch Cotta an Graf Rechberg gelangten Denkschriften vertreten habe. Unsere am erwähnten Ort abgedruckten Zusatzanträge waren jedoch in ihrer Bestimmtheit nicht durchzubringen gewesen. Diese Anträge hatten eine längere Erörterung herbeigeführt. Wir, vom linken Flügel, suchten eindringlich darzutun, wie wünschenswert es sei, die Delegiertenversammlung in tunlichster Beschleunigung zu einem Körper mit reellen konstitutionellen Befugnissen zu gestalten und mit dieser Forderung seitens der großdeutschen Partei in klarstem, gewinnendem Ausdruck vor die Nation zu treten; es sei der Delegiertenversammlung der Charakter der Regelmäßigkeit statt der Gelegentlichkeit (Berufung ad hoc), decisive neben konsultativer Mitwirkung bei der Gesetzgebung, Stimme (Interpellation, Petition) in allen Fragen der höheren nationalen Politik, eine würdige Ausstattung hinsichtlich der Zahl und Sicherheit gegen ein unzukömmliches Gewicht der sogenannten „ständischen" Elemente zu geben."

Die Reformakte, welche dann im August 1863 Österreich auf dem Fürstentage einbrachte, entsprach diesen Forderungen nicht. Man bot — und zwar bei einem für Preußen formell verletzenden Vorgehen — eine Volksvertretung von bloß beratender Befugnis und mit gelegentlicher Tagung. Max v. Gagern hatte mir das Projekt in einem Briefe vom 24. Juli 1863 angekündigt, indem er seinen Mitteilungen über den Stand der Zollfrage die Bemerkung anfügte: „Die Bundesreform klopft täglich an unser Tor, und in der Werkstatt ist eigentlich alles fertig; nur der Tag und die Stunde sind noch nicht bestimmt und wurden wiederholt durch europäische Krisen verzögert, ich habe aber doch Ursache zu glauben, daß wir nicht weit in den August kommen werden, ohne daß ein erster bedeutender Schritt kund wird. Das Delegierten-Wort bekämpfen Sie mit Recht. Das Prinzip müssen wir aber leider wegen unserer eigenen deutschen Österreicher betonen."

In einem vorhergegangenen Briefe vom 25. April hatte mir Gagern mitgeteilt, daß der Kaiser von Österreich für die Bundesreform sich entschieden habe, und beigefügt:

„Mehr kann ich heute noch nicht sagen, aber ich hoffe, es ist genug, um Ihnen in Verbindung damit die Bitte vorzutragen, daß Sie zu unserem Vorgehen neuen Mut fassen und deshalb Ihre an sich wohlerwogenen Vorschläge einstweilen in zweite Linie zurückstellen möchten, bis wir gemeinsam ein fair trial durchgekämpft!

Ich hoffe, Sie werden nicht unzufrieden sein mit dieser auf Ihren Grundgedanken für heute noch nicht eingehenden

Großdeutsche Bestrebungen

Eröffnung. Die großen auswärtigen Fragen dominieren ohnehin jetzt ganz die deutschen, und in letzteren ist es einstweilen das Wichtigste, nichts präjudiziell Verkehrtes aufzustellen. Die Ereignisse werden jetzt schwerlich mehr die beiden deutschen Großmächte in entgegengesetzten Lagern treffen; so wenig Vorteil auch für Österreich daraus hervorgehen wird, von vornherein mit seinen beiden nordischen Gegnern zusammenzustehen, so wird die deutsche Notwendigkeit dies doch mit sich bringen. Wir werden nur sehen, uns nicht düpieren zu lassen, wie schon öfter."

Die Aktion, welche v. Gagern mir im Briefe vom 24. Juli 1863 angekündigt hatte, hat mich dann in keiner Weise befriedigt, und ich habe dem, so weit ich mich erinnere, unverhohlenen Ausdruck gegeben.

Der einzelne Großdeutsche war übrigens schon völlig ohnmächtig geworden. Es war die schleswig-holsteinische Erbfolgefrage hereingebrochen. An der Frankfurter Abgeordneten-Versammlung hierüber nahm ich noch Anteil. Aber so wenig ich mich zwei Jahre zuvor in der „Konfliktszeit" für die Liberalen und Radikalen hatte begeistern können, so wenig vermochte ich mich zu der Forderung zu versteigen, daß die Mittelstaaten selbst gegen Preußen und Österreich den dänischen Krieg führen und den Augustenburgschen Mittelstaat herstellen sollten. In dem Ausschuß beider Parteien, welcher vereint Resolutionen für das Plenum des Abgeordnetentages abzufassen hatte, war ich mit Graf Hegnenberg gewählt. Wir haben uns gegen die Anträge der Mehrheit des Vorbereitungsausschusses auf das Entschiedenste ablehnend verhalten. Wie konnten wir auch die Forderungen mitmachen, daß die deutschen Mittelstaaten gleichzeitig gegen Preußen, Österreich und Dänemark kooperieren sollen! Doch blieben wir in verschwindender Minorität und kehrten überhaupt nicht mehr zu der Abstimmung der ungeduldig harrenden und auch brüllenden Versammlung zurück.

Von jenem Tage sind mir zwei Erinnerungen lebhaft zurückgeblieben. Die eine betraf die Agitation für den Augustenburger. Während der Ausschußverhandlungen, welchen seitens des Nationalvereins auch Löwe von Calwe beiwohnte, war dieser auf mich zugekommen und hatte mir — mich mit „Scheffel" verwechselnd — die Hand gereicht und gesagt: „Ah! Dichter des Trompeters von Säckingen! Wenn ich ein Dichter wäre, so müßten über den Augustenburger längst die schönsten Anekdoten in die letzte Hütte verbreitet sein." Löwe war sehr verdutzt, als ich ihn darauf über seine Verwechslung der Namen und Personen Scheffel und Schäffle aufklärte. Die andere Erinnerung jener Tage knüpft sich an die Person des Grafen Hegnenberg, welcher mit Graf Lerchenfeld Führer der bayrischen Großdeutschen und mit mir in den Ausschuß berufen war. Als wir nach beendigter Ausschußsitzung unmittelbar in unser Quartier zum holländischen Hof zurückgingen, blies er frohmütiger Laune auf seinen Rock, wie um Staub wegzubringen, und als ich ihm bemerkte, ich begreife nicht, wie er nach einer so totalen Niederlage so heiter sein möge, erwiderte er: „Oh doch! Wenn ich in der Minorität war, habe ich nie einen dummen Streich gemacht." Der Kot, mit welchem wir damals besonders stark beworfen wurden, war für uns im voraus weggeblasen.

Ein Brief des Vorstandes des Reformvereins, Freiherrn von Lerchenfeld, welcher sich auf die damals durch die Österreicher Berger und Rechbauer angeregte Koalition von Reform= und Nationalverein bezieht und aus Wien vom 16. Oktober batiert ist, lautet u. a. wie folgt:*)

Nun war über Nacht die Schleswig=Holsteinische Erbfolgefrage aufgetaucht. Da schrieb mir Lerchenfeld folgenden Brief, welcher beweist, wie sehr ihm und mit ihm uns Allen

---

*) Hier fehlen drei Seiten des Manuskriptes.

E. Hofmann.

trotz Mißtrauen gegen die Hinwendung Preußens zu Österreich an der Einigung der beiden Großmächte gelegen war:

„Verehrter Freund, Deutschland kann nur dann mit Aussicht auf Erfolg handeln, wenn Preußen und Österreich sich über die ganze deutsche Frage geeinigt haben: nur dann ist es möglich, daß wir — im Widerspruche gegen die drei anderen Großmächte — von denen zumal England in dieser Frage ganz verrannt ist, — irgend etwas ausrichten. Unser Verein wird wohl auch in dieser Frage sich auszusprechen haben, meines Dafürhaltens in diesem Sinne.

Mit bekannter Gesinnung

München, 20. Nov. 1863.
Ihr
Lerchenfeld."

Der weitere Gang der politischen Dinge in Deutschland bis 1868 nahm die allbekannte Wendung. Die Entscheidung kam in Bismarcks feste Hand, und ihm gegenüber sank der Einfluß beider Parteien auf den Nullpunkt herab. Der Reformverein schlief ein. Sein edler Präsident v. Lerchenfeld hat im Untersberg beim Besuch der Barbarossahöhle ein ominös tragisches Ende gefunden, indem er dabei einen töblichen Sturz erlitt.

Die Erlebnisse im Reformverein waren für mich wenig ergötzlich. Immerhin knüpfen sich für mich auch angenehme persönliche Erinnerungen an denselben. Dies gilt namentlich von der Bekanntschaft mit Lerchenfeld, Hegnenberg, dem nachmaligen bayrischen Ministerpräsidenten Wydenbrugk, Brinz und mit dem Haupt der kleindeutsch-gothaischen Partei von 1849, Heinrich von Gagern. Des letzteren Gestalt und Organ sind mir unvergeßlich geblieben, desgleichen seine Bescheidenheit. Einmal, als aus Anlaß der Konstituierung der großdeutschen Partei der schwäbische Freiherr von Varnbüler vom Berufe des Adels und von der Wiederbelebung der süddeutschen Reichsritterschaft — die Varnbüler waren indes

m. W. nie Reichsablige gewesen — in hohen Worten bei der Tafel sich erging, bemerkte Heinrich von Gagern trocken: „Varnbüler, wir sind kein Adel."

Das Vertrauen der liberalen bayrischen Großdeutschen hatte ich in hohem Grade gefunden. Noch im Juli 1865 hatten sie, wie die in meinem Nachlaß befindlichen Briefe beweisen, meine Berufung an die Universität München betrieben, mit der weiteren Bestimmung, dem jungen Ludwig II. Vorträge über Staatswissenschaft und politische Ökonomie zu halten. Ich hätte die vom Senat empfohlene Berufung damals gerne angenommen, denn in Württemberg hatten sich seit dem Regierungsantritt des Königs Karl die Verhältnisse auf eine für mich wenig anziehende Weise geändert. Eine Einstreuung in die „Allgemeine Zeitung", daß ich die Bestimmung habe, Ludwig II. zu unterrichten, verschnupfte diesen, und meine Berufung unterblieb. Die ausstreuende Hand gehörte einem großen Fachgenossen von hohem Alter; wohlwollend hat sie nicht gehandelt, aber ihren Erfolg habe ich seitdem als ein sehr gütiges Geschick auffassen gelernt.

Im württembergischen Landtag.
1861—1865

Bei den Neuwahlen zum württembergischen Landtag im Jahre 1861 war ich für Tübingen (Landbezirk) mit großer Mehrheit gewählt worden. Der bestimmende Grund zur Annahme der Kandidatur war das Streben gewesen, für die Zolleinigung mit Österreich und für die Reform der deutschen Bundesverfassung auch von parlamentarischer Stellung aus wirken zu können.

Ich hatte das Glück, daß ich in die wichtigsten Kommissionen, darunter die volkswirtschaftliche und die Finanzkommission gewählt wurde. Ich habe da den ganzen parlamentarischen Mechanismus moderner Finanzverabschiedung und Rechnungskontrolle auf das Gründlichste kennen gelernt. Als Berichterstatter über den Etat des Ministeriums des Innern bin ich in alle Einzelheiten der politischen Verwaltung im ganzen Umfang der Sicherheitspolizei, sowie der Wohlfahrts- und Volkswirtschaftspflege praktisch eingedrungen. Auch in das Steuerwesen habe ich mich erstmals tiefer und praktisch hineingearbeitet. Als Berichterstatter über die Anträge auf Abschaffung der Lebenslänglichkeit der Ortsvorsteher und auf Einführung der geheimen Stimmgebung habe ich auch für mich viel zugelernt. Ohne nächsten Erfolg blieb mein Referat über Genehmigung eines neuen Irrenhauses, obwohl der ganze Bericht durch Abdruck im „Medizi-

Im württembergischen Landtag

nischen Korrespondenzblatt für Württemberg" geehrt worden ist; zahlreiche Abgeordnete hatten damals noch eine unüberwindliche Abneigung gegen den „Narrenpalast". Das tiefe Eindringen in die psychiatrische Literatur und der wiederholte längere Besuch in den bestehenden Irrenhäusern hat mir bei dieser Gelegenheit das Verständnis für das traurigste Nachtgebiet der menschlichen Gesellschaft eingetragen.

Mein Bericht über die geheime Stimmgebung hat dem betr. Antrag eine große Mehrheit verschafft; der letztere wurde fast ohne Debatte angenommen. Desgleichen mein Antrag auf Beseitigung des Paßzwanges am Bodensee in der Weise, daß die Streichung des Postens für die Paßpolizei in Friedrichshafen, welche ich in meinem Referat über das Ministerium des Innern empfahl, von der Kammer vollzogen wurde.

Mein Sondergutachten, welches ich als einziger Minor-Votent der volkswirtschaftlichen Kommission über den preußisch-französischen Handelsvertrag gegenüber der extremen schutzzöllnerischen Mehrheit erstattete (Jan. 1864), ist bereits erwähnt.

So dankbar ich dessen gedenke, was mir der Landtag von 1861—1865 an Erfahrung eingetragen hat, so kann ich doch nicht behaupten, daß ich nur angenehme Eindrücke erhalten habe. Gewisse Miserabilitäten des parlamentarischen Lebens, der Servilismus gegen die Wähler und deren Kirchturmsinteressen, das Schachern um kleine Vorteile des Bezirks auf Kosten des Landes, der Führer- und Rednerehrgeiz, die Fraktionsverbohrtheit, das Übergewicht der Rednerei über die Sach- und Fachkenntnis, der Geriebenheit über die Gradheit, die Fälschung der Reden im stenographischen Protokoll und dergl. habe ich nicht bloß löffel-, sondern scheffelweise zu kosten bekommen.

Die widerlichste aller Erfahrungen hatte ich schon am Vorabende des Eintritts in die württembergische Kammer gemacht. Als ich zu Stuttgart über die „Planie" vor dem Residenzschloß schlenderte, fügte sich von hinten in meinen Arm derjenige einer anderen Person. Beim Umdrehen erkannte ich den Freiherrn von Varnbüler, dem ich irgendwo vorgestellt, aber noch nicht näher bekannt geworden war. Er wollte mir mit der Bemerkung schmeicheln, ich werde eine bedeutende parlamentarische Laufbahn machen, und sagte, er gebe mir aus seiner Erfahrung den Rat, wenn ich in der Kommission zur Berichterstattung an die Kammer sitze, die besten Gründe zurückzuhalten und solche erst im Plenum vorzubringen. Noch heute zittert in mir die Erregung und Empörung nach, in welche mich diese Zumutung versetzte.

Das Leben im Landtag brachte freilich auch manches Heitere, und an Humor fehlte es nicht. Im Gedächtnis ist mir namentlich ein Epigramm des witzigen Prälaten von Hauber geblieben, der einem die Stenogramme stark fälschenden Kollegen auf das Pultbrett schrieb:

„Schwätze, wie Du, wenn Du lies'st,
Wünschen wirst, geschwätzt zu haben;
Aber, wenn er was verschluckt,
Es hernach hineinzugraben,
Oder wenn er hat gespuckt,
Es dann wieder 'rauszuschaben,
— Dies Benehmen ist nicht fein, —
Und sollt' es das Deine sein.

Mir und meinem Kammerkollegen Pfäfflin schrieb Hauber auf die Pultdecken: ora et labora, mit der Übersetzung: „Pfäffle und Schäffle."

Die überragende Erscheinung unter den parlamentarischen Persönlichkeiten war schon einige Jahre nach seinem Eintritt in den Landtag Mittnacht geworden. Er erwies sich alsbald als parlamentarischer Taktiker ersten Ranges. Klarsten Verstandes, berechnend kalt von Gemüt, ein vorzüglicher Redner,

Im württembergischen Landtag

wenigstens in Worten nie unwahr, ohne jeden Ehrgeiz Ideen zu haben und Prinzipien zu verfolgen, fleißig in der Arbeit, ohne Streben über Württemberg hinaus, besaß er das Zeug zur ministeriellen Langlebigkeit in einem dem relativen Stillstand und der Rückbildung verfallenen Mittelstaate, welchen er denn auch jetzt durch bald 30 Jahre, mit Glück und Geschick, unter zwei Königen von nicht eben anspruchsvollem Herrschergeist regiert hat. Wenn Mittnacht das, was nach Aristoteles das Wesen des Staatsmannes ausmacht, schöpferische Gestalt für das Zeitbedürfnis des Volkes — $\pi \varrho \alpha \kappa \tau \iota \kappa \grave{o} \varsigma \ \tau \tilde{\omega} \nu \ \delta \varepsilon \acute{o} \nu \tau \omega \nu$ — zu sein, das was weit über diplomatische Kunst hinaus Bismarcks Größe ausmacht, nicht besaß, so war dies für die Entwickelung Deutschlands gegenüber einem in seiner Selbständigkeit sinkenden Territorialstaat kein Schaden.

Während des Landtags verkehrte ich gesellig am liebsten mit dem Ingenieur Ehmann, dem Schöpfer der württembergischen Albwasserversorgung. Mit seinem Projekt war er lange bei den Wasserbautechnikern des Ministeriums d. J. nicht durchgedrungen und wandte sich an mich als Referenten über das Budget dieses Ministeriums. Die Bedeutung der Sache leuchtete mir ein, und ich erhielt von meinem Freund E. v. Geßler, als dieser nach v. Lindners brüsker Entlassung Minister des Innern geworden war, die Erlaubnis, Ehmann mit seinem Projekt ihm zuführen zu dürfen. v. Geßler erkannte den Wert des Vorschlags sofort, und ihm allein gebührt das Verdienst wirksamer Patronanz des schönen Gedankens. Ehmann ist mir zeitlebens ein Freund geblieben und hat es gern anerkannt, daß ich ihm zuerst den Weg gebahnt habe.

Die Wahlperiode hätte bis Herbst 1867 gedauert. Ich legte jedoch schon im Herbst 1865 das Mandat nieder. Dabei war einer der Bestimmungsgründe, jedoch nicht der stärkste, daß mich der Landtag in der vollen Ausübung meines Lehramtes, wenn auch nicht empfindlich, so doch einigermaßen störte. Weit überwiegend war der innere Widerwille gegen das Verbleiben deshalb, weil für die zwei großen Ziele, welche mich 1861 zur Annahme der Kandidatur bestimmt hatten, die Zolleinigung mit Österreich und die freiheitliche deutsche Bundesreform seit 1864, parlamentarisch sich nichts mehr tun ließ. Persönlich hatte der Aufenthalt in Stuttgart seinen einzigen politischen Reiz von Bedeutung durch den Tod Cottas am 1. Februar 1863 verloren. König Wilhelm war 1864 gestorben. Mit König Karl war die Ära Varnbüler gekommen, die mir wenigstens nicht sympathisch war. Gegen alles, was ich besonders hochgehalten, war der neue Pharao mindestens indifferent.

Viele von denjenigen, welche einige Jahre lang Begeisterung für großdeutsche Bestrebungen zur Schau getragen hatten, entpuppten sich jetzt als partikularistische Streber. v. Varnbüler inaugurierte eine Eisenbahnpolitik, welche Württembergs Finanzen auf ein Menschenalter ins Schwanken bringen mußte und in ein solches auf Jahrzehnte dann auch gebracht hat. Die Majorität für den finanziell beschwerenden Eisenbahnplan war aus allen Parteien zusammenkorrumpiert.

Mein persönlicher und politischer Freund v. Golther war mir in dem Maße fremder geworden, als er bei dem neuen Hofe persona grata wurde, was er auch mehrere Jahre lang geblieben ist. Alle diese Umstände zusammen bestimmten mich, das Mandat niederzulegen, und der Entschluß wurde bald zur Tat. Mein letzter parlamentarischer Akt war eine scharfe Äußerung gegen das Eisenbahngesetz im volkswirtschaftlichen Ausschuß. Diese Opposition hat mir die Todfeindschaft Varnbülers und in der Folge eine Art Austreibung aus der schwäbischen Heimat eingetragen.

Eine Erinnerung aus dem württembergischen Landtag an einen großen schwäbischen Landsmann hat sich mir nicht verwischt. Es bedurfte erst der Mahnung eines Abgeordneten der demokratischen Opposition, um die württembergische Regierung zu veranlassen, dem großen Physiker R. v. Mayr, dessen Name mit dem Keplers und Schillers unvergänglich sein wird, eine Auszeichnung zu verschaffen. Eine freiwillige Erteilung hätte den Orden geehrt.

König Wilhelm I.

Die Zollbunds- und die Bundesreform-Kämpfe sowie die Teilnahme am württembergischen Landtag haben mich mit der damaligen politischen Welt des Königreichs Württemberg in persönlich nahe Beziehung gebracht. Das Bedeutendste und Schönste, was ich in dieser Beziehung in Erinnerung habe, war die durch die Zollfrage herbeigeführte und schon erwähnte Berufung zur Audienz beim König Wilhelm I. von Württemberg.

Wilhelm I. war jeder Zoll ein König. Bei aller Vornehmheit war er dennoch leutselig und für geziemend geäußerten Humor sehr empfänglich. Er hatte Sinn für das Kleinste, das er aus dem Leben kennen lernte. Die bürgerlichen Zustände seines Volkes studierte er im Verkehr mit Angehörigen jedes Standes, und während er die Leitartikel der schwäbischen Blätter ignorierte, vergaß er keinen Tag aus den Anzeigen die kleinen Anliegen der Bevölkerung kennen zu lernen. Er hatte ein merkwürdiges Gedächtnis für Persönlichkeiten, auch wenn er sie bloß aus Beförderungsanträgen oder Visitationsberichten kannte: so wies er einen 1848 demokratisch gesinnt gewesenen Apotheker, welcher keinen geprüften Gehilfen im Geschäft hatte — das wußte der König aus dem Medizinalbericht — und dennoch beim Erscheinen des Königs aus Anlaß einer Eisenbahneröffnung sich vordrängte, mit den Worten zurecht: „Gehen Sie nach Hause; Sie haben keinen geprüften Gehilfen!" Dabei war König Wilhelm keineswegs kleinlich gegen politisch mißliebig Gewesene; die große Masse der im Juni 1849 kompromittierten Untertanen hat er amnestiert, ehe sie nur wußten, daß der politische Staatsanwalt hinter ihnen war, so auch mich, im Winter 1849/50. Er war nicht bloß ein König der Schwaben, sondern selbst ein Schwabe. Die Vorliebe seines Hauses für auswärtige Günstlinge teilte er nicht. Er teilte aber auch nicht die damals schwächsten Seiten seiner Untertanen, die alte Neigung zur Familienoligarchie, die damit zusammenhängende Korruption und das sogenannte „Vetterleitum" im Amtsfrack und im Kirchenrock. Wie er die alte Landtagsoligarchie 1816/1819 niederbeugte, habe ich in der Biographie J. Fr. Cottas dargelegt. Die Art, wie er früher in seinen Regierungsjahren einem unlauteren Finanzminister die seidene Schnur so geschickt hat, daß dieser sich selbst aufhing, wie er damit der korrupten „Schreiberwirtschaft" den Kopf zertrat, wirkt heute noch nach fast 80 Jahren günstig im Lande nach.

Beim Interesse des Königs Wilhelm für die deutsche Zolleinigung wird wohl das dynastische Interesse auch im Spiele gewesen sein. Wie könnte man aber dem Manne, der als Kronprinz gegen Napoleon I. so tapfer und patriotisch gefochten hat, wie nur irgend ein anderer deutscher Fürstensohn, einen Vorwurf daraus machen, daß es ihm lieber war, mit beiden Großmächten im Bunde zu bleiben, als sich einer derselben untergeordnet anzuschließen. Wenn er auch dynastisch dachte, so tat er mehr nicht, als die großstaatlichen Dynastien, die Hohenzollern wie die Habsburger unter Napoleon I. und eben wieder 1859 auch taten; kein objektiver Historiker, der nicht zum „geistigen Leibregiment der Hohenzollern" den Fahneneid geleistet hat, wird ihm daraus einen Vorwurf machen.

König Wilhelm I.

Man hat König Wilhelm I. von Württemberg als persönlichen Feind der preußischen Dynastie verketzert. Das war er nicht. Als er 1849 von der radikalen Demokratie mit Revolution bedroht war, hat er, mit Beziehung auf das Einrücken der Preußen in Baden, erklärt: „Ich will lieber vom Adler als von den Schweinen gefressen werden." Dieses Wort ist Korrelar zu dem anderen in Bregenz gesprochenen Satze: „Ich unterwerfe mich keinem Hohenzollern." Im Jahre 1856, als der „Prinz von Preußen" nach Stuttgart kam, um sich wegen einer Aktion Preußens im Neuenburger Handel mit Württemberg zu verständigen, war König Wilhelm, soviel damals unbestritten verlautete, ganz entgegenkommend.

Über König Wilhelm I. von Württemberg hat kein Geringerer als Fürst Bismarck im Jahre 1882 zu mir gesagt: „Als ich Bundestagsgesandter war, hatte ich von Zeit zu Zeit die süddeutschen Höfe zu bereisen. Da war mir zwischen der Langeweile in Karlsruhe und den Cercles in München eine Stunde Unterhaltung mit dem vornehmen, gescheiten alten Herrn eine Erquickung." Mit größter Verehrung war ich 1863 in die Audienz zum Könige gekommen und mit Bewunderung von ihm geschieden. Ich sah, daß der Mann, welcher 1828 durch den Vertrag mit Hohenzollern die neue Zeit vertreten, im Vertrag das administrative Prototyp des Zollvereins geschaffen, dann Cotta gegen die württembergische Finanz-Bureaukratie zum Abschluß des Zollvereins ermächtigt hat, auch 1863 — dreißig Jahre später — in großer Auffassung begeistert für eine mitteleuropäische Zolleinigung eingenommen war.

Ungnade bei der württembergischen Regierung.

Die schmerzlichste persönliche Erfahrung, die mir der württembergische Landtag eintrug, war der Bruch mit v. Golther gewesen. Mit der Niederlegung meines Mandats waren meine Wähler nicht zufrieden gewesen; sie hingen wegen der gelungenen Beseitigung des „Schnapsgesetzes" in ihrer großen Mehrzahl fest an mir und drängten mich zur Annahme einer Wiederwahl. Inzwischen hatte die Regierung, der ich schon seit Jahresfrist, eigentlich schon von der Beseitigung des Branntweingesetzes an unangenehm geworden war, rasch einen abhängigen Kandidaten an meiner Stelle in Vorschlag gebracht. Man wollte mir nicht einmal Zeit lassen, über das Anerbieten einer Wiederwahl auch nur nachzudenken und es mit anständigem Bedenken abzulehnen, wozu ich entschlossen war.

Meine Wiederwahl wäre freilich sicher gewesen; der Oberamtmann des Bezirks Tübingen, der es wissen mußte, erklärte mir selbst, daß er nicht imstande sein würde, meine Wiederwahl zu verhindern, wie es nun die Regierung wolle. Da wurde der Minister, der längst mein Freund gewesen, dazu bestimmt, wahrscheinlich von v. Varnbüler dazu gezwungen, mit Hochdruck auf mich zu wirken und mich sogar zur Empfehlung der Kandidatur eines politischen Beamten gegen meine ihm wohlbekannten Grundsätze zu nötigen. Golther drohte mir — leicht erregbar wie sein feines Naturell immer

Drohende Disziplinierung

gewesen — mit der Disziplinierung nach der württ. Verfassung, d. h. mit Versetzung oder Entlassung wegen moralischer Unbrauchbarkeit, — mit dem Schicksal R. v. Mohls und nachmals Paulis. — Eine letzte Pression sollte auf mich ausgeübt werden, indem ich am 29. November telegraphisch den gemessenen Befehl erhielt, „heute noch zuverlässig" in Stuttgart zu erscheinen. Ich lehnte aus äußeren Gründen ab. Am 2. Dezember traf ein sehr erbitterter Brief ein, worauf ich am 3. Dezember geziemend erwiderte. Aus meiner Antwort will ich nur wenige Stellen hier einsetzen: „Im Ton und nach dem Inhalt hast Du eine Sprache gegen mich angenommen, von der Du Dir gewiß noch vor kurzer Zeit gesagt hättest, daß sie von niemand energischer als von mir werde abgewiesen werden. Wahrhaftig, ich glaubte mich um etliche Längengrade weiter östlich in das Reich der Ukase versetzt. Was den Disziplinarparagraphen der Verfassung betrifft, so diene Dir die Erklärung, daß mir, welche Peripetien die Sache weiter annehmen möge, in diesem Punkt nicht bange ist. Ich bin mir bewußt, seit meiner ersten Privatbekanntschaft und wieder in unserer politischen Bekanntschaft, von der Entwerfung Deines Minister-Programmes im Jahre 1861 an nichts getan zu haben, was Dir so leichthin Anlaß zur „Verachtung" geben könnte. Bei ruhiger Überlegung und Würdigung obiger Tatsachen wirst Du finden, daß, indem ich zur Beihilfe für eine Oberamtmanns-Kandidatur mich nicht bestimmen lassen konnte, ich als unabhängiger Mann handle, der sich selbst achtet, und welchen andere achten werden, auch wenn er das Unglück hätte, wegen Nichteinsendung eines Telegramms nach 9 Uhr abends Deine Achtung zu verlieren.

Grüßend Schäffle."

Am liebsten hätte ich diesen Zwischenfall verschwiegen und auch die obigen Stellen meiner Erwiderung unterdrückt, wenn nicht der Beweis zu liefern wäre, daß ich — entgegen später wiederholten Ausstreuungen in gegnerischen Blättern

— seit 1865 nicht einmal mit Golther, geschweige mit anderen Mitgliedern des Ministeriums Varnbüler einen Verkehr irgend welcher Art überhaupt mehr gehabt habe und gehabt haben kann, auch nicht in „großdeutscher" sogenannter preußenfeindlicher Richtung. Von allem, was die württembergische Regierung, darunter v. Golther zwischen Königgrätz und Versailles getan und gelassen, ist mir überhaupt nichts bekannt geworden.

Ich weiß nicht, was und wie es die Herren der k. württembergischen Regierung seit 1866 gemacht haben. Zur Ermunterung im Partikularismus, der mir damals schon so völlig gleichgültig war, wie die heutige Herrlichkeit der Post-, Eisenbahn- und Biersteuer-Reservatrechte, über deren Ende „das Geheimnis der Zeiten Gottes" waltet, wäre mir nicht einmal die Möglichkeit gegeben gewesen. Die freundschaftliche Gesinnung für v. Golther hat übrigens in meinem Innern das leidige Zerwürfnis überdauert, v. Golther ist durch v. Varnbüler bald gestürzt worden. Er weinte über sein Geschick noch stärker, als ich v. Linden nach der Zusendung des blauen Briefes 1864 hatte weinen sehen. Als dann nach 1870 auch v. Varnbüler jählings stürzte und das Ruder an den unvergleichlich bedeutenderen Mittnacht gekommen war, schrieb mir Golther nach Wien: „Der Mann, der Dir die Grube gegraben hat, ist nun selbst in seine Grube gefallen." Ich antwortete auf das freundlichste. Wäre Golther länger am Leben geblieben, so hätte sich das Band zwischen uns vielleicht neu geknüpft, und ich hätte ihn — trösten können; denn bei meiner Entlassung aus der österreichischen Regierung habe ich nachmals keinen Anflug der Neigung zum Weinen empfunden.

Beim deutschen Bürgerkrieg von 1866.

Schon im Herbst 1865 war vorauszusehen, daß es zur gewaltsamen Lösung der „deutschen Frage" sicher kommen werde. Der einzelne konnte dagegen nichts mehr wirken. Alle Parteien waren so gut wie kalt gestellt. Ich gehörte keiner derselben mehr an. Selbst die publizistische Tätigkeit hatte ich eingestellt, wie ein in meinen Papieren befindlicher Brief der „Allgemeinen Zeitung" vom 29. September beweist, worin die „Redaktion" bedauert, daß sie über Jahresfrist meine Mitwirkung habe „entbehren" müssen. Ich war wieder ganz oder eigentlich mehr denn je der wissenschaftlichen Arbeit hingegeben. Es entstanden um diese Zeit eine Reihe wissenschaftlicher Abhandlungen in meiner Tübinger Zeitschrift.

Das Verhängnis brach dann im Juni 1866 doch jäher herein, als noch im Dezember 1865 vorauszusehen war. Es waren sehr gemischte Gefühle, womit auch ich von den Ereignissen überrascht wurde. Wohl hatte ich Freude über die glänzenden Siege der Österreicher bei Custozza und bei Lissa; ich hielt sie und halte sie heute noch für deutsche Siege, welche wenigstens den italienischen „Stoß ins Herz Österreichs" gründlich verhindert haben. Auch erschien mir der preußische Gewaltstreich mehr denn je als ein formeller Bruch des deutschen Bundesrechtes. Wenn der Krieg zwischen Preußen und Österreich beide schwächte, war das Ausland Herr über Deutschland. Daß Moltke in sieben Tagen die halbe österreichische und dann in sieben Wochen die ganze französische Armee niederwerfen werde, wußte niemand voraus, und der Bundesbruch, wenn er mißlang, wenn er mit einem zweiten Jena statt mit einem ersten Sedan endigte, wäre als eins der größten Verbrechen der deutschen Geschichte stigmatisiert worden.

Dennoch hatte mich nach den persönlich gemachten Erfahrungen über die Nichtsnutzigkeit der Bundestagsregierungen in Sachen der Bundesreform auch nicht das Geringste auf die Seite der Gründung eines weiteren Mittelstaates der Augustenburger gezogen, gegen welchen ich schon auf dem Frankfurter Abgeordnetentag mich ausgesprochen und für welchen ich inzwischen keineswegs eine bessere Meinung erlangt hatte. Der Bundeskrieg Preußens war zwar formell nicht im Rechte begründet, aber das Draufgehen bloß für den alten Bundestag erschien mir widerlich. Vollends, wenn mit keinem Wort für eingreifende nationale und freiheitliche Reform und mit keiner Verheißung der endlichen Beseitigung dieser Misere in das Feld gezogen wurde, wie das nun der Fall war.

Dies war die zerrissene Stimmung, in welcher ich den sich nun überstürzenden Ereignissen gegenüberstand. Gegen Preußen wurde in Süddeutschland die Lärmtrommel gerührt und zwar nicht hauptsächlich von den Großdeutschen. Auch zu Tübingen wurde eine Volksversammlung in das Reithaus einberufen, um gegen Preußen für die Sache des Bundestages zu demonstrieren. Da geschah es, daß ich dem damals herrschenden Regime Varnbüler noch mißliebiger wurde. In der Versammlung sprach ich lebhaft dafür, daß man wenigstens ein festes Versprechen endlicher Erfüllung der seit 1848 immer gegebenen und nie gehaltenen Reformversprechungen haben müßte, wenn man auf seiten der Bundesregierungen Gut und Blut opfern solle. Das trug mir heftigste, wie ich sicher gehört habe, von v. Varnbüler direkt inspirierte, öffentliche Verunglimpfungen ein. Kurze Zeit darauf kam ich nach Stuttgart, wenn ich mich recht erinnere, in den Pfingstferien. Hier traf ich

Stimmung in Württemberg

eine Kriegsbegeisterung gegen Preußen, wie ich sie kaum noch für möglich gehalten hätte. Das Auffallendste war nicht, daß v. Varnbüler, wie ich sicher vernahm, jedermann der es hören wollte, eine vierzehntägige Militärpromenade nach Berlin in Aussicht gestellt hatte, sondern daß die Leute es glaubten und daß gerade die Wortführer der Kleindeutschen und des aus dem Nationalverein stammenden Teiles der Demokraten das glaubten. Die Herren, welche nach Villafranka zu Preußen hinüber gefallen waren, welche hernach, ehe ein Jahr weiter vergangen war, öffentlich zu Preußen gefleht haben: „Wir lassen dich nicht, du nehmest uns denn" und daher den Namen der „württembergischen Bettelpreußen" erhielten, die dann seit 1870 sich gerierten, als hätten sie selbst die Franzosen geschlagen und das deutsche Reich gemacht — diese Leute, deren Namen zu nennen heute keinen Wert hat und künftig einen solchen auch nicht haben wird — folgten mit Wutgeschrei dem Herrn v. Varnbüler und glaubten ihm, als er den Preußen sein berüchtigtes vae victis entgegenschleuderte, ohne zu bedenken, daß die Nürnberger keinen hängen, den sie nicht haben. Es half alles nichts, wenn man — wie ich z. B. — dem Hauptredakteur des „Schwäbischen Merkur" erklärte, daß eher die Preußen binnen 14 Tagen in Württemberg stehen werden.

In Tübingen waren das Treiben und das Toben gegen Preußen kaum geringer. Von da ist mir namentlich aus dem Jahre 1866 ein Auftritt unvergeßlich. Ein Gymnasialprofessor, welcher nachher in seiner populären Geschichtsmacherei auch mich zu besudeln gesucht hat, war der ärgste Freudenkrakehler gewesen, als am Tübinger Bahnhofe das Extrablatt über den Sieg der Österreicher bei Custozza eingetroffen war. Nach 14 Tagen hatte sich der Mann zum rabiaten Preußenenthusiasten umgewandelt.

Das Verhängnis schritt schnell. In mir hat es gemischte Gefühle erzeugt. Hatten die Siege der Österreicher mein Herz freudig bewegt, so hat mich die Niederlage der Württemberger bei Tauberbischofsheim zwar nicht gegen Preußen, aber gegen die eigene Regierung, die noch nach der Schlacht von Königgrätz die Landeskinder auf die Schlachtbank lieferte und sie gleichzeitig nötigte, von den eigenen Waffen nur den unzulänglichsten Gebrauch zu machen, mit einer Entrüstung erfüllt, die ich heute noch nicht überwinden kann.

Den Zuwachs Schleswig=Holsteins zu Preußen, statt der Herstellung eines weiteren augustenburgischen Mittelstaates, hatte ich schon vor Ausbruch des Bürgerkrieges für die richtige Lösung gehalten. Der Untergang Hannovers und Kurhessens, die Niederlage Sachsens waren für mein politisches Fühlen eine gewisse Genugtuung; die von dorther in den Reformverein gekommenen Persönlichkeiten, alles brave Männer, hatte ich in politischer Richtung als die hartgesottensten Partikularisten kennen gelernt und daher die Gewißheit erlangt, daß deren Regierungen keinen Augenblick im Ernst für wahre Bundesreform gewesen wären.

Königgrätz nahm ich als kurze und für Österreich nicht unrühmliche Entscheidung eines Kampfes mit Resignation an. Die militärische Niederlage der Österreicher schien mir nur die notwendigste Fortsetzung der Niederlage in der Handels= und Verfassungspolitik, die ich in unmittelbarer Nähe beobachtet und erlebt hatte. Die aufrichtigste Freude bereitete mir das Schicksal des Mannes von vae victis, als er in Nikolsburg, im Vorzimmer Bismarcks auf dem Bierfäßchen sitzend — so ist es von seiner Begleitung erzählt worden — lange warten mußte, bevor er vom Sieger des siebentägigen Krieges empfangen wurde und nun über die geträumte vierzehntägige Promenade nach Berlin nachzudenken reichlich Anlaß und Zeit gefunden hatte. Ohne das Einschreiten der Königin Olga von Württemberg in Petersburg und ohne die Fürsprache des Prinzen August von Württemberg beim preußischen König wäre v. Varn=

büler als Unterhändler — so hieß es — gar nicht empfangen worden.

Man hat es mir zum Vorwurf gemacht, und es anderseits nach meiner großdeutschen Vergangenheit unbegreiflich gefunden, daß ich unmittelbar vor Ausbruch des Krieges einen der obersten preußischen Beamten in Hohenzollern-Sigmaringen, Staatsanwalt Evelt, eingeladen habe, bei mir in Tübingen mit seiner Familie Quartier zu nehmen. Wenn ich der „Preußenhasser" gewesen wäre, als welchen man mich dargestellt hat, so wäre ja diese Courtoisie auch gegenüber einem der liebenswürdigsten Preußen, die mir bis dahin bekannt geworden waren, einigermaßen unverständlich gewesen. Allein diese Gesinnung hat mich nie erfüllt, und die Empfindung ungeheuren Ekels gegen die unehrlichen Bundestagsbalsamierer ist unvergleichlich stärker gewesen, als die Abneigung gegen die preußische Regierung, geschweige gegen das ganze preußische Volk. Damals war eine Kompagnie Württemberger unbehelligt in das soldatenleere Hohenzollern eingerückt und eroberte die Stammburg der Hohenzollern. Die versteckten Kanonen sollen meine guten Landsleute nicht gefunden haben; für die wenigen preußischen Platzhalter der Burg wird es heiter gewesen sein, als dann dem wieder abziehenden schwäbischen Feind — so wurde unwidersprochen erzählt — die wieder vorgezogenen hohenzollernschen Kanonen den Abschiedssalut nachdonnerten. Ich konnte, damit verglichen, meine erste und einzige Ersteigung der schwäbischen Preußenstammburg im Jahre 1849 als einen idealen „Einfall" ansehen.

Vor und bei dem Zollparlament 1868.

Nach meinem Verhalten im Jahre 1866 hätte ich, der ich den Bundestäglern groß und klein Trotz geboten hatte, leicht zu Preußen abschwenken können. Wenn ich es nicht tat, so geschah es wahrlich nicht aus der Gesinnung Catos heraus, welchem die besiegte Sache gefiel, weil die Götter an der siegreichen Freude gehabt hatten. Eben jetzt hatte ich, bei ruhiger Erwägung, zu welcher ich nun schon länger fern von der Parteieinschwörung Zeit und Sinn hatte, mir sagen müssen, daß Österreich, von der Vorhut am Rhein und am Po wohl für immer losgelöst, einen nur desto größeren Beruf, nicht bloß für sich, sondern auch für Deutschland im Orient übernehmen müsse, daß es erst recht das Österreich geworden war, daß die nicht annektierten Mittelstaaten berufen seien, die Versöhnungsbrücke zu bauen und einem Revanchekrieg Österreichs im Bunde mit Frankreich vorzubeugen. Das glaubte ich auch noch, ja gerade nach Sadowa, und glaube ich heute so überzeugt als im Jahre 1859, da ich in den „realpolitischen Gedanken aus der deutschen Gegenwart" wörtlich mich so ausgesprochen hatte: „Die moralische und materielle Kraft Österreichs mag noch so geschwächt sein, es gehört dennoch Taubeneinfalt dazu, an ein gemütliches Zerbröckeln Österreichs zu glauben. Ein Staat von achtunddreißig Millionen Menschen in der Mitte Europas hat einen mächtigen Schutz gegen Zerfall schon in der Schwierigkeit, für eine solche Menschenmenge neue staatliche Anziehungspunkte zu finden. Mit der Zertrümmerung eines großen Planeten wird ein ganzes Sonnensystem fürchterlich gestört; das ganze europäische Staatensystem müßte vorher durcheinander gerüttelt, zertrümmert und erschöpft werden, ehe Österreich daraus wegfallen könnte. Einer so ungeheuren welthistorischen Veränderung der politischen Schwerkraftverhältnisse setzt Europa eine Kraft der Trägheit gegenüber, welche von der gewandtesten Staatsintrige des Pariser und Petersburger Kabinetts nicht beseitigt werden kann. Dieses hochwichtige realpolitische Element dürfte selbst dann nicht unterschätzt werden, wenn in Österreich, wie so viele Parteiurteile es darstellen wollen, nur morsche Zustände, moralische und materielle Schwächen zu finden wären."

Nachdem Deutschland durch den Krieg von 1866 in drei Teile zerrissen war, regte sich — die Allianzverträge Preußens mit den Mittelstaaten, eine der größten der vielen großen Taten Bismarcks war noch geheim — in Süddeutschland lebhaft der Triasgedanke, z. T. mit republikanischer Abfärbung, der Gedanke nämlich, die nicht mediatisierten Mittelstaaten zu einem selbständigen dritten Staatsganzen neben Preußen und Österreich zusammenzufassen. Diese Auffassung hatte nicht das geringste Verführerische für mich. Ich dachte noch immer, wie ich es schon in den „realpolitischen Zeitgedanken" getan hatte: „Eine unglücklichere, wesenlosere Kombination kann meiner Ansicht nach kaum gedacht werden. Denn durch den angelegten Verkleinerungsmaßstab würden selbst die kleineren und kleinsten politischen Existenzen, die jetzt willig dem Zuge der größeren Staaten sich anschließen, wieder zu einer relativen Bedeutung erhoben werden und eine ganze Reihe jetzt latenter Gegensätze würde entbunden werden. Bayern wäre der Großstaat des kleinen Deutschlands, die andern Mittelstaaten würden nach gleicher Geltung ringen, allen zusammen würden die größeren der Kleinstaaten als

Mittelgrößen gegenübertreten. Nur ein grenzenloser Wirrwarr unnatürlicher Gegensätze zwischen 34 Regierungen und Volksvertretungen würde angerichtet, ein vom Zufall bestimmtes Intriguenspiel würde befördert, ein schwerfälliger Apparat weiter würde in das schon jetzt so verwickelte Triebwerk der deutschen Politik eingesetzt werden. Kein gemeinsames Interesse läge dieser „kleinstdeutschen" Organisation zu Grunde. Die Partikularinteressen wären die mächtigsten. Neben einer bayerischen, sächsischen, württembergischen, hannoverschen Volksvertretung könnte das deutsche Drittelsparlament schwerer aufkommen, als ein deutsches Gesamtparlament neben der preußischen Kammer. Außer den Partikularinteressen lebt im außerösterreichischen und außerpreußischen Kleindeutschland allerdings noch etwas anderes, aber nicht ein kleinstdeutsches, sondern ein großdeutsches Nationalbewußtsein, welches die Aufgabe der Vermittlung des preußisch-österreichischen Gegensatzes hat. Dieses Nationalbewußtsein vollzieht aber seine Aufgabe weit besser, wenn es in ganz freier Tätigkeit seiner mannigfaltigen dynastischen, gouvernementalen und populären Mittel sich geltend macht. Die Haltung der mittel- und kleinstaatlichen Regierungen und Kammern während der letzten sechs Monate (1859) hat dies in vollkommen beruhigender Weise dargetan. — Wenn einmal die Großstaaten von selbst oder unter Mitbestimmung der mittelstaatlichen Potenz einig geworden sind, so muß sich ihnen das übrige Deutschland unbedingt unterordnen." Und dabei wurde ich als Triasmann verleumdet!

Unter den gegebenen Verhältnissen war zwar der Hegemoniekampf als zu Preußens Gunsten entschieden hinzunehmen, also der engere Bund mit Preußen gegeben. Es war aber hierbei ein Krieg zwischen den beiden Großmächten, namentlich ein Revanchekrieg Österreichs im Bunde mit Frankreich zu verhüten, in völkerrechtlicher Weise mit Österreich ein fester, weiterer Bund zu gewinnen, für den engeren

Bund mit Preußen den Preis der Garantien freiheitlichen Staatslebens zu verlangen. Das war meine damalige Auffassung. Eine andere konnte ich, nach meiner ganzen Vergangenheit, gar nicht hegen. Dieser Auffassung habe ich denn auch den klarsten Ausdruck gegeben. Als ich von Reutlingen aus, zur Kandidatur für das Zollparlament, vom dortigen Großkaufmann Göppinger aufgefordert wurde, sprach ich, in einer ablehnenden Antwort, mich u. a. wie folgt aus: „daß der Boden, um des weiteren an der Politik teilzunehmen, für Süddeutschland in den legal angenommenen Verträgen mit Preußen liegt. Ich bin auch nicht etwa der Meinung," fügte ich bei, „daß man die Kompetenz des Zollparlaments nicht erweitere, daß aus dem Zollparlament unter keinen Umständen ein Vollparlament werden dürfe; im Gegenteil erscheint mir der jetzige Zustand so unfertig, unhaltbar, allseitig unbefriedigend, die Bewegung auf eine andere Gesamtverfassung der Nation so unaufhaltsam, daß ich mich verwundern muß, wenn irgend jemand glaubt, jetzt gerade ein: Bis hierher und nicht weiter! ausrufen zu können."

Als ich nach Reutlingen ablehnte, war ich fest entschlossen gewesen, nicht mehr ins Parteileben zurückzukehren. Meine damalige Vertiefung in die Studien, aus welchen bald darauf der „Kapitalismus und Sozialismus" hervorgegangen ist, und die Erfahrung, die ich 1860/65 eben gemacht hatte, erklären meine Abneigung. Vor allem glaubte ich nicht, daß aus den Wahlen eine Partei hervorgehen könne, mit welcher sich erfolgreich zusammenwirken ließe; die Äußerung dieses Hauptbedenkens gegen Göppinger war durchaus ernst und aufrichtig gemeint gewesen.

Meine Voraussetzung war jedoch eine irrige. Bald zeigte sich eine tiefe freiheitliche Bewegung für das Wählen. Auch das hätte mich nicht bestimmt eine Wahl anzunehmen, wenn nicht dieselben Männer, welche anderthalb Jahre vae victis gegen Preußen mitgebrüllt, nun auf die „Großdeutschen" Unflat

über Unflat ausgegoſſen hätten; das letztere geſchah nament=
lich auch gegen mich. Jetzt erſchien es mir als eine Feigheit,
einfach zu ſchweigen. Ich nahm die mir nun von Ulm aus
für Ulm=Blaubeuren=Laupheim und Biberach angebotene Kan=
didatur an und ſiegte nach einer überaus belebten Wahlbe=
wegung mit 9979 gegen 3927 Stimmen. Alle 17 Wahlen
im Lande fielen gegen die Partei aus, welche ſich den Namen
„Deutſche Partei" beizulegen begann.

Dieſe Partei, welche durch Preußens Siege im Jahre
1870 obenan kam, war dann über zwanzig Jahre groß, und
gegen niemand hat ſich ihr Grimm ſtärker gewandt, als gegen
mich. Daran war der vermeintliche oder wirkliche Einfluß
ſchuldig, welchen mein Zollparlament=Wahlprogramm auf den
Geſamtausfall der Wahlen gehabt haben ſollte. Von Partei=
hiſtorikern bin ich deshalb angeſchwärzt worden. Ich habe
jedoch genau getan, was ich in der neuen Lage allein tun
konnte. Mein Wahl=Programm läßt ſich kurz in die Forderungen zuſammenfaſſen: unverbrüchliche Treue für die Allianzverträge mit Preußen zum Schutz gegen auswärtige Angriffe, Erweiterung des Zollvereins zwar nicht bis zum Eintritt in den norddeutſchen Bund ſo wie er war, und daher nicht
einfache „Erweiterung des Zollparlaments zum Vollparlament", wohl aber zu einem konſtitutionell organiſierten Ge-
ſamtbunde des nichtöſterreichiſchen Deutſchlands; im Falle des
Eintrittes in volle Militärgemeinſchaft Sicherſtellung der
freiheitlichen Grundrechte, Beſchränkung der Finanzgemein-
ſchaft auf die bis dahin gemeinſamen indirekten Steuern.
Das Verlangen grundgeſetzlicher Garantien der ſtaatsbürger-
lichen Freiheitsrechte, wie ſie das Frankfurter Parlament ge-
ſchaffen und Öſterreich ſich gegeben hatte, hat ſich keineswegs als unberechtigt erwieſen, ſeitdem die Ausnahmegeſetze
aller Art, gegen Welfen, Katholiken, Arbeiter wie Pilze
aus dem Boden geſchoſſen ſind und nur dem neuen Reiche
ſelbſt ſchaden. Was das fernere Verhältnis Deutſchlands zu

Österreich betrifft, so gab ich in einigen prägnanten Sätzen meiner alten Überzeugung, die heute noch feststeht, Ausdruck. Trotz dieses Programms, von welchem ich um keines Haares Breite abgewichen bin, soll ich mich in Berlin als „wütender Preußenfresser" geriert haben, und weil ich mit anderen einer Einladung zur Hoftafel nicht folgte, ein „Demokrat" gewesen sein. So steht es bei Poschinger in den Tagebuchnotizen des nachmaligen k. württ. Finanzministers v. Riecke. Herrn v. Riecke, welcher immer die kleine Schwäche hatte, staatsmännischer Gernegroß zu sein, sei das verziehen. Er ist durch seine Aufzeichnungen historisch gewiß nicht interessanter geworden, als er es in Wirklichkeit war. Begründeten Anlaß zu dieser Verunglimpfung nach 25 Jahren habe ich ihm nicht gegeben. Er hat einfach die Parteischeltworte nachgeredet. Wer damals in Württemberg nicht zu den „Bettelpreußen" gehörte, der war schon ein wütender Preußenhasser, auch wenn er 1866 kein vae victis geschnaubt hat. Unter Umständen, wie sie damals gegeben waren, kann der Entschluß, als Abgeordneter eine Hofeinladung nicht anzunehmen, sondern höflich dafür zu danken, nur für höfische Naturen ein Ärgernis sein; als „brauchbarer" Mann beim preußischen Hofe vorgestellt zu werden, wie das Herr v. Riecke von sich rühmt, war mir kein Bedürfnis gewesen. Mit Demokratie hatte die Sache nichts zu tun gehabt.

Das Zollparlament verlief ziemlich interesselos. Zolltechnisches, was mir nicht längst vertraut gewesen wäre, kam nicht vor. Der Berliner Parlamentarismus imponierte mir trotz seinem dem Landtag gegenüber viel größeren Zuschnitte nicht. Der Verlauf des Zollparlaments und die bedeutenden Anregungen, die mir Berlin und preußisches Wesen beim erstmaligen persönlichen Schauen gegeben haben, sind in meinem Bericht über das erste Zollparlament in der „D. V. J. Schr." (1868), frisch wie sie erlebt waren, geschildert. An der Linie, die ich mir im Wahlprogramm gezeichnet hatte, habe ich festgehalten und schäme mich, trotz stattgehabter Verunglimpfung, dessen auch heute nicht.

Auch mit den norddeutschen Mitgliedern des Zollparlaments verkehrte ich gern. Unvergeßlich sind mir eine Unterhaltung mit Moltke, wiederholte Besprechungen und ein Spaziergang mit Windhorst, welcher unfreiwillig dabei ein sicheres Geleit durch geheime Polizei hatte, weiter der Verkehr mit dem geistvollen Sachsen und Leiter der preußischen offiziellen Statistik, dem damals noch nicht gemaßregelten begeisterten Verehrers Bismarcks, Dr. Engel, weiter die Bekanntschaft mit Bebel, mit Wagener von der Kreuzzeitung und vom konservativen Staatslexikon, und mit Schweitzer geblieben. Es waren die konträrsten Eindrücke, die ich dabei empfing, aber sie haben meine Auffassung der Dinge und der Menschen bedeutend gefördert und nachhaltig geklärt. Wagener bestätigte mir, daß auch er für die Stellung der Mittelstaaten zu Preußen keine andere geschichtliche Parallele kenne, als diejenige der socii zu Rom.

Das Bedeutendste am Zollparlament für meinen weiteren Lebensgang war nicht die Tagung des Zollparlaments, sondern die erste persönliche Erfahrung über das a l l g e m e i n e   S t i m m r e c h t in der Wahlbewegung, aus welcher das Zollparlament hervorgegangen ist.

Ich hatte nicht recht begriffen gehabt, wieso Bismarck sich hatte entschließen können, Lasalles „Massenschritt der Arbeiterbataillone" gegen das Delegierten-Projekt Österreichs und der Würzburger in Bewegung zu setzen. Es hatte mir scheinen wollen, als ob er damals auf dem Fürstentag mit Kanonen auf Spatzen geschossen hätte. Die organische Verknüpfung einer deutschen Volksvertretung mit dem deutschen Landtag war mir als das Richtigere und Vorsichtigere vorgekommen, so wenig ich am Delegiertenprojekt des Fürstentags gehangen hatte.

Nun fungierte gemäß dem Vertrag über Erneuerung des Zollvereins und über Einführung des Zollparlaments zum ersten Male das allgemeine Stimmrecht auch in Süddeutschland, und ich sollte in dem vielleicht bewegtesten der siebzehn Wahlkreise persönlich mit demselben meine Erfahrungen machen. Diese Erfahrung ist doch viel besser ausgefallen, als ich fünf Jahre zuvor gedacht hatte. Einmal was den Wert der unmittelbaren Berührung mit den Wählern, und die stärkere Unzugänglichkeit gegen die amtlichen Wahleinflüsse betrifft. Gelogen wurde zwar unendlich viel. Bei Protestanten wurde ich als jüngst zum Katholizismus übergegangen, bei Katholiken als Erzlutheraner, der „die Römischen auf dem Butterbrot fresse", bei den Pietisten auf der schwäbischen Alb als Hebräer — das war mein „Gegner" — herumgetragen. Allein ich fand, daß bei der allgemeinen Volkswahl selbst die Lügen kürzere Beine besitzen als bei der Zensuswahl, und daß sie sich vor den großen Volksmassen, frisch von der Leber weg, viel erfolgreicher bekämpfen lassen, als bei dem Publikum der kleinen Konventikel des Zensuswahlrechtes. Wenn ich bald die Reden, deren ich etliche 20, viele davon im Januar und Februar, unter freiem Himmel — mit der Erzählung meiner konfessionellen Wahl-Leidensgeschichte begann, so hatte ich immer sogleich die Lacher auf meiner Seite. Auch den Einfluß der Einflüsterungen der Regierungsbeamten, welcher wenigstens teilweise durch das Finanzministerium gegen mich spielte, fand ich sehr bedeutend geringer. Der unmittelbare Umgang mit der großen Masse aller erwachsenen Männer hatte für mich etwas ungemein Anregendes, und den besten Volkshumor bekam ich in Fülle zu genießen. Für meinen guten Humor fand ich die Wählerschaft überaus empfänglich. Unvergeßlich ist mir eine Episode aus der ersten Wählerversammlung, welche in Laupheim, einem Bezirk vorzüglicher Mastochsenzucht, und zwar wegen des gewaltigen Besuchs unter freiem Himmel gehalten wurde. Meine Gegner suchten mich zu überraschen, indem sie noch eine Stunde vor Beginn der Versammlung das Ansinnen stellten, auch ihren Kandidaten auf meiner Versammlung sprechen zu lassen. Ich ließ mich nicht verblüffen und stimmte augenblicklich zu. Lediglich dies wurde verabredet, daß beide Redner, als in der Frage von Freihandel und Schutzzoll sehr gesinnungsverwandt, diese Frage vor der Versammlung der Kürzung wegen übergehen sollen. Gegen diese Verabredung begann der Gegenkandidat des Langen und Breiten und in doktrinärer Weise die Segnungen des Freihandels darzulegen. Er bemerkte, wie vorteilhaft es sei, daß die Pariser die Laupheimer Ochsen kauften und dafür die Laupheimer zu Pariser Krinolinen kämen. Zum Worte gekommen, bemerkte ich, daß diese Ausführung völlig verabredungswidrig erfolgt sei, daß ich aber sagen müsse, ein Laupheimer Ochse sei mir doch lieber als eine Pariser Krinoline. Darauf ertönte aus allen Teilen des großen Marktplatzes ein betäubender Heiterkeitsapplaus. Mein Wahlgefolge sagte mir nachher, ich hätte schon mit dieser humoristischen Entgegnung gesiegt und weiter zu reden eigentlich gar nicht nötig gehabt. —

Weit gewaltiger war aber ein anderer dauernder Eindruck. Ich fand, daß die Massen sämtlicher erwachsener Männer, der Häupter und Vertreter der familiären, der geselligen und wirtschaftlichen Elementargruppen des Gesellschaftsorganismus für die Ausübung des Wahlrechtes das lebhafteste Interesse hatten. Dasselbe brach schon bei der ersten Anwendung des allgemeinen Stimmrechtes wuchtig hervor. Ich empfand es, daß, wenn jeder Soldat und Steuerzahler ist, er auch ein unbestreitbares Recht habe, politisch mitzusprechen, statt den Mund zu halten, daß unser Zeitalter ein solches der unaufhaltsamen Demokratie geworden war. Diese Überzeugung hat mir die damalige Wahlkandidatur als eine feste, unerschütterliche gegeben.

Stimmrecht

Diese Ansicht habe ich dann im „Kapitalismus und Sozialismus" aufs wärmste vertreten und bald darauf mindestens die bedeutende Ausdehnung des Wahlrechtes auch für Österreich erstmals in einem vom Kaiser gebilligten Regierungsprogramm durchgesetzt.

Ich halte heute die Vertretung **bloß** nach allgemeinem Stimmrecht für eine unvollständige Einrichtung, habe das auch erst später klar erkannt. Die Überzeugung aber, daß das allgemeine Stimmrecht, wenn nicht die alleinige, so doch die hauptsächliche Basis für den Aufbau der modernen Volksvertretung sein und bleiben müsse, ist mir immer klarer und fester geworden. Mein Tag von Damaskus für diese staatswissenschaftliche Bekehrung ist der Tag der Laupheimer Massenversammlung gewesen.

Berufung nach Wien.

Noch in Berlin traf mich die amtliche Anfrage aus Wien, ob ich einem Rufe an die dortige Universität Folge leisten würde. Die Anfrage wurde durch meinen Kollegen, den Pandektisten Brinz vermittelt. Ich antwortete bejahend. Der Ruf war glänzend. Man bot mir die höchste Besoldung der Fakultät mit dem Oberstenrang gebenden Titel eines „Kais. Regierungsrates" an. Auch war der Ton der Briefe des Sektionschefs im Unterrichtsministerium, Glaser, früheren Professor des Strafrechts an der Universität, sowie des speziellen Referenten für Berufungen der persönlich schmeichelhafteste und wohlwollendste. Glaser hatte unter dem 18. Juni an Brinz geschrieben: „Ich kann nur beifügen, daß wir alle den größten Wert auf diese Acquisition legen."

Von welcher freundlichen Gesinnung der Ruf im Ministerium getragen war, beweist auch der Brief, welchen mir nach meiner Ernennung der Spezialreferent Tomaschek am 21. Juli schrieb.

Es war nicht das erstemal, daß mir die österreichische Regierung Anerbieten machte. Ich hatte, wie erwähnt, eine Anfrage v. Brucks, in den österreichischen Staatsdienst einzutreten, schon zehn Jahre vorher erhalten und abgelehnt. Inzwischen war von Österreich wegen Annahme des Ordens der eisernen Krone durch Cotta angefragt worden, nachdem ich für die deutsch-österreichische Zolleinigung in der dargestellten Weise wärmstens eingetreten war. Ich hatte auch das rund von mir gewiesen. Dann war mir 1863 eine Professur an der Universität Wien angeboten worden, wie es aus dem beifolgenden Briefe des damaligen Staatsministers für Kultus und Unterricht Freiherr von Schmerling hervorgeht. Der Brief Schmerlings an mich d. d. Wien, 22. Januar 1863 hatte gelautet:

„Euer Wohlgeboren! Den unverkennbaren Aufschwung, welchen die deutsch-österreichischen Universitäten schon vor mehr als einem Jahrzehent zu nehmen begannen und welchen selbst die ungünstigsten Zeitverhältnisse nicht völlig zu hemmen vermochten, verdanken sie gewiß nicht zum geringsten Theile jenen ausgezeichneten Lehrern, welche aus den deutschen Bundesländern nach Oesterreich berufen worden sind, um ihr Wirken mit jenem der hervorragenden einheimischen Kräfte auf dem Gebiete des öffentlichen Unterrichtes zu vereinigen. Seit die oberste Leitung desselben zu den mir anvertrauten Aufgaben gehört, ist es mein lebhafter Wunsch und mein Bestreben, diesen Aufschwung, welchem eine freiere Entwicklung des staatlichen Lebens begünstigend entgegenkommt, in jeder Weise zu fördern, und ich kann nicht zögern, um dieses Ziel zu erreichen, auch jenen früher bezeichneten, durch vielfache Erfahrungen bewährten Weg zu betreten. Obgleich es in Oesterreich an namhaften Vertretern des Lehramtes der National-Oekonomie nicht fehlt, so könnte es bei der tiefeingreifenden Bedeutung dieses Unterrichtsfaches für die Länder der Monarchie nur als ein hocherfreulicher Gewinn angesehen werden, wenn seiner Pflege eine neue hervorragende und allseitig anerkannte Kraft sich widmen würde. Ich könnte es daher nur mit aufrichtiger Freude begrüßen, wenn Euer Wohlgeboren geneigt wären, einem Rufe nach Oesterreich Folge zu leisten und würde es, wenn ich dessen versichert sein dürfte, meine angelegentliche Sorge sein lassen, das Erforderliche einzuleiten, um Euer Wohlgeboren an der ersten Hochschule der Monarchie den entsprechenden Wirkungskreis zu eröffnen.

Indem ich mir die Ehre gebe, die von mir angeregte Frage der gefälligen Erwägung Euer Wohlgeboren zu empfehlen, sehe ich der geneigten Mittheilung entgegen, ob und unter welchen Bedingungen Euer Wohlgeboren ein solches Anerbieten anzunehmen bereit wären. — Empfangen Euer Wohlgeboren die Versicherung meiner vollkommensten Hochachtung. Schmerling."

Ich hatte auch diesen Antrag abgelehnt und zwar, wie das im Auftrag des Königs Wilhelm von Württemberg an mich gerichtete Anerkennungsschreiben beweist, ohne daß ich den österreichischen Antrag zur Erwirkung einer Gehaltsaufbesserung benutzt hätte. Ich habe weder von der österreichischen noch von einer anderen Regierung je honoräre oder pekuniäre indirekte oder direkte Vorteile für publizistische Leistungen angenommen.

Die erneute Anfrage von 1868 war keinenfalls als politische Belohnung gedacht. Dennoch hätte ich dieselbe, so ehrend und glänzend sie war, gern ausgeschlagen. Ich mochte meiner Wählerschaft nicht einen neuen Wahlgang zumuten, und so wenig das Zollparlament schon Vollparlament wurde, hätte ich gern persönlich in weiteren Tagungen Preußen und Preußisches kennen gelernt. Allein die zürnende Regierung bot mir nicht die Hand. v. Varnbüler nahm eine besondere Audienz bei König Karl und bestimmte diesen, für meine Festhaltung in Tübingen — ich hatte durch acht Jahre volle Hörsäle gehabt — nichts zu genehmigen, wie ich später bei Varnbülers Sturz durch v. Golther authentisch erfahren habe. Eigentlich hatte ich ja das erwarten müssen. Und so nahm ich den Ruf an. Aus dem Kampf mit dem schwäbischen Varnbüler sollte ich nun sofort in den heftigeren mit dem sächsischen und seit 1866 österreichischen Beust geraten.

In Österreich.
(Herbst 1868 bis Herbst 1871.)

Bis zur Bildung des Ministeriums Hohenwart.

An der Wiener Universität.

Am 29. September 1868 hatte ich Stuttgart verlassen. Als ich in Cannstatt am „Volksfestplatz" mit seiner jubelnden Volksmenge vorüberfuhr, war es mir, als ob mein Herz von Schwaben für immer losgerissen würde. Und in gewissem Sinne wurde es ja eben so. Ich habe zwar seit 1872 wieder in Schwaben gelebt, aber am öffentlichen Leben daselbst keinen anderen Anteil genommen, als bei Wahlen, zu welchen mich die erteilte Fortdauer des württembergischen Staatsbürgerrechtes in den Stand setzte.

Das Abschiedsweh am genannten Tage war jedoch bald vergessen. Ich fand mich leicht in die neue Heimat und deren große Verhältnisse, welche sofort meinen Geist und mein Herz mächtig ergriffen.

Das Einleben in den Lehrberuf zu Wien konnte mir nicht schwer fallen. In den Vorlesungen hatte ich, im Vergleich zu Tübingen, eher zu kürzen und zu vereinfachen. Am meisten Arbeit verursachte die volle Einarbeitung in das österreichische Verwaltungsrecht, obwohl ein sehr breiter und sicherer Grund auch dafür schon seit Ende der fünfziger Jahre gelegt war. Von den üppigen Zerstreuungen des Salonlebens, zu welchem ich vielfach herangezogen werden sollte, hielt ich mich so fern, als es der Anstand gestattete. Äußerlich konnte ich meinen Geschicken ruhig entgegensehen. Ich kam mit ansehnlichem Gehalte auf meine Stelle, und unsere Lebensweise war anspruchslos. Bei einer Frequenz von 3000 bis 4000 Studenten allein an der juridisch-politischen Fakultät, welcher ich nun angehörte, und bei der Teilnahme an den zahlreichen Doktorats- und Staats-Dienstprüfungen, wozu mir die Berechtigung zugesichert war, hatte ich ökonomisch die günstigsten Aussichten. Dazu kam, daß ich ein, wenn auch bescheidenes, so doch für jeden äußersten Fall zureichendes Vermögen durch meine Arbeit ehrlich erworben hatte. Ich konnte in Österreich, ohne Gefährdung meiner Angehörigen, die völlige persönliche Unabhängigkeit für jedes kommende Geschick sicher behaupten.

Noch im Oktober 1868 hielt ich meine Antrittsvorlesung. Als ich den Lehrstuhl bestieg, klopfte mir, obwohl mir der freie Vortrag längst geläufig war, dennoch das Herz. Wie ich in dieser neuen Welt aufgenommen werden würde?! Der frische Parteihaß hatte mich aus Schwaben sogleich nach Wien verfolgt, und bevor ich im Hörsal auftrat, hatte „die alte Presse" mich im Tone des Revolverjournalismus, welchen ich jetzt erstmals persönlich zu kosten bekam, herabzuwürdigen gesucht. Das Organ war ja dasselbe, dessen Gründer Zang zuvor zynisch erklärt hatte, „sein Redaktionsbureau sei ein Gewölbe, wo Publizität erkauft wird". Hätte ich das bereits gewußt, so hätte meine schon lange erworbene Hartschlägigkeit auch der Wiener Tagespresse gegenüber sofort stand gehalten. Die Antrittsvorlesung brachte mir entschieden Beifall.

Ehe ich den Ruf an die Wiener Universität angenommen hatte, war mir loyal mitgeteilt worden, daß ich gegen Lorenz von Stein nur langsam, aber allmälig sicher in der Konkurrenz aufkommen könne. Steins Vortrag sei ungewöhnlich fesselnd und habe großen Erfolg; der Wettlauf war kein leichter. Man warf mir vor, meine Hörer und Schüler müßten zu viel denken, und in den Doktorats- und in den Staatsprüfungen verlange ich zu viel. In Wirklichkeit war dem nicht so, ich legte einen Maßstab an, der nicht ein Viertel der Höhe der Prüfungsansprüche in Tübingen betrug, hielt aber wenigstens diesen Maßstab fest.

Mit der persönlichen Aufnahme seitens der Kollegen und der Behörden konnte ich nur zufrieden sein. Die Regierung hat mich durch die Berufung in die statistische Zentralkommission geehrt, von deren militärischen und zivilen Mitgliedern ich sofort sehr vieles über Dinge und Personen hörte. Ich wurde eingeladen im militärisch-wissenschaftlichen Verein einige Vorträge zu halten. Der Vorstand des Industriemuseums v. Eitelberger warb mich zu öffentlichen Vorträgen. Mit einigen meiner Kollegen kam ich sofort in intimen Verkehr, zu keinem in ein persönlich unfreundliches Verhältnis. Habietinek und Jhering, mit mir gleichzeitig berufen, wurden mir sofort befreundet. Die gescheiten und biederen Westfalen Philipps und Arndt waren zwar für den näheren Umgang mit mir zu streng katholisch, aber persönlich sehr sympathisch. Zu dem Germanisten Siegel, einem geborenen Süddeutschen, kam ich in ein sehr angenehmes Verhältnis. J. Unger, der nachmalige Sprachminister im Ministerium Lasser und Präsident des Reichsgerichtes, zwar kein produktiver Geist, aber hervorragend wie nur irgend ein Jude durch Scharfsinn und Witz, nahm mich freundlich auf. Jhering, ebenso tief im „Geist des römischen Rechts" als naiv, wenn er über den Leisten griff, in der Politik die reine Unschuld, anregend und anregbar, offen und gesellig, moussierend und dabei doch vom Scheitel bis zur Zehe ein deutscher Professor im besten Sinne des Wortes, mit einigen Schwächen, stürzte sich zwar zu sehr in die Geselligkeit, als daß er für intimeren Umgang zu haben gewesen wäre, und war mir Nichtjuristen gegenüber dazu auch zu erhaben. Doch war auch zu ihm das Verhältnis ein freundliches.

Aber Lorenz v. Stein war zu sehr für sich oder vielmehr — von seinem Freunde Bruck her — bei den Verwaltungsräten, als daß eine Reibung unvermeidlich gewesen wäre. Verblüffend, aber auch charakteristisch war die Offenheit, mit welcher er seine Behandlung des positiven Rechtes selbst vor mir bloßlegte. Meiner in Stuttgart noch zurückgebliebenen Frau schrieb ich am Tage des Gegenbesuches, welchen Stein mir machte: „Heute war Stein bei mir. Als er die österreichischen Gesetzesquellen vor mir liegen sah, fragte er, ob ich denn das studieren wolle; in Österreich ändere sich das Gesetz ja immer wieder, und wenn man es auch nicht genau kenne, so sei man doch sicher, daß irgend etwas, was man sage, nicht ganz unrichtig sei oder gewesen sei." — Steins vom Leben abgewandtes und doch in jede Zeitfrage hinein zugleich wetterleuchtendes und irrlichterierendes Wesen war aus der Person fast noch leichter als aus den Schriften zu erkennen. Mich wenigstens hat nachmals weder das überrascht, daß er, der damalige Leugner des Wuchers, von einer in Wechseln wuchernden Jüdin zum Bankrott gedrängt wurde, noch dies, daß die österreichische Regierung, die ihm die Besoldung längst hätte aufbessern sollen, es erst tat, als der Bankrott hereinbrach, der m. W. nach dem bestehenden Disziplinarrecht seine Absetzung begründet hätte. Falsch ist die später an deutschen Universitäten verbreitete Fabel, Stein sei am Tage meiner Ernennung zum Minister zu meiner Frau gekommen, um zu erklären, ich müsse geisteskrank geworden sein; er hat anständig gratuliert und meine Bitte um Zulassung meiner Zuhörer bei ihm für den Semesterrest freundlich erfüllt.

Im Professorenzimmer bot das akademische Viertel Anregendes genug. Einer der älteren Kollegen, der Zivilist Graßl, von köstlich trockenem Humor, erzählte mir manches,

was einem Neuling „aus dem Reich" die Schuppen von
den Augen streifen konnte. Einen besonderen Eindruck machte
auf mich eine seiner Universitätsanekdoten aus der Zeit des
Bachschen Regimes (1867), welche Graßl zur Illustration des
damals herrschenden „Zentralismus" erzählte. Vor 1867
waren auch ungarische Studierende nach Wien gekommen,
um bürgerliches Recht zu studieren. Einen derselben examinierte
Graßl. Auf die Frage des letzteren: „Was ist ein Testament?"
antwortete der ungarische Kandidat in gebrochenstem Deutsch:
„Testament ist ein Protokoll, was macht ein Verstorbener."
Auf die Unmöglichkeit hiervon durch Graßl aufmerksam gemacht, sagt der Geprüfte nach einer Pause: „Ist noch nicht gestorben, ist nur sehr krank."

Am nächsten kam ich alsbald dem gleichzeitig aus Prag
berufenen Lehrer des Zivilprozesses Habietinek. Er ist auch
mein Ministerkollege geworden, nach dem Sturz des Kabinetts
Hohenwart in den höchsten Justizdienst übergetreten unter
dem Ministerium Taaffe, um in das Herrenhaus berufen
und 1899 zum Präsidenten des obersten Gerichtshofes ernannt
zu werden.

Den gewinnendsten Eindruck erhielt ich in der kurzen
Meldungsaudienz jetzt schon vom Kaiser Franz Joseph, der
mit wenigen Worten meiner für Österreich bewährten Gesinnung schlicht aber wohlwollendst gedachte. Er war am selben
Tage nicht minder liebenswürdig gegen Jhering; dieser war
in einigen Blättern wegen eines Briefes angeschwärzt worden, in welchem er in seiner impulsiven Weise gesagt hatte,
daß er die Siege der Preußen im Jahre 1866 über Österreich
mit wahrer Begeisterung wie ein freudiges Familienereignis
gefeiert habe. Jhering hatte keineswegs aus Servilismus —
dessen war er bei aller seiner geistigen Beweglichkeit unfähig —
beim Kaiser ein aufklärendes Wort gesprochen. Franz Joseph
fiel ihm mit den Worten in die Rede: „Nun, so suchen Sie

eben jetzt ein guter Österreicher zu werden", so erzählte es Jhering selbst.

Die Zeit vom Herbst 1868 bis Sommer 1870 war unbeschadet dessen, daß ich mich dem Genuß der großen Natur in Wiens Umgebung gerne hingab, intensivster Arbeit gewidmet. Nicht einmal eine der vom Khedive der österreichischen Regierung zur Verfügung gestellten Einladungen nach Egypten zur feierlichen Eröffnung des Suezkanals habe ich angenommen.

Öffentliches Wirken außerhalb der Universität Wien.
Seitab von der Regierungs= und Parlamentswelt.

Mein außerakademisches Wirken blieb bis zum Sommer 1870 ein sehr beschränktes. Ich war nach Österreich mit dem festen Vorsatz gekommen, dem Parteileben mich mindestens so lange fern zu halten, bis ich in meinem neuen Vaterland, in welchem ich durch meine Ernennung zum österreichischen Staatsdiener auch Staatsbürger geworden war, vollständig mich umgesehen haben und heimisch geworden sein würde.

Beim Gedanken völliger Befreiung von Parteipflichten war mir ordentlich wohl gewesen. Meinen Vorsatz habe ich auch redlich eingehalten, und ich durfte ihn einhalten, da ich weder einem Minister noch einem Kollegen mich zur Parteigängerschaft im geringsten verpflichtet hatte. Ich stieß keine Ministertüre auf. Der damalige Finanzminister, Plener senior, ließ mich wohl einmal kommen, aber durch v. Hock, der von Plener längst kalt gestellt, mir aber teuer und vertrauenswürdigst geblieben war, lernte ich vollends, was ich nicht schon früher über diesen zwar wohlmeinenden aber beschränkten Mann erfahren hatte. Auch Minister v. Hasner, der frühere Nationalökonom der Prager Universität, tat weder einen Schritt, noch übte er die Anziehung, mich dem am Ruder befindlichen „bürgerministeriellen" Zentralismus zu gewinnen.

Jene österreichischen Staatsmänner, mit welchen ich 1858—1864 teils persönlich, teils noch mehr in einem durch J. G. Cotta vermittelten Verkehr gestanden hatte, waren vom Schauplatz abgetreten, und neue Verbindungen hatten inzwischen nicht eintreten können.

Als ich 1868 berufen wurde, hatte ich von der inneren staatsrechtlichen und politischen Lage Österreichs auch nicht annähernd eine richtige Vorstellung. Bei den alles Gemütsinteresse verschlingenden Erregungen, welche die überstürzenden Ereignisse von 1866 in Deutschland mit sich geführt, hatte ich die kaum minder bedeutenden Ereignisse in Österreich — den Sturz des Ministeriums Schmerling-Erzherzog Rainer, die Sistierung der Verfassung durch Graf Richard Belcredi, den Ausgleich mit Ungarn, d. h. die Halbierung des zentralistischen Österreich mit Präpotenz Ungarns, den Versuch des „Bürgerministeriums" Carlos Auersperg und Hasner, den Zentralismus für die eine Hälfte des Reiches fortzusetzen und dafür mit Beust die Czechoslaven des „übrigen" Österreich „an die Wand zu drücken," die Antwort der Czechen hierauf durch Austritt auch aus dem engeren Reichsrat und deren „Deklaration" — kaum den Tatsachen nach verfolgt gehabt, nach der inneren Bedeutung und nach den im Untergrund treibenden Kräften aber auch nicht entfernt verstanden. Die beim Fürstentag geoffenbarte Imbezillität der „deutschen Reformakte" hatte mich wohl einen Augenblick über den Schmerlingschen Zentralismus stutzig gemacht, doch war ich den Zweifeln noch nicht weiter nachgegangen. Daß Brinz die zentralistische Flinte ins Korn geworfen und nach Tübingen angenommen, hätte mich aufmerksam machen können. Aber Brinz sprach in Tübingen nie davon, daß sein Prager Kollege und Reichsratgegner Herbst die liberalen Deutschösterreicher zu Grunde richten werde, und seine Annahme des Rufes nach Tübingen, hatte ich als Erzeugnis persönlichen Überdrusses am Parteileben und des mir gerade

damals in Württemberg besonders begreiflich gewordenen Zu=
rücksehnens nach ausschließlich wissenschaftlicher Arbeit ange=
sehen. v. Hock fand ich von 1863 an kalt gestellt, aber er selbst
betrachtete sein Geschick nur als die Folge der Lahmlegung
des absolutistisch=bureaukratischen Systems durch den neuen
parlamentarischen Zentralismus. Davon, daß der Zentralis=
mus überhaupt bereits bankrott war, derjenige Schmerlings
und Auerspergs noch rascher und entschiedener, als der ab=
solutistische Schwarzenbergs, Stadions, Brucks und Bachs,
hatte ich beim Übertritt nach Österreich keine Ahnung. Jetzt
sah ich nur ein politisches Tohuwabohu, jedermanns Hand
gegen jedermann, alles lag sich auf das Gehässigste in den
Haaren. Den mitgebrachten Entschluß, dem außerakademisch
öffentlichen Leben fern zu bleiben, hatte ich also nicht den ge=
ringsten Anlaß aufzugeben.

Öffentliche Vorlesung über den Börsenschwindel.

Dennoch konnte ich mich den Nötigungen, auch über den Kreis der akademischen Jugend hinaus zu wirken, schon jetzt nicht ganz entziehen.

An der Universität selbst hatte ich meinem Lehrauftrag gemäß jedes zweite Jahr ein jedermann zugängliches, wöchentlich zweistündiges „Publikum" zu lesen. Die Agiotage war eben in vollem Aufschwung begriffen. Ich las über Aktiengesellschaften, insbesondere über Baubanken. Meine Kenntnis der Materie, wozu ich schon in den Arbeiten für die „D. B. J. Schr." eindringende Studien gemacht und in der vergleichenden Analyse der Unternehmungsform in meiner „Tüb. Ztschr." in die Tiefe gegangen war, war jetzt bedeutend erweitert. Gegen das gehalten, was ich jetzt über Preßkorruption und Börsenschwindel an Ort und Stelle hörte und schaute, waren die älteren Erfahrungen das reine Kinderspiel. Es war meine Absicht, ein großes Publikum vor dem Abgrund zu warnen. Die Vorlesung war sehr stark besucht. Der Nachweis, daß die Baubanken elend zusammenbrechen müssen, wurde mir von Börsianern auf der Heimkehr von der Vorlesung als erbracht oft zugegeben, diese Anerkennung jedoch mit der Andeutung begleitet, daß man zunächst beim: „Es stirbt der Fuchs, was gilt der Balg," weiter mitspielen werde. Mancher hat mir dann doch später geschrieben, daß er auf meine Meinung hin „noch rechtzeitig" sich losgeschält habe

Öffentliches Wirken

und mir es verdanke, nicht sein ganzes Vermögen verspielt zu haben. Der Zusammenbruch war alsbald auch ein furchtbarer. Verschiedentliche Baubankaktien, welche von 100 auf 300 bis 400 getrieben gewesen waren, sanken nach dem großen Wiener Krach vom Mai 1873, von welchem weiter die Rede sein wird, auf 6 bis 12 fl.; zum Fasching 1874 hat sich eine Wiener Kellnerschaft den Spaß erlauben können, ihr Narrenprogramm auf die Rückseite aufgekaufter Baubankaktien der Schwindelzeit zur Ausgabe zu bringen.

Für mich war diese öffentliche Vorlesung von ganz außerordentlichem Ertrag für die Erkenntnis der Dinge und der Menschen und auf die weitere Fermentierung meiner damaligen sozialpolitischen Studien, aus welchen mein Werk „Kapitalismus und Sozialismus" herausgewachsen ist.

Wesentlich durch die für diese Vorlesungen gesammelten Einsichten bin ich nachmals als Handelsminister davor behütet worden, bei den vielen Konzessionserteilungen der Börsenjobber auch nur ein einzigesmal aufzusitzen.

Zu einem anderen öffentlichen Hervortreten, dem jedoch jeder politische Parteieinfluß fernblieb, veranlaßte mich der anregende und angeregte damalige Direktor des österreichischen Industriemuseums, Dr. Eitelberger. Das „Proletariat" hatte sich erstmals auch in Wien mächtig zu regen begonnen. Die Masse der sogenannten Gebildeten hatte keine Vorstellung von der Bedeutung der „Arbeiterbewegung" und von deren programmatischer Formulierung durch Kommunismus, Sozialismus und Sozialdemokratie. Eitelberger ging mich an, hierüber in seinem großen Saale zu sprechen. Die fünf Vorlesungen, die ich dann 1869 auf 70 wirklich hielt, waren sehr stark besucht, und zahlreiche Zuschriften gebildeter Männer und Frauen bewiesen mir, daß meine Worte auf fruchtbaren Boden fielen. Die Vorträge waren überwiegend eine kritische Darstellung, enthielten jedoch in allem wesentlichen positive

Reformgedanken, welche ich in angelegentlicher Arbeit mit Erfolg weiter entwickelt habe.

Ich verschleierte nichts, redete scharf ins Gewissen und machte kein Hehl aus den Schäden und der Unhaltbarkeit der rein liberal individualistischen oder, wie ich sie zum erstenmale nannte, rein kapitalistischen Gesellschaftsordnung. Dennoch fand ich keinen Anstoß und erregte damals noch keinen Parteihaß gegen mich.

Ich hatte längst die Grundlagen meiner sozialpolitischen Lebensanschauung aus Anlaß der deutschen Arbeiterbewegung gelegt gehabt. Jetzt war mein Gesichtskreis nur ein viel weiterer, mein Interesse ein regeres, mein Blick geschärfter, mein Gemüt ergriffener. Die lebendige Anschauung des Elends in den Fabrikvorstädten, die ich werktags und sonntags mit sozialpathologischem Interesse besuchte, der erschütternde Eindruck, den mir die Massengräber auf der Schmelz machten, waren von Einfluß auf mein Fühlen und Denken geworden. Zu den Vorträgen hatte ich erst in Wien selbst die volle Befähigung erlangt. Aus den fünf geredeten Vorträgen sind dann alsbald die fünfzehn gedruckten „Vorträge des Kapitalismus und Sozialismus" geworden, welche bei Laupp in Tübingen 1870 erschienen und längst vergriffen sind, ohne daß ich Zeit fand, sie neu auflegen zu lassen. Die positiven Erörterungen traten in letzterem Werk weit umfangreicher hervor. Gewonnen wurden sie aber in der Hauptsache schon bei der Ausarbeitung der Vorträge für das Museum. Das war für mich selbst die bedeutendste Frucht dieses außerakademisch öffentlichen Auftretens.

Ein erster Zusammenstoß mit Graf Beust.

An Tages- und Wochenblättern habe ich mich in dieser Zeit nur sehr spärlich beteiligt, verhältnismäßig am meisten wieder in der „Beilage" der „Allgemeinen Zeitung". Doch kam ich zu einer Wochenschrift in Beziehung, welche mir bald das schärfste Mißfallen des Reichskanzlers Grafen v. Beust zuziehen sollte. Es war der „Österreichische Ökonomist". Dieses Organ wurde zusammen mit dem „Volkswirtschaftlichen Verein" gegründet. v. Hock hatte mich veranlaßt, mich unter den Herausgebern und Mitarbeitern nennen zu lassen. Namhafte Beiträge habe ich jedoch — meines Erinnerns — nicht geliefert, wenn ich überhaupt welche geliefert habe. Der Redakteur Sommerfeld, ein geborener Ostpreuße, geschworener Feind der Wiener Börsenkorruption und Agiotage, führte fast allein das Wort in glänzender, packender Weise, ohne jede Abhängigkeit von den nominellen Gründern, Herausgebern und Mitarbeitern, unter welchen ich nur mit v. Hock intimere Fühlung hatte. Sommerfeld schrieb nun eine Reihe von Artikeln über den Türkenlos-Schwindel und ließ sich dabei über Baron Hirsch und Graf Beust in einer Weise aus, welche ungeheures Aufsehen erregten. Beust klagte nicht gegen Sommerfeld, schickte aber in mein Haus seinen Ministerialrat Max von Gagern, meinen alten Bekannten, um mir Vorstellungen wegen Beteiligung am „Österr. Ökonomist" zu machen. Bald merkte

Zusammenstoß mit Graf Beust

ich), daß es nicht auf eine freundschaftliche Warnung v. Gagerns abgesehen war. Die Erklärung, daß ich an den Artikeln Sommerfelds nicht den geringsten Anteil habe, genügte nicht. v. Gagern eröffnete mir endlich, daß er im Auftrage Beusts da sei und in dessen Namen das Verlangen an mich als Staatsdiener stelle, meinen Namen von der Mitarbeiterschaft zurückzuziehen, widrigenfalls Graf Beust das Disziplinarverfahren gegen mich herbeiführen werde. Dieses Ansinnen schlug ich rund ab, mit der Bemerkung, meine Beteiligung am Ökonomist liege meinem Beruf nahe; wegen des Türkenlos-Artikels, welchen lediglich Sommerfeld zu verantworten habe, möge Graf Beust die Gerichte anrufen, meine Beteiligung an einer auf Bekämpfung des börsianischen Gaunertums ausgehenden Wochenschrift beeinträchtige meinen Lehrberuf moralisch nicht. Der auswärtige Minister überschreite seine Kompetenz, wenn er mir mit einem Disziplinarvorgehen drohe; das stehe nur meinem Vorgesetzten, dem Unterrichtsminister, zu. Wenn dieser ein solches beschließe, werde ich mich an das zum Schutz der staatsgrundgesetzlich gewährleisteten Rechte aller österreichischen Staatsbürger bestellte Gericht wenden, unter keinen Umständen aber auf die mir kundgegebene Drohung des auswärtigen Ministeriums hin meinen Namen von der Gründerliste des „Österr. Ökonomist" zurückziehen. v. Gagern suchte mich zuerst zu bestimmen, die Antwort zurückzunehmen. „Das kann ich," sagte er, „doch dem Grafen Beust nicht sagen, lieber Freund. Er stürzt Sie ins Unglück." Ich beharrte, und wie ich nachmals gehört habe, hat Gagern meine Antwort hinterbracht. Eine Maßregelung erfolgte nicht, so wenig wie vier Jahre zuvor ein ähnlicher Vergewaltigungsversuch in Württemberg Folgen gehabt hatte. Beust war mir in früherer Zeit nicht unsympathisch gewesen. Er hatte in Sachen des preußisch-französischen Handelsvertrages eine tarifpolitisch gemäßigte Haltung eingenommen. Unter den „Würzburgern" der großdeutschen „Bundesreform" war er in der deutschen Frage zwar nicht besonders beliebt gewesen, und der ehrliche Minister des Auswärtigen in Württemberg, Baron von Hügel, hatte mir seinen sächsischen Kollegen als einen eitlen Prestibigitateur, als geistvollen Mann zwar, aber ohne Begeisterung für seine Sache charakterisiert, welcher die Intrigue als Selbstzweck betreibe, Knoten schürze, um als entwirrender Zauberkünstler zu gelten und zu erscheinen, dem es in erster Linie darum zu tun sei, immer vorn auf der Bühne zu stehen. Ich hatte hierauf nicht besonders geachtet und auch Cottas äußerst abfälliges Urteil dahin gestellt sein lassen. (Brief vom 14. Januar 1863.) Es waren eben auch dem sächsischen Minister, wie seinen Kollegen von den Mittelstaaten, durch die Geschichte partikularistische Bleisohlen angehängt, und deren niederziehendes Gewicht hatte ich ja eben genugsam selbst beobachtet. Nun aber stand mir Beust in persönlicher Feindschaft gegenüber, und das sollte seine Folgen haben.

Im „volkswirtschaftlichen Verein".

Dem volkswirtschaftlichen Verein war ich, auf v. Hocks Anregung, gern beigetreten. Da war ein politisch neutraler Boden. Genau erinnere ich mich nur, daß ich v. Hock, welcher 1869 starb, daselbst den Nekrolog sprach. Sonstige Vorträge werde ich wohl kaum gehalten haben. Wiederholt beteiligte ich mich aber an den Sprechabenden über die verschiedensten damals österreichisch zeitgemäßen Fragen, und die Beteiligung brachte mir die Neigung und das Vertrauen eines Mannes ein, welcher mich, wider mein Wollen und Ahnen, den Weg zum Kaiser von Österreich geführt hat.

Im volkswirtschaftlichen Verein kam ich auch mit Charakterköpfen des damaligen Kapitalismus und Börsianismus in Berührung. Der geistvollste Mann dieser Richtung, mit welchem ich bekannt wurde, war Graf Eugen Kinski, der bedeutendste Kopf einer der großen, damals aufgeschossen gewesenen Banken, ein Mann von weitestem Horizont, dann und wann zynisch, aber stets frei von politischen Vorurteilen und persönlichen Voreingenommenheiten. In dieser Persönlichkeit trat mir der Gegensatz der „altgroßgrundbesitzlichen" und sogenannten feudalen Gesellschaftsschicht, welcher dieser Graf Kinski durch Geburt — und der modern-großkapitalistischen Schicht, welcher er durch Geschäftsneigung angehörte, besonders packend entgegen. Die auch politisch gewaltige Bedeutung des über alle sonstigen Unterschiede hinweg sich zusammenschließenden Großkapitals gegenüber dem sich streng abschließenden sog. „überlieferten" Großgrundbesitz lernte ich hier erstmals s. z. s. leibhaftig kennen. — Dieser nachgeborene Graf brachte mir für eine in anderen Hinsichten so sehr zerklüftete Sozialwelt, wie sie Österreich hat, die Bedeutung des Kapitals als unbewußten Trägers und Gehilfen der nötigen Einheit und Zentralisation, freilich daneben auch die ungeheure Gefahr schrankenloser, mittelbarer Macht des Geldes im Staate persönlich zur Anschauung.

„Kapitalismus und Sozialismus".

In der Zeit 1868—1870 schuf ich zwei wissenschaftliche Arbeiten, welche seitab vom politischen Parteileben entstanden sind, den „Kapitalismus und Sozialismus" und einen Leitfaden für die von mir bei der Berufung vorbehaltenen Vorlesungen über „Verfassungs- und Verwaltungspolitik". Letztere Vorlesungen hatte ich in Tübingen mit Vorliebe gehalten und dafür des regsten Interesses der Elite meiner dortigen Zuhörer mich zu erfreuen gehabt. Auf beide Arbeiten muß ich schon hier eingehen; ohne deren Kenntnis ist der allernächste weitere Verlauf meines Lebens nicht verständlich. Doch sind diese Arbeiten hier nur soweit, als sie meinen nächsten Lebensgang bestimmt haben, schon vorzuführen. Inwieweit dieselben in der früheren, namentlich in der im Jahre 1867 erschienenen 2. Auflage der Nationalökonomie, welche den besonderen Titel „Gesellschaftliches System der menschlichen Wirtschaft" angenommen hatte, wurzeln und dann wissenschaftlich zu weiterem führten, ist hier nicht darzulegen.

Der „Kapitalismus und Sozialismus" erschien im Jahre 1870. Der Erfolg des Buches war zunächst kein bedeutender gewesen. Der Krieg von 1870 verschlang ja ganz die öffentliche Aufmerksamkeit. Als dann aber im Februar 1871 das Ministerium Hohenwart ernannt wurde, erregte das Buch die größte Aufmerksamkeit und verbreitete in den Kreisen des Großkapitals und Großgrundbesitzes teilweise Schrecken.

Mein sozialpolitischer Standpunkt

Dieser Schrecken ist freilich nur daraus zu erklären, daß die Masse der besitzenden und gebildeten Klassen von dem Inhalt und Wesen der sozialistischen Zeitströmung damals noch keine Idee besaß. So griff das Buch zunächst in mein politisches Schicksal ein, indem es mir Feinde und Freunde erweckte, bevor seine Gesamtwirkung sich vollzogen hatte.

Heute nach fast dreißig Jahren brennender Sozialpolitik und sozialrevolutionärer Strömung ist das Buch von den Ereignissen großenteils ratifiziert. Damals aber erschien es als umstürzend. Freilich ohne jeden Grund, denn es behielt von der liberalen kapitalistischen Auffassung bei, was daran Wahres ist, hob die Schwächen des Lassalleanismus und Marxismus hervor und fand das Heil in einer freiheitlich= genossenschaftlich=korporativen Weiterbildung und Ergänzung der individualistisch interessierten Produktionsweise in einem ökonomisch sogenannten „Föderalismus" oder Sozietaris= mus, welcher längst unabhängig von Marx in mir gekeimt hatte und mehr und mehr gereift war. In der Vorrede (VI f:) hatte ich meinen sozialpolitischen Standpunkt wie folgt ge= kennzeichnet: „Kenner meiner früheren Schriften werden in diesem Buche meine älteren Grundanschauungen wiederfinden. Wenn sie einen stärkeren Zusatz antioptimistischer Auffassung entdecken sollten, so bitte ich dies daraus zu erklären, daß ich inzwischen meine Heimat mit ihrem politisch, sozial und ökono= misch tonangebenden gesunden unteren Mittelstande verlassen und unter größeren Verhältnissen tiefe Einblicke in die Gegen= sätze und Disharmonien der bestehenden Gesellschaft gewonnen habe. Obwohl ich keinen Heller wohlerworbenen Vermögens in Frage stelle und keinerlei Rückbildung des liberalen Rechtes der Neuzeit empfehle, werde ich den einen als radikal und staatsgefährlich erscheinen; denn ich verpuffe auch nicht ein Quäntchen sittlicher Indignation gegen die Theoretiker des Sozialismus und ich rede rückhaltlos von den Schäden der bestehenden Gesellschaft. Den anderen werde ich als viel zu konservativ gelten, weil ich im vollen und jähen Abbruch der bestehenden ökonomischen Gesellschaftsformen kein Heil zu erblicken vermag und weil ich dem wirklichen sozialistischen Radikalismus neue Gründe, Ergebnisse neuer Untersuchungen entgegengestellt habe... Der Genossenschaftsbewegung habe ich eine große Bedeutung nicht nur nicht abgesprochen, sondern die Vergleichung mit den anderen (individualistisch kapitalistischen) Geschäftsformen hat in mir die Überzeugung befestigt, daß für die fernere Zukunft die Genossenschaft eine großartige Ausdehnung erlangen kann und wird. Die treibenden Kräfte für diese spätere Blüte erblicke ich in der höheren sittlichen Entwickelung eines zunächst innerhalb des Lohngeschäftes selbst gehobenen Arbeiterstandes, in der Kapital-Not des gewerblichen und ländlichen Kleinbesitzes gegenüber der immer weiter vordringenden Großproduktion, endlich in der Arbeitsnot des herrschaftlichen [kapitalistischen] Großbesitzes. Nichts erscheint mir törichter, als den Kleinbauernschaften, welche sich noch behaglich fühlen, Kollektivbetrieb zu oktroieren, oder dem jetzigen Privatgroßbesitz freiwillige Besitzentsagungen anzusinnen, nichts aber auch wahrscheinlicher, als daß mit allmäliger Ausreifung der Notwendigkeit rationellen landwirtschaftlichen Großbetriebes teils die Not der Großgrundbesitzer um gute Arbeiter, teils die Not der Kleinbauern gegenüber der Übermacht des großen Kapitals dem landwirtschaftlichen Genossenschaftsbetrieb — in freier Einsicht beider interessierter Klassen und mittelst einer von dieser Einsicht getragenen unterstützenden Gesetzgebung — die Bahn brechen werden. ... Ich erkenne eine glänzende Logik der Geschichte darin, daß das Genossenschaftswesen in Form der Genossenschaft kleinerer Privatgeschäfte zuerst eine imponierende Ausdehnung erlangt hat. Meine Überzeugung, daß weitere Entwickelungsphasen mit derselben logischen Notwendigkeit sich einstellen werden, ist in dem Buche selbst umfassend begründet; in wie langen

Zeiträumen diese Prozesse verlaufen werden, vermag schon in Rücksicht auf die unvorhersehbaren Störungen niemand vorauszusagen. (Wien, im Juni 1870)."

Diese Auffassung war 1870 den einen ein Ärgerniß, den anderen eine Torheit. Die Entwickelung seit 1870 hat ihr jedoch rasch und großartig Recht gegeben. Ein Jahr nach dem Erscheinen, da ich den liberal-kapitalistischen Parteien als Minister widerwärtig wurde, hat man darob einen sozialen Brandstifter aus mir konstruiert. Fouqué hat gesagt: „man solle ihm von jemand eine Zeile geben, so wolle er ihn auf das Schaffot bringen." Ein Buch von 732 Seiten hat an sich nicht die Vermutung gegen sich, daß es auf Umsturz berechnet sei. Es muß aber, wenn es auf Reformen ernstlich ausgeht, Sätze genug enthalten, aus welchen sich von den beati possidentes die schärfsten Anklagen auf „Umsturz" zurechtlegen ließen. Und diese Anklagen wurden aus allen Ecken des Werkes hervorgezerrt, um einen revolutionären Handels- und Ackerbauminister daraus zu deduzieren.

Am meisten erschreckte nun meine Äußerung über das allgemeine direkte und geheime Stimmrecht. Darüber hatte ich u. a. (S. 653 ff.) bemerkt:

„Ich halte an der Behauptung fest: das allgemeine Wahlrecht ist zur Lösung der sozialen Reform ganz unentbehrlich; ohne Verantwortlichkeit, ohne nötigende äußere Anregung tun die bevorzugten Klassen nicht gern etwas und niemals viel für die beherrschten Klassen, nur einzelne verzichten freiwillig und hochsinnig auf Sondervorteile, ganze Klassen nicht. Ich möchte wünschen, daß Österreich mit seiner Gruppenvertretung, welche überallhin Scheidewände befestigt und Partikularismen erzieht, nicht abermals um eine Idee hinter einer großen Zeitbewegung zurückbleibe. Klassenwahlen wirken partikularistisch, sie machen aus dem lebendig verbundenen sozialen

Körper politische Schnittware. Das zentrifugale heutige Österreich sollte in staatsmännischer Erkenntnis seines Heils eben deshalb dem direkten, allgemeinen Wahlsystem huldigen; dieses System wird die **großen, materiell=humanen Fragen auf die Tagesordnung** bringen, und in der fruchtbaren Lösung dieser Fragen kann **Österreich seiner zahllosen Sonderschichten Herr werden**, denen es dafür im Gebiete und Umfang ihrer wahren Berechtigung rückhaltlose Autonomie einräumen möge."

Das war **damals** für Österreich bei den Konservativen, namentlich bei den Geldmännern eine unerhört „revolutionäre" Sprache aus der Feder eines K. K. Regierungsrates und eines Universitätsprofessors der politischen Ökonomie. Der Schrecken, welchen diese Sprache einjagte, wurde noch erhöht durch die im Buche (S. 203 f. u. S. 276 f.f.) offen ausgesprochene Anerkennung, daß die politische Selbstregierung des Volkes die ökonomische zur Voraussetzung habe. Es war u. a. (S. 295) bemerkt: „Die politische Dezentralisation, unter welcher ich nicht die Auflösung, Lahmlegung und Zerbröckelung der einheitlichen Staatsfunktionen nach Nationalitätssätzen verstehe, bedingt den ökonomischen „„Föderalismus"" und dieser jene." Das Buch faßte seinen Inhalt am Schluß so zusammen: (S. 728 f.) „Der soziale Reformgedanke, wie er in meinen Vorträgen Gestalt gewonnen hat, sucht aus allen Punkten der sozialen Peripherie her Kräfte zu erwecken, welche auf den einen Punkt zusammenwirken, daß ein **Mittelstand wieder hergestellt** werde, **ohne Aufhebung irgend eines Vorteils unserer zur Großproduktion fortgeschrittenen Zivilisation.** Zwischen die Extreme von reich und arm soll die breite Zone einer befriedigten, sittlich tüchtigen, politisch reifen Bevölkerungsmehrheit, ein genossenschaftlich gefestigter Mittelstand wieder eingeschoben werden... Ich glaube, nach allen Seiten hin die Möglichkeit und Zweckmäßigkeit eines unserer höheren Zivilisation entsprechenden neuen Mittelstandes nachgewiesen und damit denn auch die rechte „Ordnungs=Politik" getrieben zu haben. Heißt radikal die Nichtkonservierung schlechter und ungerechter Zustände, so ist mein Buch radikal; heißt konservativ die reformatorische Versöhnung gefahrdrohender Klassengegensätze und die Gewinnung der Massen für ein geordnetes Verfassungsleben, so vindiziere ich meinem Buch viel mehr Konservatismus, als jener Staatsmannschaft, deren Polizeiquälerei gegen die Arbeiterwelt noch am mildesten beurteilt wird, wenn man sie aus tiefer Unwissenheit und gewohnheitsmäßiger Leichtfertigkeit erklärt. Die Zukunft Österreichs und der Monarchie in Österreich ruht in höchster Pflege der allgemeinen menschlichen, allen Nationalitäten gemeinsamen, namentlich wirtschaftlichen Interessen. Die österreichische Monarchie kann ihre Einheit, ihre Macht, ihren Wert bei allen ihren Völkern, ihre Festigkeit gegen Auflösung nur in dieser Richtung stärken, erhalten und wiedergewinnen.... Vielleicht wird Österreich durch die Verfassungsnot noch auf den wahren Heilsweg hingedrängt, statt in den Todeskampf überzugehen, welchem viele es schon verfallen wähnen." Heute erscheint diese Auffassung niemanden mehr als eine grundstürzende. Die deutsche genossenschaftliche Sozialreform und die österreichische Wahlreform von Taaffe und Badeni haben dieser Auffassung gewichtige Einräumungen gemacht, damals (1870) galt jedoch eine solche Sprache als eine Herausforderung der herrschenden liberalen wie der konservativen Klassen. Kein Wort im ganzen Buche aber schlug so tief ein, als die Bezeichnung „moderne Raubritter" für gewisse geadelte Geldmänner, so sehr die Wahrheit dieser Vergleichung vom „Wiener Krach" (1873) alsbald erwiesen worden ist.

Verfassungspolitische Studien in Österreich über Österreich.

Bei meiner Berufung hatte ich mir das Recht der Vorlesungen über Verfassungspolitik vorbehalten und dieses „im allerweitesten Umfang" zugesichert erhalten. Den Studien hierfür wandte ich mich von 1869 an mit besonderem Eifer zu. Ich war voll von der Bedeutung, welche einer solchen Vorlesung für das Leben meines Adoptivvaterlandes zukam. Nun konnte ich ja in Österreich die Verfassungsstudien über Österreich pflegen.

Dabei wurde ich zunächst durch meine akademische Tätigkeit selbst unterstützt. Die Studentenwelt, mit der ich als Dozent und als Examinator zu tun hatte, gab mir ein ziemlich vollständiges Abbild der politischen Mannigfaltigkeit der österreichischen Bevölkerung im ganzen und wieder der Schattierungen innerhalb der einzelnen Nationalitäten, namentlich aber der Deutschen selbst. Bei den Doktorats- und bei den Staatsdienstprüfungen fiel mir sofort auf, wieviel Begabung namentlich aus den nationalgemischten Bezirken auftauchte. Eine Menge von Anregung gab auch der Dozentenkörper, welcher fast alle religiösen und politischen Parteischattierungen umfaßte. Aus zwanglosen Unterhaltungen mit den Kollegen während des akademischen Viertels im Professorenzimmer lernte ich vielleicht mehr, als meine bunte Zuhörerschaft in den übrigen Dreiviertelstunden von mir gelernt haben wird.

Der böhmische Volksstamm

Im häufigen Umgange mit Habietinek und dessen deutschen wie böhmischen Freunden lernte ich zum erstenmal die böhmischen Verhältnisse kennen. Habietinek war, obwohl geborener Czeche, vor allem von streng schwarzgelber Gesinnung, worin ihn mehrere Jahre „Präfektur" im Theresianum besonders bestärkt haben mögen, weder Deutschenhasser, noch Freund der Ultras seiner den Reichsrat streikenden Landsleute von der Deklaranten-Partei. Er hatte Freunde in beiden Lagern und war Depositar des Vertrauens der verschiedensten Personen der höheren und höchsten Stände. Den „juridisch-politischen" Beichtvater nannte ich ihn damals schon scherzweise. Durch Habietinek überzeugte ich mich vor allem von dem unbeugsamen Ernst der vereinigten streikenden czechischen Majorität Böhmens und des konservativen böhmischen Hochadels, namentlich erstmals vom Charakter und von der Bedeutung der führenden Persönlichkeiten. Ich hatte früher geglaubt, Böhmen sei bereits germanisiert. Und mehr als 200 Jahre vereinigter Bureaukraten- und Jesuitenarbeit unter dem Absolutismus seit der Schlacht am weißen Berge bis in das vierte Jahrzehnt des 19. Jahrhunderts hatten es ja zustande gebracht gehabt, daß die gebildeten Schichten der Czechen deutsch sprachen. Aber das Volk war nicht deutsch geworden, und kaum zwei Jahrzehnte hatten genügt, die ganze czecho-böhmische Bevölkerung kulturell und politisch in einem Nationalbewußtsein der zähesten Art neu zu verschmelzen. Diese Wiedererhebung war so schnell, ich möchte sagen, so hussitisch gekommen, daß sie selbst die Erwartungen der Wiedererwecker ihrer Nationalität Palacky und Schafarik übertraf. Von des letzteren Schwiegersohn hörte ich später die Anekdote, daß Palacky und Schafarik einmal in den 30er oder 40er Jahren, unter einer baufälligen Schenke des Böhmerwaldes, von einem Gewitter überrascht, die Befürchtung austauschten: „wenn hier das Dach über uns zusammenstürzte, würde mit uns auch die böhmische Nationalität wieder ihr Grab finden." Und wie nun 1868! An Germanisation auch nur der Czechen konnte nur noch ein in Parteischeuledern irregeleiteter Tor glauben. Über all das bin ich langsam und tendenzlos zu richtigeren Einsichten gelangt.

Die leidige, gegen das Berlinertum stark abstechende Sucht der Wiener, über die eigenen Leute und Zustände zu räsonnieren und an keine Tugend zu glauben, hätte mich wohl manches erkennen lassen, aber nicht über den Horizont des Stefansdomes hinaus. Nun aber hatte ich Gelegenheit, von Wien aus in das Herz und die Herzen beider Nationalitäten Böhmens — Habietinek hat aus einer kerndeutschen Prager Familie seine Frau heimgeführt — zu schauen.

Bestverleumdete und „Feudale" lernte ich als bedeutende vorurteilslose und brave Menschen kennen, viele der liberalen Tagesgötzen des Parlamentarismus fand ich mit dem Kot der Korruption beschmutzt. Die „inferioren Rassen" und „interessanten Nationalitäten", über die man spöttelte, besaßen, wie ich nun sah, weit größere Bildung und Begabung und mehr beachtenswerte Männer, als ich mir hatte träumen lassen. Vor allem fand ich einen bis zum Hausknecht und zur Dienstmagd herabreichenden glühenden Patriotismus bei den Czechoböhmen.

Eine zweite Persönlichkeit, durch welche ich vieles erfuhr, was aus Zeitungen und Büchern nicht zu lernen war, wurde mir in der Person des Grafen Dürckheim bekannt. Er hatte als ein schneidiger Reiter 1849 den Feldzug in Ungarn mitgemacht und war längere Zeit Flügeladjutant des Kaisers Franz Josef geworden. Als ich Dürckheim im Jahre 1869 kennen lernte, war er Mitglied des Abgeordnetenhauses.

Er kannte die ganze Regierungs- und Parlamentswelt von damals persönlich auf das genauste, namentlich aber kannte er den Kaiser, dem er mit Leib und Seele ergeben war. Dürckheim hatte mich in einer Abendzusammenkunft des „volkswirtschaftlichen Vereins" über damalige „österreichische Steuerfragen" sprechen gehört und kam dann einige Tage später in mein Haus. Immer häufiger besuchte er mich, und immer mehr erfuhr ich durch ihn. Er ließ es sich bald nicht verdrießen, fast täglich, aus der „Bude vor dem Schottentore" — dem provisorischen Reichsratsgebäude — kommend, in die nahe Bergstraße Nr. 22 zu eilen, wo ich bei damaliger Wohnungsnot mit einer Wohnung von drei Zimmern hatte vorlieb nehmen müssen, und hier die vier Treppen heraufzuspringen. Da lernte ich namentlich die traurigen und verfahrenen Parteizustände des Abgeordnetenhauses und zwar durch einen Mann kennen, welcher kerndeutsch dachte und war.

Erst waren die praktischen Fragen der Staatswirtschaft Hauptgegenstand der Unterhaltung gewesen, dann wurden es immer mehr diejenigen der schwebenden Verfassungspolitik. Graf Friedrich Dürckheim ergriff dieselben mit dem Feuer seiner unbeschreiblichen Hingebung für den „gefangenen" Kaiser und doch mit freiem, großem Blick. Er hatte an der Hand des Statthalters von Oberösterreich, Graf Hohenwart, weit tiefere Blicke in die Verwaltungsmaschine hineingetan, als es sonst ausgedienten Offizieren und adeligen Schloßherren beschieden ist; mit Hohenwart stand er schon damals auf dem Fuße aufrichtiger, inniger Freundschaft. So lehrreich aber die Besuche Dürckheims waren, so dachte ich doch bis in das Frühjahr 1870 hinein nicht entfernt daran, daß die Unterhaltungen schon keine akademischen mehr waren.

Um das damalige Österreich kennen zu lernen, mußte ich vor allem in die Geschichte seiner neuesten Verfassungsentwickelung eindringen. Das war bis jetzt nur sehr unvollständig der Fall gewesen. Zwar hatte ich aus Czörnigs zwei prächtigen Werken über „Österreichs Neugestaltung", die ich 1857 vom Wiener statistischen Kongreß heimgenommen und durchaus studiert hatte, die imposante Arbeit kennen gelernt, welche der Beamtenstaat des einstigen Wiener Advokaten Dr. Al. Bach und des einstigen Triestiner Kaufmanns Bruck zur Aufräu-

mung des von der Revolution der Jahre 1848 und 1849
hinterlassenen Schutt= und Trümmerfeldes geleistet hatte.
Allein die Grundbeschaffenheit der über den Staat der „prag=
matischen Sanktion" geworfen gewesenen Uniformjacke war
mir bis jetzt unverständlich geblieben. Das ethnische und soziale
Bild von Österreich, wie es leibt und lebt, hatte ich bei
v. Czörnig nicht gefunden und nicht finden können.

Was ich bis dahin vom Schwarzenberg=Stadionschen
Österreich erfahren hatte, war freilich immerhin bestrickend
gewesen. Fürst Felix Schwarzenberg und sein großer Gehilfe
standen vor mir nach dem Bilde, welches v. Hock 1859 mit
Meisterhand in der Cottaschen „Deutschen Vierteljahrs=
schrift" gezeichnet hatte.

Für das „einheitliche Österreich" der Schwarzenberg,
Stadion, Bruck, L. Thun, Al. Bach hatten alle geistvollen
Verwaltungsmänner geschwärmt, welche an dem „Neubau"
teilgenommen, als ich 1857 erstmals mit Österreichern in per=
sönliche Berührung kam, so auch v. Czörnig und v. Hock, meine
ersten bedeutenden Bekannten vom statistischen Kongresse her.
Ich wußte aber nicht, daß der Bau des zentralistisch=absolutistischen Einheitsstaates schon bald nach dem Tode Schwarzen=
bergs und Stadions erschüttert war. Es gab 1857 schon keinen
leitenden obersten Geist der inneren und äußeren Politik
mehr, nicht einmal mehr unmittelbar dem Kaiser vortragende
Minister. Alles ging durch den Staatsrat, aus welchem der
Kaiser oft in derselben Angelegenheit mehrere Gutachten zu
eigener Entscheidung erhielt, und da mag ein gewisser Zug
des Tastens und abwechselnden Probierens aus Wohlwollen
und Güte gegen alle seine Untertanen im Wesen des Kaisers
sich angesetzt haben. Der einflußreichste Mann des Staatsrats
Kübeck war gerade gar nicht geeignet gewesen, das Werk eines
Schwarzenberg=Stadion auszubauen und zu befestigen, be=
deutenden Fachmännern wie Bach, Bruck, Leo Thun die Fort=
setzung zu erleichtern. Der Spiritus von Schwarzenberg und

Stadion war verflogen und das Phlegma geblieben. Das Ansehen der rücksichtslos geschaffenen Staatseinheit war rasch ins Wanken gekommen. Die Völker murrten wie bei der Zentralisation des Kaisers Franz Josefs. Die „Neugestaltung Österreichs" bestand die große Staatsprobe des Krieges nicht und fiel durch die Stöße von Magenta und Solferino zusammen.

Nun wäre die Frage aufzuwerfen gewesen, ob der Absolutismus oder ob der extreme Unitarismus es eigentlich war, was Bankrott gemacht hatte. Die „Zentralisten" aller Farben, vor allem die bedeutenden Bureaukraten, darunter auch v. Hock, behaupteten das erstere und empfahlen als Heilmittel den Konstitutionalismus, unter Aufrechthaltung des „Zentralismus" genannten Unitarismus; die liberalen Elemente der Bevölkerung stimmten zu. Der Kaiser hatte kurze Zeit zu der gegenteiligen Mittel-Ansicht des Grafen Goluchowski geneigt und das sog. Oktober-Diplom unterschrieben.

Damals (1859) war ich publizistisch schon in die österreichische Verfassungsbewegung hineingeraten. Ich baute auf v. Hocks Einsicht und schrieb in den Cottaschen Organen lebhaft für zentralistischen Konstitutionalismus; meine Zollunions- und Bundesreform-Bestrebungen waren hierbei von Einfluß. Für die Verbreitung einer Enunziation v. Hocks tat ich das nur mögliche. v. Hock schrieb mir damals:

„Geehrter Freund!

Mit dem Erfolg meiner Abhandlung „Österreich und seine Bestimmung" (D. V. J. Schr. 1859) kann ich zufrieden sein, sie hat das Lob der besten Männer Österreichs davongetragen, und man nennt sie das Beste, was seit Jahren über Österreich geschrieben worden ist, ja, selbst in politischer Richtung hat sie in einer Beziehung meine kühnsten Hoffnungen übertroffen, sie hat die Geister geeint und die zerfahrenen Meinungen auf einen Punkt zusammengedrängt: ständische Reichsvertretung, vor allem Landesvertretungen;

allein, was ich wollte, war: daß sie von den Männern gelesen, gewürdigt, und befolgt werde, unter und mit denen und nicht gegen welche ich zu wirken wünsche, und dieses Ziel habe ich nicht erreicht. Ich weiß es von demselben Herrn v. W., dessen Sie erwähnen, daß Rechberg bisher nur den Auszug in der „Allgemeinen" gelesen hat und an diesem gegen den eigentlichen Schluß die Volksvertretung sich entschieden erklärte. Morgen oder übermorgen wird das Patent über den „erweiterten Reichsrat und die von diesem auszuarbeitenden landständischen Verfassungen" erwartet, auch ein Dementi meiner Vorschläge. —

Ich freue mich herzlich auf unser Wiedersehen in Salzburg, und ich werde mich bestreben, Ihnen alle die Freundschaftsdienste zu vergelten, die Sie mir erweisen. Ich bin so kindisch, daß ich förmlich der Versuchung widerstehen muß, schon jetzt die Verabredung zu treffen, wann wir zusammenkommen und wohin wir dann reisen sollen, doch ich bescheide mich, daß der politische Horizont jetzt langatmige Pläne nicht gestattet. Es schaut jetzt trübe aus, sagte mir jemand neulich; ja, entgegnete ich ihm, ungefähr wie bei einem Londoner Nebel, wo ein Nachbar den anderen nicht erkennt.

(Wien, 6. Februar 1860.)"

Bald (Febr. 1861) hatte dennoch durch v. Schmerling der zentralistische Konstitutionalismus über die Ideen Goluchowskis gesiegt. Allein auch Schmerlings Werk der Verfassung vom 26. Februar 1861 konnte nicht standhalten. Es war die „Sistierung" der letzteren durch Belcredi (1865), dann der ungarische Ausgleich von 1867 gefolgt, welcher das zentralistische Österreich Schwarzenbergs in zwei Hälften zerbrach; da war es zu einer neuen, rein cisleithanischen Auflage des parlamentarischen Zentralismus im Bürgerministerium, genannt „Auersperg N. 1", dann „Hasner" mit der Verfassung vom 21. Dezember 1867 gekommen.

Erste Beschäftigung mit österr. Politik

Dieser „Decembrismus" stand noch in vollem Saft, als ich im Jahre 1869 „Österreich in Österreich" auch „verfassungspolitisch", seitab von allem Parteileben, aber in regem Gedankenaustausch mit sachkundigen Männern zu studieren begann.

Ich sage: zu studieren **begann**. Die innere Bedeutung und die treibenden Kräfte der gewaltigen Vorgänge der Belcredischen Sistierung und des ungarischen Ausgleiches kannte ich noch nicht. Die Tatsachen der Umwälzung selbst waren nur oberflächlich zu meiner Kenntnis gelangt, und die Erkenntnis davon, daß bei Königgrätz der Unitarismus es gewesen war, welcher die zweite große Staatsprobe eines abermaligen Entscheidungskrieges nicht bestanden hatte, war mir, als ich 1868 Österreicher wurde, noch nicht entfernt gekommen. Ich war selbst in Deutschland seit 1865 aus dem Parteileben ganz zum Lehrberuf und zur wissenschaftlichen Produktion zurückgekehrt gewesen und die sich überstürzenden Ereignisse in Deutschland von 1866 an bis zum Zollparlament hatten das Interesse, welches mir für Tagespolitik übrig geblieben war, vollständig verschlungen gehabt.

Jetzt erforderte mein Lehrberuf das verfassungspolitische Studium Österreichs in Österreich selbst. Die erste mächtige Erschütterung meines gläubig übernommenen Zentralismus bewirkte, wie ich v. Hock selbst vor dessen Tode aufrichtig gestand, die Wahrnehmung des ungeheuren Schwankens in der österreichischen Verfassungspolitik seit 1848. Da hatte ich folgende Musterkarte gefunden: „Am 25. April 1848 wurde die erste „Reichsverfassung" oktroiert und am 16. Mai desselben Jahres wieder zurückgenommen. Im darauf folgenden konstituierenden „Reichsrat" durch seinen Verfassungsausschuß eine zweite „Reichsverfassung"; der konstituierende Reichstag ward auseinandergejagt, ohne eine Konstitution zuwege gebracht zu haben. Am 4. März 1849 eine dritte oktroierte

„Reichsverfassung", die gar nie zur Ausführung gelangte, und am 30. Dezember wieder zurückgezogen wurde. Zugleich wurden „organische Grundsätze" herausgegeben, welche den Absolutismus für acht Jahre statuierten. Am 5. März 1860 wurde ein „verstärkter Reichsrat" einberufen, **der eine Schattenrepräsentation darstellte**. Am 20. Oktober desselben Jahres erfolgte endlich die Publikation des „**unwiderruflichen**" Oktoberdiploms mit einer teilweisen Wiederherstellung der ungarischen Verfassung, **der Idee eines Staatenhauses und der Andeutung von Gruppenlandtagen**, worauf kurz nachher einige „Landesstatute" herausgegeben wurden. Der 26. Februar 1861 brachte eine neue oktroierte „Reichsverfassung" und eine Reihe von neuen Länderstatuten. Das Manifest vom 20. September 1865 sistierte die Februarverfassung und **versprach eine neue Verfassung unter Mitwirkung der Länder**. Am 4. Februar 1867 wurde das September-Manifest zurückgenommen und eine neue „Konstituante" nach Wien einberufen. In demselben Jahre wurde die ungarische Verfassung neu geregelt, und schließlich erfolgte am 21. Dezember 1867 die Publikation der jüngsten Verfassung für die übrigen Länder Sr. Majestät sowie der Bestimmungen über die Behandlung der „gemeinsamen Angelegenheiten" unter Beibehaltung der Länderstatute vom 26. Februar 1861. Was war das für eine „neuösterreichische" Verfassungsgeschichte!"

Nun begann ich das gekünstelte Wesen des parlamentarischen Unitarismus seit 1861 und die gewaltigen Schwierigkeiten, an welchem er schon halb bankrott eben vor mir stand, ganz zu begreifen.

Jetzt zum erstenmal, aber immer heller, dämmerte mir auf, was mir später zur wissenschaftlichen Gewißheit erwuchs, daß auch Österreich mit der zweiten Hälfte des vorigen Jahrhunderts ein moderner Staat zu werden begonnen hatte. Es war zwar schon vorher ein Großstaat, aber gleich Preußen und dem Frankreich des ancien régime doch ein solcher nur als Konglomerat von früheren Territorien, von Ländern und Landstandseinheiten gewesen. Der Kaiser war zwar bis in das 18. Jahrhundert König, Herzog, Fürst, Graf der von ihm beherrschten Länder (Territorien-Kronländer), also in Einer Person vielmal ein Landesherr, aber er war noch nicht modernes Staatsoberhaupt gewesen. Das Territorienkonglomerat war noch nicht zur Willens- und Machteinheit eines großen Körpers, in welchem die Länder mit den „gemeinsamen Angelegenheiten" in der Neuzeit aufgehen mußten, innerlich verwachsen, also noch nicht moderner Staat, nicht modernes Reich, noch nicht Gebilde dessen geworden, was ich bei meinen späteren Studien als fünfte Stufe der Staatsentwickelung aus der vierten territorialistischen Stufe heraus bezeichnen zu sollen geglaubt habe. Das war aber seit Maria Theresia in Österreich wie gleichzeitig in den anderen mittel- und westeuropäischen Territorienreichen anders geworden. Der landständische Territorialismus war auch in Österreich längst gebeugt; von den Zentralämtern der am Kaiserlichen Hofe zusammenlaufenden Territorialverwaltungen war mit Erfolg das Streben nach Ausgestaltung einer reichsgemeinsamen Willens- und Machteinheit über den Ländern eines modernen Reiches oder Staates ausgegangen. In einigem, z. B. im Zollwesen erreichte Österreich für seine Westhälfte sogar früher als Frankreich die moderne Staatseinheit. Träger dieser zeitgemäßen — durch das Machtbedürfnis im internationalen Daseinskampf und durch die Verkehrsentwickelung gebieterisch auferlegten — Zusammenfassung in der Richtung auf den modernen Staat waren die Minister und Zentralkollegien des absolut regierenden Kaiserhofes, welcher nominell noch immer Königs-, Herzogs-, Fürsten-, Grafschafts-Kollektivhof der Wiener Burg war. Diese absolutistische Macht hatte ihr Werk vollendet, als sie nach den revolutionären Stürmen von 1848/49 nicht bloß alle Reste des landständischen Territorialregimentes, sondern im Geiste Schwarzenbergs und Stadions, dann in der widerwärtigsten Weise des Kübeckschen Bureaukratismus die Staatseinheit auf die Spitze trieb und Österreich fast im Sinne der französischen Revolution zu departementisieren unternahm.

Nun ist die moderne Staatseinheit nicht bloß als Unitarismus möglich, welcher über das Notwendige hinaus die Reichseinheit in allem herstellen will, indem er mit Unterdrückung der Länder- und der Kommunalfreiheit zentralisiert, sondern auch in der anderen Form, daß er sich auch im Staate auf die Augustinische „Einheit im Notwendigen" beschränkt. Der moderne Staat, das über die Territorienkomplexe hinausgewachsene moderne Reich kann sich in seiner Verfassung zwischen den zwei Grenzpunkten des „Zentralismus" und des „Föderalismus" bewegen, je nach seiner Natur mehr dem Perihelium oder mehr dem Aphelium zugeneigt.

Daß es für Österreich 1868 keine Möglichkeit mehr gab, hinter Maria Theresia zum altlandständischen Territorial-Aggregate zurückzukehren, oder das wieder herzustellen, was an Lebensunfähigem 1850—1860 glorreich, wenn auch hart beseitigt war — dies haben mir meine damaligen Studien, welche der Keimstock meiner umfassenden späteren Staatsstufenlehre werden sollten, vollständig klar gemacht. Die „Staatseinheit", für welche v. Hock geschwärmt hatte, d. h. die Rettung der modernen Staatsidee auch für Österreich, erschien mir auch jetzt noch als eine unantastbare Forderung. Dem fälschlich Feudalismus genannten altständischen Territorialismus blieb ich völlig fremd gegenüberstehen. Allein die politische Frage auf dem Boden des modernen Staates war die, wie weit der Kreis der reichsgemeinsamen Angelegenheiten zu ziehen und aus eigenem Rechte, weil Bedürfnis des Gesamtstaates, festzuhalten sein. Daß ein so mannigfaltiges Länder- und Völkerganzes, wie Österreich es war, auch im modernen Staate wenigstens für die Anfänge mehr dem föderalistischen als dem unitaristisch-zentralistischen Pole zuzustreben nicht umhin könne, darüber war ich im reinen. Und wirklich — eigentlich alle konstitutionellen Richtungen, welche seit dem Zusammenbruch des als Durchgangsphase notwendigen und wohltätigen Schwarzenberg-Bachschen Unitarismus i. J. 1859 seit 1860 hervorgetreten waren, leugneten nicht überhaupt den modernen Staat für Österreich; alle hatten innerhalb eigenberechtigter Willens- und Machteinheit aller Teile der Gesamtmonarchie, also innerhalb des modernen Staatsbedürfnisses zwischen „Zentralismus" und „Föderalismus" sich bewegt. Weder hatte Goluchowskis Diplom die seit Maria Theresia gewordene Reichseinheit aufgehoben, noch Schmerling die Länderautonomie wie mit dem Schwamme weggewischt; nur der Beustsche Ausgleich mit Ungarn von 1867 war für die naturgemäß reichsgemeinsamen Angelegenheiten über die Grenze eines modernen Föderalismus zwischen Ungarn und Cisleithanien mehr oder weniger hinausgeschritten, um innerhalb Ungarns einem Zentralismus zu huldigen, dessen stolzer Bau mir damals schon von jedem Windstoß des vordringenden allgemeinen Stimmrechtes, von der ersten orientalischen Konflagration bedroht erschien. Völlig unnatürlich aber erschien mir am konstitutionellen Zentralismus des 1867 eben herrschenden Bürgerministeriums die zentralisierende Kultus- und Unterrichtspolitik der Gesetze von 1869, eine Politik, welche heute noch für das deutsche Reich — für absehbare Zeit zu dessen Glück — eine Unmöglichkeit ist und welche dem ganzen politischen Fühlen widersprach, das ich aus dem dezentralisierten Kirchen-, Schul- und Wissenschaftsleben Deutschlands mitgebracht hatte.

Trotz der Siedehitze des Kampfes zwischen Zentralisten und Föderalisten vermochte ich weder wirkliche „Staatsfeindschaft" rechts noch französischen Zentralismus links zu erkennen, und die praktische Lösung des obersten Problems meiner damaligen verfassungspolitischen Studien erschien mir als eine über allen Zweifel erhabene Möglichkeit.

Hätte ich früher darüber Klarheit gehabt, so würde ich wahrscheinlich niemals durch Cotta und Gagern auf die Beschleunigung der Bundesreform, welche unter eben den Voraussetzungen des Schmerlingschen Verfassungszentralismus nur als die winzige Maus der Bundesreformakte des Fürstentages vom August 1863 hat geboren werden können, mit hingedrängt haben. Anzuklagen habe ich mich deshalb nicht. Ich hatte Österreich noch nicht in Österreich kennen gelernt.

Auch diese Maschinerie hatte nur kurze Zeit gearbeitet, und während dieser kurzen Zeit war aus dem neuen Verfassungsbau der nationale Hader aller gegen alle in lichten Flammen hervorgeloht. Die Ungarn kamen wieder nicht. Schmerling hatte nicht richtig gerechnet, wenn er gemeint hat: „Wir können warten!" Die Ereignisse haben nicht gewartet. Die Sistierung war ein neuer Bruch in die Rechtskontinuität gewesen, konnte sich aber mit dem Feigenblatt Schmerlings auf das Oktoberdiplom, welches formell nicht aufgehoben war und es heute noch nicht ist, leidlich decken.

Nach Abschluß des ungarischen Ausgleiches war für die Länder der ungarischen Krone das Verfassungsleben wieder herzustellen und die Februar-Konstitution in ihrem Geltungsgebiet auf die übrigen Kronländer beschränkt. Das letztere war abermals nicht in streng verfassungsmäßiger Form geschehen. Die Zuständigkeit der Landtage war bedeutend verengert, diejenige des engeren Reichstages bedeutend erweitert worden, ohne die verfassungsmäßig erforderliche Zustimmung der Landtage zur Kompetenzbeschränkung. Die Absicht war, jetzt wenigstens die große Mehrheit der Slaven in Cisleithanien zentralistisch und germanisierend zu beherrschen. Dabei wurde in Kirchen- und Schulsachen für eine konfessionell und national aufregende zentralistische Gesetzgebung von der erweiterten Zuständigkeit des engeren Reichsrates Gebrauch gemacht.

Diese neue Verfassungsmaschine war in der Hand des Ministeriums Fürst Carlos Auersperg, welchen Schmerling als „ersten Kavalier" präkonisierte, eben in vollen Gang gekommen, als ich im Herst 1868 an die Universität Wien berufen wurde.

Die Folgen des nun mehr „liberalen" als bureaukratischen Parlamentszentralismus unter dem von Beust ausgeheckten „Bürgerministerium" hatten bereits nicht auf sich warten lassen. Die Czecho-Böhmen hatten in einer Deklaration ihren Nichteintritt in den Reichsrat proklamiert. Die Polen waren eben im Begriffe, ebenfalls zu streiken, und die Vertretung des Kernes der reinen und ungemischten deutschösterreichischen Landbevölkerung in den Alpenländern und in Oberösterreich war entschlossen, dem Reichsrat Valet zu sagen, wenn kein Wandel geschafft würde. Einsichtige Mitglieder des Ministeriums Taaffe-Berger hatten in einem Memorandum an den Kaiser diese Lage für unhaltbar erklärt. Die Schaffung des „Notwahlgesetzes" d. h. des Gesetzes, welches die direkte Wahl der Reichsratsabgeordneten gestattet, wofern die Landtage die Wahl weigern, war — obwohl das Werk der „Verfassungstreuen" — formell ein neuer — der vierte Verfassungsbruch gewesen, da die vorgeschriebene Zustimmung der Landtage wieder nicht stattfand; verfassungspolitisch wäre vom modernen Reichsgedanken aus nichts dagegen einzuwenden gewesen.

Der Dezembrismus war — das konnte sich schon 1869 kein unbefangener Beobachter verbergen — unhaltbar geworden. Die Czechoböhmen verlangten, was die Ungarn erreicht hatten. Sie gingen auch mit dem folgenden Versöhnungsministerium Potocki nicht in die Laube. Drei Fünftel der Bevölkerung des kultiviertesten, produktivsten, die meisten Steuern zahlenden Kronlandes Böhmen verharrten in zähem, landtäglichem und reichsrätlichem Parlamentsstreik, negierten hinter der Verschanzung auf das altterritorialistische „böhmische Staatsrecht" den Wiener Zentralismus, obwohl tatsächlich der moderne Staat seit Maria Theresia unter den Händen der Wiener Bureaukratie starke Wurzeln längst getrieben und die alten Territorialgemeinwesen in zentralen Angelegenheiten ausgehöhlt hatte.

Man konnte und kann formell juristisch noch heute über das „böhmische Staatsrecht" — d. h. den fortdauernden An= spruch auf Fortgeltung des seit zwei Jahrhunderten abge= lebten Territorialismus für die drei Kronländer Böhmen, Mähren und Schlesien, — über die „vernewerte Landes= ordnung" u. s. w., sowie über die Verheißungen des Kaisers an die Böhmen im „Majestätsbrief" vom 8. April 1848 denken, wie man will, rechtlich war auch der Dezembrismus selbst unhaltbar, und sachlich war er die Macht einer national aufgeputzten, kapitalistisch bureaukratischen Minorität, welche politisch auf die Dauer nicht bestehen konnte. Das Kunststück, eine nationale Minorität der Bevölkerung zur Majorität zu machen, war nur dadurch fertig gebracht worden, daß man die Städte vor dem Lande, den so kleinen d. h. nicht fidei= kommissarischen, vielfach vom städtischen Mobilkapital auf= gekauften vor dem großen Grundbesitz bei Bildung der Wahlkreise bevorzugte, weiter in allen vier Wählerkurien einen relativ hohen Zensus einführte, welcher Kleinbürger und Arbeiter ausschloß, außerdem eine ungebührliche Zahl von Sitzen den wesentlich das mobile Kapital vertretenden Gewerbe= und Handelskammern, sonst keinem anderen Stande und keiner anderen Korporation, zuschied, endlich nur den Beamten und Doktoren das Wahlrecht persönlich verlieh. Es entfielen für Böhmen im Jahre 1870: ein Abgeordneten= sitz im Großgrundbesitz überhaupt (35 Wähler) auf 60218 fl. Steuersumme, im fideikommissarischen Großgrundbesitz auf 95633 fl., in den zwei anderen Großgrundbesitzklassen auf 37 056 und 20 735 fl., in den Städten auf 13 924 Einwohner und 80 601 fl. Steuer, in den Landgemeinden erst auf 38 319 Einwohner und 117 750 fl. Steuer, in der Großindustrie (186 Wähler) auf 87 428 fl. Es fehlte nur noch, daß man den Wahlrecht gebenden Besitz für die Partei aufkaufte, was auch bald darauf gekommen ist. Das alles deckten die Bureaukraten und die „liberalen" Großbesitzer mit der Flagge des Deutschtums! Dazu kam die Unterlassung der wirklichen Durchführung der grundrechtlichen Zusicherungen des vierten Dezembergrundgesetzes, Artikel 19, welcher die „Gleichberechtigung" allen Nationalitäten feierlichst zusagt.

Nachdem ich so in Österreich Österreich studiert hatte, konnte ich mir nicht verbergen, daß der Dezembrismus nicht bloß formell das Ergebnis verfassungswidriger Oktroierungen, sondern auch virtuell und staatsdynamisch unhaltbar und nicht einmal im Interesse des deutschen Österreich, geschweige Deutschlands gelegen sei. Wenn es — so bewegte es mich tiefstens — im Interesse Deutschlands liegt, daß Österreich erhalten bleibe und als natürlichster Bundesgenosse Deutschlands zum höchsten Maße von Kraft gelange, so liegt auch im deutschen Interesse jene Verfassung, welche dafür sorgt, daß alle Völker Österreichs gerne im Anziehungskreise der Habsburgischen Monarchie und mittelbar Deutschlands verbleiben, daß keine der Nationalitäten durch Vergewaltigung eine andere dem Panslavismus oder den Balkanstaaten oder den Italienern in die Arme treibe, daß vielmehr alle willige Stäbe eines und desselben mit Deutschland geeinten Machtbundes bleiben, daß keines — insbesondere das österreichische Polen — Losreißungspolitik treiben wolle und könne, daß endlich die deutschen Österreicher selbst aus dem Schatze deutscher Kultur und Verkehrsmacht heraus frei und tatsächlich die führende Stellung erarbeiten, statt diese auf staatsrechtliche Bevorzugung und historische Titel zu stützen und im vergeblichen Kampfe hierfür sich aufzureiben. Die Mission Österreichs — das war meine gründlich erwogene Überzeugung geworden — muß getragen werden: von den Deutschen, den Magyaren und den Rußland gegenüber sich unter Österreichs Schutz selbständig individualisierenden West- und Südslaven. Von allen dreien **zusammen**, d. h. unter Sicherstellung der nationalen **Gleichberechtigung** aller drei Bevölkerungsgruppen der österreichisch-ungarischen Monarchie.

Die von Hock übernommen gewesene Anschauung von Österreich war das nicht mehr, aber mit dem „föderalistischen" Standpunkt, welchen ich als „Großdeutscher" in Deutschland eingenommen hatte, befand sie sich in vollem Einklang, doch nicht als Ergebnis eines politischen „Prinzips" oder Philosophems, sondern auf Grund eindringenden Studiums der Tatsachen. Diese Überzeugungen hielten sich dennoch ganz auf der Höhe der modernen Staatsanschauung, ohne jegliche Neigung zum Rückgriff auf den längst auch für Österreich abgelehnten altständischen Territorialismus. Konstitutionelles Reichsrecht verlangte ich für Österreich ebenso, wie ich es über schwäbischen und anderen Territorialismus hinweg für Deutschland gefordert hatte.

„Österreichische Staatsgrundsätze."

Während meine sozialpolitischen Studien über „Kapitalismus und Sozialismus" und meine eindringenden Untersuchungen des österreichischen Verfassungsproblems seitwärts von den herrschenden Parteien, aber doch mitten im Leben vor sich gingen, war es mit dem bürgerministeriellen Zentralismus rasch abwärts gegangen. Das Ministerium Herbst-Giskra, genannt Carlos Auersperg, war einem Interimsministerium Hasner gewichen und dieses auch rasch abgenutzt. Niemand war zufrieden, am wenigsten die Czechen, welche trotz des besten Willens Beusts und trotz aller wenig zarten Regierungsmaßregeln — Dragonereinlegung, Massenkonfiskation der Zeitungen, Verweisung der Redakteure vor deutsche Schwurgerichte — nicht „an die Wand gedrückt" werden konnten. Es war ein „Ausgleichsministerium" Potocki gebildet worden; Graf Hohenwart war auf Beusts Veranlassung schon damals nach Wien zum Eintritt in das Ministerium berufen worden, hatte aber abgelehnt, weil er das Vergebliche der neuen Flickerei klar voraussah. Graf Alfred Potocki, in Österreich wie in Rußland reich begütert, durch seine gewinnende Persönlichkeit und seine Ehrenhaftigkeit der Liebling zweier Kaiser, war dennoch zu furchtsam, um der schwierigen Situation die Stirne zu bieten; er konnte, wie ich es selbst bei ihm sah, bei der Lektüre eines Artikels der „Neuen Freien Presse" verzagen. Auch Potocki erreichte den Wiedereintritt der Czechen

„Österreichische Staatsgrundsätze"

nicht; ihm fehlte ein klares Programm über Ziele und Mittel zum Ziele. So war es ein Zustand völliger Zerfahrenheit, in welchem sich die österreichische Verfassungspolitik im Frühjahr 1870 und beim Ausbruch des deutsch-französischen Krieges befand. Beust selbst war nun den „Verfassungstreuen", insbesondere dem Fürsten Carlos Auersperg, verhaßt und hatte bei allen anderen Parteien das Vertrauen verloren. Eben wollte Potocki einen Versuch damit machen, durch Aufnahme Grocholskis und Rechbauers die Polen und die deutschen „Autonomisten" der Steiermark an sich zu fesseln.

Unter diesen Umständen hatte das pathologische Interesse meiner verfassungspolitischen Studien täglich mehr Nahrung gewonnen.

In dieser Zeit war es, daß Graf Dürckheim mehr und mehr, zuletzt fast täglich, aber jedesmal mit voller Kenntnis der jeweiligen parlamentarischen Lage zu mir kam. Die Besuche wären mir vielleicht lästig geworden, wenn nicht Dürckheims Begeisterung für seinen Kaiserlichen Herrn, sein Wille, dem gemeinen Besten zu dienen, seine Ehrlichkeit, seine Bonhommie, sein Humor und die Liebenswürdigkeit seines ganzen Wesens auf mich, meine Frau und mein Kind bezwingend gewirkt hätten. Er war erstmals zu mir gekommen, mit der eigentümlichen Selbsteinführung, etwa wie folgt: „Ich bin Graf Dürckheim und komme zu Ihnen, weil ich Menschen suche. Gestern Abend habe ich Sie im volkswirtschaftlichen Verein gehört. Sie sind mein Mann und müssen mein Freund werden." Meine ursprüngliche Verblüffung war bald dem Zauber seiner Persönlichkeit gewichen. Im Winter 1869/70 waren wir aufrichtigste Freunde geworden, und die herzlichste Zuneigung hat bis zu seinem Tode geherrscht, vor dessen Eintritt er vom Gardasee nach Stuttgart gekommen ist, mich nochmals zu sehen.

Die Besprechungen bewegten sich hauptsächlich im Bereiche der Gegenstände meiner damaligen sozialpolitischen

„Österreichische Staatsgrundsätze"

und verfassungspolitischen Studien, immer mehr innerhalb des Kreises der letzteren; Dürckheim verlangte schon im Herbst 1869 zusammenhängende Darstellung meiner „österreichischen Staatsgrundsätze" — so nannte er die ihm mitgeteilte Quintessenz der Ergebnisse meiner Studien über österreichische Verfassungspolitik. Ich brachte es dazu selbst nicht. Da kam Dürckheim an einem Sonntag, 15. Februar 1870, in der Frühe zu mir, Papier und Stahlfedern mitbringend, und sagte: „Der schwäbische Steinbock" — so nannte er mich vertraulich wegen meiner beharrlichen Weigerung der Teilnahme am Parteileben — „muß mir heute seine ‚österreichischen Staatsgrundsätze' diktieren". Das geschah dann aus dem Stegreif und dauerte bis zum Abend mit einer kurzen Mittagspause, für welche er sich zuvor bei meiner Frau „schwäbische Spätzlen" ausgebeten hatte. Abends nahm er das Diktat für lange Zeit mit und gab es mir erst nach Monaten zurück.

Die „österreichischen Staatsgrundsätze" enthielten die Ergebnisse meiner damals gepflogenen österreichisch-verfassungspolitischen Studien so, wie ich sie in der beabsichtigten Vorlesung über Verfassungspolitik zu begründen gedacht. Dürckheim brachte sie, ohne daß ich eine Ahnung davon hatte, in die Hände des Kaisers. Wie weit dieser davon Kenntnis nahm, weiß ich nicht; daß er sie nicht unbeachtet gelassen, konnte ich jedoch alsbald wahrnehmen.

Im Ministerium Hohenwart.
5. Februar bis 30. Oktober 1871.
Entstehung des Ministeriums.
Beim Ausbruch des deutsch=französischen Krieges.

Ahnungslos über die Dinge, die bald kommen sollten, war ich mit meiner Familie im Juli 1870 nach Stuttgart in die Sommerferien abgereist. Unterwegs kamen wir auf dem Bahnhof in Augsburg die Extrablätter über die Vorgänge in Ems zur Kenntnis. Kaum war ich in Stuttgart, so war der frivole Krieg von Frankreich an Deutschland erklärt. Für das vorbehaltlose Zusammenstehen mit Preußen im Geiste der süddeutschen Allianzverträge hatte ich mich nicht bloß wiederholt und feierlichst ausgesprochen, solange ich noch in Deutschland war, sondern teilte auch die gewaltig auflohende patriotische Begeisterung meiner Landsleute. Alsbald aber bereitete mir die Parteirache einige unangenehme Tage, vielleicht die bittersten meines Lebens. Die im Jahre 1868 bei den Zollparlaments=Wahlen auf das Haupt geschlagene „Deutsche Partei" in Württemberg glühte in Haß und Rache gegen mich. Nun sollte ich als „Spion Beusts" (!!) nach Stuttgart gekommen sein. An sich war ja für mich diese Verleumdung lächerlich; denn Beust haßte mich, und ich wußte nicht bloß nichts von dem, was Beust mit Gramont gezettelt oder der Erzherzog auf seiner Pariser Reise zu Faden geschlagen haben mochte, allein ungeheuer peinlich war es, in der eigenen Heimat beim Kriegsausbruch als fremder Spion herumgetragen und bei der Regierung des Geburtslandes zur Verhaftung denunziert zu werden. Doch kam es zu keiner unliebsamen Maßregel gegen mich. Der damalige Minister des Innern Scheurlen hatte wohl meinen Freund Ehmann, mit welchem ich einige Tage in alter Intimität verkehrt hatte, zu sich kommen lassen, aber von diesem auch vollständige Aufklärung über die Niederträchtigkeit und den Ursprung der Verdächtigung empfangen. Dennoch begab ich mich mit meiner Familie nach Rorschach an das schweizerische Ufer des schwäbischen Meeres.

Nur kurze Zeit war ich in Rorschach, als mir Graf Dürckheim zweimal dringendst telegraphierte, ich möge alsbald nach Wien zurückkehren. Das Telegramm gelangte über Stuttgart an mich. Diesem Rufe folgte ich, während meine Familie nach Stuttgart zurückkehrte. In Wien teilte mir Dürckheim mit, daß eine neue Aktion des „Ausgleiches mit Böhmen" im Werke sei, und bat mich einer Konferenz beizuwohnen, bei welcher erscheinen würden: Graf Hohenwart, Statthalter von Oberösterreich, weiter Baron v. Helfert, früher Unterstaatssekretär im Unterrichtsministerium während der Bachschen Periode, der Direktor der Staatsdruckerei, Hofrat v. Beck, der mit mährischen und böhmischen Zuständen sehr vertraut und ein glühender Verehrer des Kaisers war, weiter Habietinek und er, Dürckheim, als „Überzähliger". Die Konferenz fand auch wirklich in der Wollzeile bei Habietinek statt. Grundlage der Beratung war eine Denkschrift, welche Helfert von einer politischen Sondierungsreise als Ergebnis von Beratungen mit den Führern der Deklarantenpartei aus Böhmen zurückgebracht hatte; ihr Text trägt breit den Stempel der damaligen Anschauungen und des Stiles des Führers der böhmischen Opposition Grafen Clam Martinic. Der Kaiser hatte von der Reise Helferts gewußt, und dieser muß den Böhmen nicht ganz unautorisiert mitgeteilt haben, daß Franz Joseph,

Entstehung des Ministeriums Hohenwart

welchem unter dem Eindruck der Ereignisse in Frankreich der alte Kummer über den staatsrechtlichen Unfrieden seiner Völker gewiß besonders heiß auf die Seele gebrannt haben wird, bereit war, den Böhmen einige ihrer dringendsten Forderungen zu bewilligen: ein ausgleichsfreundliches Ministerium, darin einen Landsmannminister für Böhmen und Mähren, die Krönung in Prag zum Abschluß der Ausgleichsaktion. Jede Teilnahme am Krieg für Frankreich war jedoch beseitigt. Die von Helfert mitgebrachte Denkschrift — der Wortlaut befindet sich bei meinen Papieren — war in versöhnlichem Tone abgefaßt. Doch waren die alten Forderungen zäh festgehalten. Hier traf ich zum erstenmal in politischer Aktion mit Graf Hohenwart zusammen, und wir einigten uns sofort. Wir stimmten völlig darin überein, daß wir alles Eindruckes bei den böhmischen Führern ermangeln müßten, weil wir eigentlich nichts hinter uns hatten. Die Anerkennung des „böhmischen Staatsrechtes" lehnten wir ab. Die wesentlich akademische Beratung, deren Protokoll bei meinen Papieren liegt, ergab auch gerade die Ablehnung derjenigen Forderungen, auf welche die böhmischen Führer, schon ihrer Parteigänger wegen, sich besonders versteifen mußten.

Zu der Helfert-Konferenz hatten weder Hohenwart, mit dem ich zuerst am 10. April zu Wien durch Dürckheim in des letzteren Quartier bekannt gemacht worden war, noch ich den Anstoß gegeben. Wir anerkannten aber voll den Ernst der europäischen Lage Österreichs und des Widerstandes der Böhmen, bei welchen selbst der niedere katholische Klerus schon so national geworden war, daß nicht einmal ein Massenabfall zur russisch-griechischen Kirche — ein Führer der Jungczechen war schon russisch-katholisch geworden — für äußerste Fälle ausgeschlossen war.

Die Führer der Böhmen, Heinrich Graf Clam Martinic und Dr. Rieger, welche zu einer Begegnung mit Habietinek und Helfert nach Pardubitz geladen wurden und hier auch

Verhandlung mit den Böhmen

erschienen, erhielten unser Konferenzprogramm vorgelegt, gingen aber auf das Sachliche im einzelnen nicht näher ein, sondern formulierten nochmals die böhmischen Postulate und die formell staatsrechtlichen Anliegen. Eine Reise Dürckheims zu Graf Clam auf des letzteren Schloß Smecna, wohin Dürck=heim den Ausgleich betreffend ein Memoire von mir mit=nahm, war erfolglos. Es wurde nichts erreicht, als daß die böhmischen Führer den modus procedendi betreffend den Hauptpunkt doppelter Solennisierung eines Ausgleiches so=wohl durch den von ihnen als rechtsbeständig nicht anerkannten Reichsrat als durch den „Landtag des Königreichs Böhmen" zugaben. Im übrigen war, wie wir vorausgesehen hatten, das Ergebnis der Konferenz gleich Null.

Erholungsreife nach Ober-Österreich.

Um mich mit Hohenwart noch in weiteren Verkehr zu bringen, hatte mich Graf Dürckheim nach dem Hochgebirgs-Jagdschlößchen Hinterstader am Fuße des höchsten Berges von Oberösterreich, des hohen Priel, geladen; das an Hochwild und Gemsen reiche Revier war von einer Gesellschaft oberösterreichischer Kavaliere gepachtet, zu welchen auch Dürckheim gehörte. Ende August — glaube ich — und Anfang September brachte ich daselbst zu. Auf dem Hinweg hielt ich in Kirchdorf an der Steyer, dem Hauptort der berühmten österreichischen Sensenindustrie, einen Vortrag — ich kannte den Industriezweig schon länger genau; den Rückweg nahm ich über Admont, durch das von der Enns durchbrauste Gesäuse von Hieflau, ging von da nach Vordernberg mit seinem großen Eisenbergbau, um über Leoben nach Wien zu neuer Arbeit zurückzukehren. Diese Erholungstour war für mich zugleich eine an großen neuen Natur- und Industrieanschauungen reiche Studienreise, welche bald darauf mein nachdrückliches amtliches Eintreten für den Bau der Eisenbahn von Hieflau nach Vordernberg zur Folge haben sollte.

Graf Hohenwart aber war verhindert worden, nach Hinterstader zu kommen. Wie nahe wir einander bereits standen, beweist aber durch Form und Inhalt der nachfolgende Brief vom 18. Oktober 1870, meines Erinnerns der erste, welchen ich von diesem Manne erhalten habe.

Hohenwarts erster Brief

„Verehrtester Freund! Vor einigen Tagen von Stodie zurückgekehrt, wo ich 10 Tage auf den schönen, lichten Höhen zubrachte, kann ich nicht umhin, Ihnen vor Allem mein aufrichtiges Bedauern auszusprechen, daß ich Sie nicht mehr dort getroffen habe und daher auf das Vergnügen eines ungestörten Gedanken-Austausches über so manche Fragen verzichten mußte, wozu namentlich die neueste Wendung der Dinge mehrseitigen Anlaß gebothen hätte. Ich sehe darin in der Hauptsache ein neuerdings verlorenes Jahr für die innere Consolidirung mit allen seinen Folgen für unsere Weltstellung. Ich glaube zwar, daß die Aufgabe einer neuen Regierung im nächsten Herbste in so weit eine leichtere sein wird, als der gedankenlose Liberalismus in der Zwischenzeit das vom Bürgerministerium begonnene Werk seiner Diskreditirung in der Bevölkerung zum glorreichen Ende geführt haben wird; ob aber Gott gewillt ist, das Rad der Weltgeschichte so lange stehen zu machen, das ist eine andere Frage, die dem Patrioten allerdings das Herz etwas schwer machen darf. — Sehr erfreut war ich, von dem kräftigen Impulse zu hören, welchen Sie den Sensengewerben in Kirchdorf gegeben haben, und hoffe bei der von Ihnen zugesicherten, weiteren Unterstützung die besten Früchte. Ich ermangle nicht, auch meinerseits in gleichem Sinne zu wirken, wenn ich gleich an dem zwar sehr ehrlichen und willigen, aber schwachen Bezirkshauptmann daselbst kein sehr passendes Organ habe. — Ich hoffe die Muße des Winters zu so manchen Detailarbeiten benützen zu können, und rechne darauf, daß Sie mir gestatten werden, hierüber mit Ihnen in Contakt zu bleiben und mir vorkommenden Falles Ihr Urtheil und Ihren Rath zu erbitten. Für heute empfehle ich mich Ihrer freundlichen Erinnerung, und bleibe mit ausgezeichneter Hochachtung

Ihr ergebener C. G. Hohenwart."

Beim Ministerpräsidenten Graf Potocki.

Im Oktober 1870 war Graf Dürckheim wieder zu längerem Aufenthalt nach Wien gekommen. Unterdessen betrieb er beim Grafen Potocki eine Kabinettbildung im Sinne der „österreichischen Staatsgrundsätze" und hatte eine Audienz bei dem Kaiser. Seine Besuche bei mir wurden noch häufiger und für meine akademische Arbeit sogar störend. Gegen seine Sondierungsversuche betreffend Eintritt in ein Versöhnungskabinett verhielt ich mich äußerst kühl und machte ihm aus den gegen meine Person sprechenden Gründen: Protestant, Reichsdeutscher, ausgesprochener Sozialreformer, bestgehaßter und bestverläumdeter Großdeutscher — kein Hehl. Ich dachte für mich auch lebhaft an das Martyrium jedes österreichischen Ministerpostens, wovon mir vor Jahren v. Hock geschrieben und von dessen Wahrheit ich mich während der zwei Jahre eigenen Schauens vollständig überzeugt hatte. v. Dürckheim bestand jedoch darauf, mich mit dem Grafen Alfred Potocki bekannt zu machen. Ich mochte es auch nicht ablehnen, dem Ministerpräsidenten auf Verlangen meine Auffassung der Lage vorzutragen. Es fanden dann mehrmalige Begegnungen mit Potocki statt. Die erste im Palais des Ministerpräsidiums in der Herrengasse zu Wien, die zweite als Erwiderung meines Besuches in meiner Wohnung. Potocki billigte nicht bloß meine Auffassung, sondern ersuchte mich um ferneren, durch seinen vertrauten Ministerial-

Abwartende Haltung

Präsidialsekretär Stransky geheim zu vermittelnden Verkehr. Am 20. Oktober ließ er mich durch diesen zu sich bitten. Ich mußte ihm nochmals die praktische Formulierung der „Staatsgrundsätze" entwickeln. Ich tat es, riet aber von einem verfrühten Systemwechsel ganz entschieden ab. Hohenwart machte ich hiervon sofort Mitteilung, und dieser trat meiner Zurückhaltung in einem Brief vom 24. Oktober 1870 vollständig bei. Dieser Brief lautete:

„Verehrtester Freund! Ihre beiden Schreiben sind mir richtig zugekommen. Daß Potocki keine weitere Mittheilung an Sie gelangen ließ, ist mir sehr recht. Wir können die gegenwärtige Situation unmöglich acceptiren, und müssen nothwendig die neue abwarten, welche der Reichsrath und die Delegationen im Innern, die Abmachungen im Hauptquartiere vor Paris im Aeußeren im Laufe der wenigen Wochen dieses Jahres schaffen werden. Mag sie eine günstigere, oder ungünstigere sein, jedenfalls wird sie einen auch dem großen Publikum erkennbaren Abschnitt bilden, von dem aus vielleicht das Betreten neuer Bahnen möglich sein wird, während bis hie das Neue nur als eine Fortsetzung des Alten gelten würde, und theilweise vielleicht auch sein müßte. Ich hoffe Dürckheim in den letzten Tagen d. M. zu sehen und werde ihm Ihre Nachrichten mittheilen, möchte ihn aber vorläufig nicht zu einer Wiener Reise ermuntern. Könnte nicht Habietinek in der Zwischenzeit den abgerissenen Faden im Norden wieder anzuknüpfen versuchen? Die Fühlung mit den Böhmen wäre von hohem Werthe.

Linz, 24./10. 1870.

Ihr aufrichtig ergebener
H."

Audienzen bei Kaiser Franz Josef am 24. und 29. Oktober 1870.

Indessen hatte Potocki dem Kaiser von seiner Unterredung mit mir Mitteilung gemacht. Schon am 24. Oktober wurde ich wieder zu Potocki gebeten und mir von diesem der Wunsch des Kaisers geäußert, mich zu empfangen. Potocki ersuchte mich, ihn sogleich in die Burg zu begleiten, wo er mich vorstellen werde.

Der Kaiser empfing mich, als ich allein vor ihm stand, mit verbindlichen Worten, für die Bemühungen dankend, wovon er durch Graf Dürckheim und Potocki unterrichtet sei. Er wünschte meine Ansichten über die Lage und die zu ergreifenden Maßregeln zu hören.

Franz Josef sah verstimmt und mißmutig aus, hörte aber mit Aufmerksamkeit und steigendem Interesse zu und gewährte mir eine von ihm nur durch wenig Zwischenäußerungen unterbrochene, das Wesentliche Punkt um Punkt berührende Audienz von beinahe anderthalb Stunden.

Ich bekannte mich vorab als überzeugten Anhänger der „notwendigen" Staatseinheit, namentlich im Militärwesen, in dem Verkehrswesen und in dem modernen Wirtschaftsrechte. Jede Reaktion auf den altständischen Staat, wie auf den bureaukratischen Absolutismus, erklärte ich für unmöglich. Alsdann sprach ich im Sinne der einleitenden Gedanken meiner „Staatsgrundsätze" für eine allerseits ehrliche Aus=

söhnung der Völker und der Bekenntnisse mittelst Einräumung voller Gleichberechtigung. Unverblümt legte ich das Verderbliche und Naturwidrige des die Bevölkerungsmehrheit bedrückenden und kontumazierenden Systems einer parlamentarischen Nationalitäts- und Klassen-Minoritätsherrschaft dar. Diese Minoritätsherrschaft sei tatsächlich Herrschaft des Großkapitals mit Unterstützung des doktrinären Liberalismus des Beamten-, Advokaten-, Literaten- und Professorentums. Dann bat ich, sogleich Punkt um Punkt auf die einzuschlagenden Wege eingehen und mit der Frage der Herstellung einer gerechteren Vertretung in den Landtagen und von diesen aus im Reichsrate beginnen zu dürfen. Der Kaiser befahl mir, das zu tun. Ich war dies nun wohl imstande jetzt, nachdem ich weitere acht Monate und zuletzt im Ausgleichsvorspiel, nach intimem Verkehr mit Hohenwart noch konkreter und weit umfassender über die ganze Lage mich aussprechen konnte, als es in den „Staatsgrundsätzen" geschehen war. Als zu erreichendes Ziel bezeichnete ich die Reinigung der in den Schmerlingschen Wahlordnungen liegenden Bevorzugung des liberalen, überwiegend jüdischen Großbesitzes, die Beseitigung der künstlichen Wahlkreisabgrenzung, die Ausdehnung des Wahlrechtes auf die überall kaisertreue Bevölkerung der Kleinmittelstände und der Arbeiterklassen. Die Landtagswahlordnungen nannte ich eine „große Verfassungslüge", welche die ganze Lage verschuldet. Wenn die Gewerbe- und Handelskammern bestehen bleiben sollen, müssen auch Landwirtschafts- und Handwerkerkammern gebildet, auch andere Stände korporativ in den Landtagen und von da aus im Abgeordnetenhaus zur Vertretung gebracht werden. Das Herrenhaus bilde als Kind des Zentralismus einen Hauptstein des Anstoßes für den Ausgleich bei Clam Martinic und Rieger, und ich gestände, daß mir ein Staatsrat, teils vom Kaiser berufen, teils gewählt von den Landtagen, — ein weiterer für den Gesamtstaat und ein engerer für den diesseitigen

Kronländerkomplex — weit größeren politischen Wert zu haben scheine, als das Herrenhaus. Ein solcher Staatsrat oder Senat hätte hauptsächlich den Beruf eines Staatsgerichtshofes, eines staatsrechtlichen Fürstengerichtes in großem Stil, namentlich aber einer Instanz, um die zwischen Reichsrat und Landtagen entstehenden Händel zu schlichten und der Gesamtverfassung als Hort der Gerechtigkeit und des Austrages zu dienen. Ich fügte aber auch bei, daß eine solche Gestaltung zwar als Aufgabe festgehalten und als Endziel Sr. M. auch den Böhmen signalisiert werden könne, daß ich es dennoch nicht für opportun halten würde, jetzt schon nach einem weiteren oder einem engeren Staatsrat zu haschen; der Widerstand wäre jetzt schwer zu überwinden. Nur eines werde, wenn man mit der gefälschten Volksvertretung und mit der in dieser verschanzten Macht der liberalen und kapitalistischen Minoritätsregierung sicher fertig werden wolle, alsbald geschehen müssen, eine bedeutende Ausdehnung des Wahlrechtes in allen vier Vertretungs-Kurien, namentlich aber in den Kurien der Städte und Landgemeinden.

Dabei nahm ich keinen Anstand, in dem Sinne, in welchem ich es im „Kapitalismus und Sozialismus" getan hatte, von den Erfahrungen, die ich persönlich mit dem allgemeinen Stimmrecht gemacht, lebhaft zu erzählen und meine Überzeugung auszusprechen, daß die Herbeiziehung aller erwachsenen Männer zum aktiven Wahlrecht auch vor den Grenzen Österreich und Ungarns nicht Halt machen und binnen der nächsten Generation nicht aufzuhalten sein werde, daß Österreich dabei nicht bloß nicht Schaden leiden, sondern durch Schaffung reichseinheitlicher sozialer Parteien den nationalzentrifugalen Tendenzen gegenüber eher Nutzen ziehen könne. Es gelang mir, glaube ich, kurz und prägnant in dieser Grundfrage zu sprechen; der Kaiser hörte wenigstens mit steigender Spannung zu, vermied jedoch jede besondere Entgegnung. Darauf kam die Unterhaltung auf die Schul- und

Sprachenfrage. Ich verhehlte dem Kaiser nicht, daß mir allgemeine Garantien, wie sie vom 4. Staatsgrundgesetz der Dezemberverfassung geschaffen seien, gerade für Österreich wünschenswert erschienen. Doch werde die böhmische Opposition nicht dafür zu haben sein, die Gesetzgebung über diese Materie dem Reichsrat zu überlassen. Es werde sich empfehlen, den Gegenstand in letzter Instanz einem cisleithanischen Staatsrat zu übertragen, wenn dies nicht erreichbar, die betreffenden Grundrechte als gleichartiges gemeinsames Gesetz der nicht böhmischen Länder festzuhalten, in jeder einzelnen Landesordnung unter dem Schutz Sr. Maj. des Landesherrn landesordnungsmäßig festzulegen. Es erscheine mir jedoch opportun, zunächst so wenig als möglich reichs- oder landesgesetzgeberisch vorzugehen; unaufschiebbar für den Ausgleich seien zunächst nur Nationalitätengesetze für Böhmen und Mähren. Dasselbe sei nur grundsätzlich allen anderen Kronländern vorzubehalten, wenn diese es verlangen. Das Nächste und Wirksamste werde sein, die bestehenden Schul-, Gerichts- und Kirchengesetze administrativ so zu handhaben, daß die konservative katholische Bevölkerung in ihrer jetzigen scharfen Opposition umgestimmt werde.

Hierzu machte der Kaiser einige beifällige Bemerkungen und betonte dann mit besonderem Nachdruck, daß an dem ungarischen Ausgleich von 1867 durch die den Böhmen zu machenden Konzessionen nicht gerüttelt werde. Ich erklärte, derselben Ansicht zu sein, da die Antastung des ungarischen Ausgleiches, um den böhmischen zu erreichen, ein sehr fragwürdiges Geschäft sein würde. Ich sei sogar der Meinung, daß man den Magnaten für die Länder der ungarischen Krone eine gewisse führende Stellung im Interesse der Gesamtmonarchie dauernd zuzugestehen haben werde, nur nicht die führende und tatsächlich herrschende Stellung für die Gesamtmonarchie.

Der Kaiser hieß mich meine Ansicht hierüber genauer

aussprechen. Dies tat ich in wenigen Sätzen, deren Sinn der folgende war: die Magyaren seien die einzige Nationalität des Kaiserstaates, welche nicht nach einem auswärtigen Nationalitäts- und am wenigsten auch gegen einen auswärtigen Konfessionsmittelpunkt gravitiere. Die Regierung und Verwaltung Ungarns von Wien aus sei unmöglich. Die Gefahr der Präponderanz Ungarns, welche der Ausgleich von 1867 geschaffen habe, sei zwar nicht zu leugnen, und Bedrückung der anderen Nationalitäten Ungarns stehe, zum Nachteil der militärischen Stärke Österreichs und unter Zwang gegen die Krone, als eine nahe Möglichkeit zu befürchten. Diese Gefahr könne aber nicht durch ein Rütteln am ungarischen Ausgleich, geschweige durch erneute Versuche administrativer Germanisierung der Länder der Stephanskrone bewältigt werden. Es sei zwar sehr zu beklagen, daß für die ewig reichsgemeinsamen Interessen des Artikels II des Oktoberdiploms im Ausgleich von 1867 die Einheit nicht bewahrt worden, daß man darin auf die Zehnjahrsbündnisse heruntergekommen und daß S. Majestät das privilegium odiosum (gehässige Vorrecht der Entscheidung in der alle zehn Jahre auftauchenden Quotenfrage) auferlegt worden sei. Vielleicht könne das mit der Zeit, wenn die Ungarn selbst deren Folgen erlebt haben werden, wenigstens in der Form wieder gut gemacht werden, daß die Bündnisse über die wesentlichen Gegenstände des Artikels II des Oktoberdiploms dauernd geschlossen und nur Änderungen daran stets neu verabredet werden müssen, wobei auch die Durchzählung der Stimmen beider Delegationen zu erstreben wäre. Allein, wenn das komme, könne es nicht gegen Ungarn geschehen, die Ungarn müßten freiwillig dabei sein. Gegen die unleugbaren Gefahren ungarischer Präponderanz gebe es keine Reaktion auf Altes, sondern lediglich Schaffung von neuen Gegengewichten. Das weitaus wirksamste Gegengewicht erschien mir — und damit müsse ich auf den Anfang zurückkommen — die Herstellung des Friedens zwischen

Begründung des „Ausgleichs"

sämtlichen Völkern der diesseitigen Reichshälfte, d. h. die volle, tatsächliche wie verfassungsmäßige Gleichberechtigung unter dem Schutz Sr. Majestät zugleich des Kaisers und des Fürsten aller Kronländer. Dieser Frieden beruhe aber auf dem Ausgleich zwischen den Deutschen und den Czechoböhmen. Die Böhmen selbst werden alsdann unter allen cisleithanischen Nationalitäten am wenigsten der politischen Anziehung von außen unterliegen und mit ihrem „Vater" Palacky wieder sagen und es tief empfinden, daß Österreich geschaffen werden müßte, wenn es nicht schon da wäre. Alsdann werden die Böhmen samt den Deutschen einen so festen Punkt diesseits wie die Magyaren jenseits der Leitha bilden. Durch baldige Ausstattung eines „Staatsrats" mit der Konfliktsentscheidung können dann bei einem böhmischen Ausgleich die bekannten Übelstände der ungarischen Präponderanz leicht und vollständig vermieden werden. Wenn in den deutschen und in den böhmischen Kronländern die Gerechtigkeit hergestellt sei, müßte von den Magyaren gegenüber den Siebenbürgen, den Slovaken, Kroaten, Serben und Rumänen die Unterdrückung, sowie von den Polen gegenüber den Ruthenen die Vergewaltigung aufgegeben werden, wenn sie nicht beide Gefahr laufen wollen, bei der ersten, ja doch unaufhaltsamen Einräumung an das allgemeine Stimmrecht das künstliche Kartenhaus ihrer Übermacht einstürzen zu sehen. Der Schwerpunkt der Gesamtmonarchie werde dann nicht auf Pest liegen, der Kaiser werde der Machtmittelpunkt innerhalb aller vier oder fünf Ländergruppen, Österreich nach innen und nach außen unerschütterlich stark sein, die Krone den orientalischen Beruf Österreichs ganz und voll erfüllen und dennoch keine Gefahr laufen, durch polnische und magyarische Abenteuer mit Deutschland oder mit Rußland oder mit beiden Nachbarmächten in blutige Konflikte gestürzt zu werden. Es hinge also alles — auch Ungarn, Rußland, Deutschland und Italien gegenüber — am Gelingen des Ausgleiches zwischen den Böhmen und den Deutschen. Ohne Rütteln am ungarischen Ausgleich lassen sich dessen unleugbare Gefahren dennoch neutralisieren.

Obwohl ich diese Ausführung der österreichischen Staatsdynamik mit besonderer Wärme vorgetragen hatte, sprach sich der Kaiser nicht positiv aus. Nachdem die Frage der Krönung und des böhmischen Hofkanzlers zustimmend, diejenige der erneuten Anerkennung des böhmischen „Staatsrechtes" ablehnend in Kürze besprochen waren und ich für die Hinausschiebung einer Kabinettsänderung bis nach Neujahr mich ausgesprochen hatte, verabschiedete mich der Kaiser mit Wohlwollen dankend.

Von der stattgehabten Audienz benachrichtigte ich den Grafen Hohenwart, mit dem Vorbehalt, das Nähere persönlich mitzuteilen, und erhielt darauf folgenden Brief aus Linz vom 26. Oktober:

„Verehrter Freund! Mit vielem Danke habe ich Ihre sehr interessanten Mittheilungen von gestern erhalten. Aus meinen Ihnen zwischenzeitig wohl zugekommenen Zeilen werden Sie ersehen haben, daß die Wendung, welche die bewußte Angelegenheit gegenwärtig genommen hat, meiner Ansicht ganz entspricht. Die Schlußverhandlung kann demnach nicht vor Neujahr Statt finden, und es wird sich bis hie durch die Thätigkeit in Wien und Pesth der Thatbestand in der Weise geklärt haben, daß auch der Jury der öffentlichen Meinung ein deutlicher Einblick in diesen verwickelten Prozeß gegeben werden kann, und sie durch ihr: „schuldig" die Einleitung des Prozesses als gerechtfertigt erkennen werde. Sehr gerne würde ich sogleich über einige Détails mündlich mit Ihnen verkehren, ich zweifle jedoch, daß mir dieß vor halben November möglich sein wird. Einstweilen wäre es mir sehr erwünscht zu wissen, ob Sie nicht Potocki und seinen mächtigen Freund [den Kaiser] gegen mich verstimmt gefunden haben, und bitte daher gelegentlich um eine kleine Aufklärung hierüber. An Graf Dürckheim habe ich die gewünschte Mittheilung gemacht. Ich hoffe ihn Samstag oder Sonntag zu sehen, und werde ihn zu bestimmen suchen, sich noch einige Zeit Ruhe zu gönnen. Habietinek erwidere ich seine Grüße bestens. Mit aufrichtiger Freundschaft

Ihr ergebenster
Ht."

Auf die lange Audienz vom 24. Oktober war mir keinerlei Mitteilung über die Wirkung meiner Ausführungen geworden, auch nicht durch Potocki. Hatte ich vielleicht zu frei oder zu akademisch gesprochen? Ich setzte inzwischen meine Vorlesungen fort. Erst fünf Tage später, am 29. Oktober, wurde ich durch einen beim Pedell erschienenen Kaiserlichen Adjutanten aus der Vorlesung zwischen zwei und drei Uhr nachmittags gerufen und ohne jeden Verzug im Kollegien=überrock zu Sr. Majestät beschieden. Der Kaiser sprach mir die Absicht aus, eine Regierung nach den am 24. Oktober von mir entwickelten Grundsätzen zu bilden, fragte, ob ich Hohenwart für energisch genug halte, in ein solches Kabinett zu treten, und nachdem ich dies entschiedenst bejaht, erhielt ich den Auftrag, mich mit Hohenwart zur Bildung des Kabinetts in Verbindung zu setzen. Vergebens, jedoch mit größter Offenheit machte ich den Kaiser auf die schweren Bedenken meiner persönlichen Beteiligung am Kabinett aufmerksam und betonte namentlich meine auswärtige Geburt, meine der preußischen Regierung widerwärtige großdeutsche Vergangen=heit in Deutschland, endlich meine dem Börsenkapital ver=haßten und pronunziert sozialpolitischen Schriften. Auch gab ich nochmals zu bedenken, ob es nicht opportun wäre, den Liberalismus in einem Potockischen Versuch mit den steierischen Autonomisten und mit den Polen „vollends abwirtschaften zu lassen", den völligen Systemwechsel aber bis auf weiteres zu vertagen. Auch die Mißliebigkeit meiner Person beim Grafen Beust erwähnte ich und machte darauf aufmerksam, daß die Kabinettsbildung, wenn sie nicht im Keime ersticken solle, ohne Vorwissen des Grafen Beust erfolgen müsse. Der Kaiser sprach aber das schöne, sein gutes Herz kennzeichnende Wort: „Ich kann nicht länger gegen meine Völker lügen!" und stimmte der Bewahrung des Geheimnisses zu. Nur der Ministerpräsident Potocki sollte davon erfahren und der Verkehr zwischen ihm (dem Kaiser) und uns beiden durch den Chef des K. Zivilkabinetts Freiherrn von Braun vermittelt werden. Diesem Kaiserlichen Entschluß mußte ich mich fügen, wenn ich an meinen „Staatsgrundsätzen" nicht zum Feigling werden wollte. Ich habe freilich mit stark pochendem Herzen den Auftrag angenommen.

Die Kabinettsbildung.

Auch von der zweiten Audienz benachrichtigte ich sofort den Grafen Hohenwart. Dieser antwortete schon unter dem 30. Oktober [1870] aus Linz wie folgt:

"Verehrtester Freund! In Beantwortung Ihres gestern Abend erhaltenen Briefes nur wenige Zeilen. Ich komme zuverläßig am 2. oder 3. November nach Wien und werde Sie noch am selben Tage aufsuchen, früher ist es mir glatterdings unmöglich, da ich vor meiner Abreise noch mehrere unerläßliche Geschäfte zu ordnen habe. Der Zeitraum von 2—3 Tagen dürfte auch von keiner Entscheidung sein. Morgen suche ich den Hagenberger [Graf Dürckheim auf Schloß Hagenberg] in seinem Neste auf, wohin er in mir nicht bekannter Weise, ohne daß ich ihn sah, [von Hinterstader] zurückgekehrt ist. Seine Verständigung über den Stand der Sache scheint mir unbedingt gebothen, ich muß ihm daher den morgigen Tag opfern. Also auf baldiges Wiedersehen.

Ihr ergebenster
H.

N. S. Unser Advokat Dr. P. [Graf Potocki] wird wohl den englischen*) Schäfer [Graf Clam], dessen wir bei Übername der Herrschaft bedürfen, einstweilen in Wien zurück halten?"

---

*) Clams Mutter war Engländerin.

Dürckheim, durch Hohenwart benachrichtigt, schrieb mir den folgenden Brief:

„Linz, den 31. Oktober 1870.
Hochverehrtester Herr Professor!

Ihre beiden endlich neuen Muth und auch Trost gewährenden Briefe, sowohl den rekommandirten nach Stober, als auch den, durch die Hand Herrn Coch's [Geschäftsagent Dürckheims in Wien] habe ich erhalten, und ich schulde Ihnen dafür meinen verbindlichsten Dank. Diesen abzustatten, gereicht mir zur um so größeren Freude, als der Inhalt in der That mehr als dankenswerth ist, besonders wenn ich ihn mit dem Schreiben von Graf Hohenwart vom Nachmittage desselben Tages in Verbindung bringe. Sehe ich mir die Männer an, welche, ohne mich zu überschätzen, es mir zur Genugthuung gereicht hat, unter einander und mit den maaßgebenden Persönlichkeiten in Berührung zu bringen, so wage ich es heute schon, zu sagen: der erste Theil meiner Aufgabe ist erfüllt, und beßer, als ich es zu hoffen, für möglich hielt. So viel dies auch ist, so viel erinnert es mich, daß ich, als ich an dem mir stets denkwürdigen Morgen dem Kaiser vorzustellen das Glück hatte, wessen das Reich, auch in persönlicher Hinsicht, bedürftig sei, Sr. Majestät ein zweites Versprechen gab. War die innere Consolidirung der Grundgedanke, die innere Politik der entscheidende Faktor, so blieb und bleibt die äußere Politik, bei der Natur des zu konsolidirenden Staates und seiner Bevölkerung, doch die Bedingung. Indem ich dies betonte, sagte ich dem Kaiser, daß, eben so nothwendig, wie die Freundschaft Deutschlands für Oesterreich sei, eben so sehr läge es in der Natur der Dinge, daß Deutschland auf Oesterreich sich fortan stützen müsse; allerdings erst sobald diese Stütze überhaupt als eine reale Kraft sich zu erkennen gebe, so real, daß die Besorgniß Vieler, Oesterreich käme auf diese Weise nur in das

Schlepptau Preußens oder Deutschlands, beseitigt würde. Daß diese Ansichten in den maaßgebenden Kreisen Preußens getheilt werden, glaubte ich bereits damals, dem Kaiser versichern zu können. Jetzt aber, da für den Grundgedanken die passende Form gefunden wurde und in der Konstruktion der Letzteren schon Fortschritte gemacht sind, halte ich es nicht allein für persönlich wünschenswerth, sondern zunächst auch für sach- und zeitgemäß, daß mir nunmehr die Gelegenheit geboten werde, für meine damalige Versicherung, den Beweis anzutreten und die nöthigen Garantien zu liefern. Demgemäß neuer Thätigkeit gewärtig und in der freudigen Erwartung, Sie bald zu sehen, ohne gesehen zu werden, verbleibe ich mit der Bitte dem Grafen Potocki meine unveränderlichen Gesinnungen der Verehrung auszusprechen, Ihrem Rathe zu Folge ruhig, weil an Ihrer starken Seite. Ihr aufrichtig ergebener

Friedr. Graf Dürckheim."

Inzwischen war Graf Hohenwart nach Wien gekommen. Wir besprachen das sachliche Programm und die Art des Vorgehens und vereinigten uns dahin, zunächst mit den böhmischen Führern selbst den Faden der Unterhandlung nicht früher aufzunehmen, als bis der Reichsrat das Budget für 1871/72 verwilligt haben würde. Am 8. November hatten wir — immer mit Vorwissen Potockis — gemeinsame Audienz beim Kaiser. Schon am 15. November legten wir die ersten Grundzüge unseres bei einer Zusammenkunft in St. Pölten verabredeten Programms dar, welches mit ganz geringen und nebensächlichen Abänderungen die Zustimmung des Kaisers erhielt. (Brouillon ist bei meinen Papieren.) Dieser studierte das Programm weiter in Pest, wovon das nachfolgende Billet Brauns Zeugnis ablegt:

„Ofen, den 24. November 1870.

Euer Hochwohlgeboren zwei Sendungen habe ich rechtzeitig erhalten und sofort an die Adresse geleitet.

Die St. Pöltener Zeitschrift [Ministerprogramm] wird (mit der außerordentlichen Beilage vom 21.) [mein Spezialprogramm] — wie ich weiß — eingehend studiert und mit Randbemerkungen versehen.

Das heute angelangte Flugblatt [meine nochmalige Vorstellung der Schwierigkeiten] von gestern erweist sich als ebenso interessantes als lehrreiches avis aux lecteurs.

„Nil mortalibus arduum"!
In hochachtungsvollster Ergebenheit
N."

Einige Umstände machte die Besetzung des Ministerpräsidiums, für welches wir Potocki zu belassen bereit waren; als der Kaiser selbst auch hierfür einen unverbrauchten Mann zu nehmen vorschlug, dachte Hohenwart an Mercandin und Mecsery, bis er sich endlich entschloß, neben dem Ministerium des Innern auch das Ministerpräsidium zu übernehmen. Ich selbst erklärte mich bereit, neben dem Handelsministerium interimistisch das Ackerbauministerium zu führen. Für das Justizministerium war Habietinek als Mann des Vertrauens bei Deutsch- und Czechoböhmen gegeben; als vielbeschäftigter Jurist in Prag war er mit der Justizverwaltung vollständig und praktisch vertraut geworden. Schwieriger war es für die anderen Ressorts die geeigneten Persönlichkeiten zu finden. Es waren homines novi erforderlich, die im bisherigen Parteiwesen noch nicht aufgerieben waren, und dabei mußten sie vollständig verschwiegen sein.

Am meisten Umstände ergab die Besetzung des Unterrichtsministeriums. Helfert war unmöglich, da er als gewesener Unterstaatssekretär der absoluten Zeit viele Feinde hatte, also kein „neuer Mann" war. Einen Deutschen hätten wir für dieses Ministerium am liebsten gehabt; allein die einen Persönlichkeiten, welche dazu gepaßt hätten, waren zentralistisch, die anderen, welche im Geist eines Versöhnungsministeriums gearbeitet hatten, waren klerikal. Endlich wurde der Freund Habietinets, der langjährige Sektionschef im Unterrichtsministerium, Dr. J. Jireźeď, ein erfahrener und gelehrter, der slavischen Sprachen vorzüglich mächtiger Verwaltungsmann gewählt. Für die Landesverteidigung brachte der Kaiser den Generalmajor Scholl in Vorschlag, einen äußerst anständigen Soldaten. Für Finanzen wünschte der Kaiser den Finanzminister des Kabinetts Potocki, Baron Holzgethan, beizubehalten. Nur ungern gab in dieser Wahl Hohenwart nach. Scholl und Holzgethan wurden vom Kaiser persönlich zur Annahme ihrer Posten kurz vor dem Amtsantritt des Ministeriums berufen.

Aus der Zeit der Kabinettsbildung besitze ich noch die Originale verschiedener Briefe des Grafen Hohenwart an mich, von welchen ich einige hier einfügen zu sollen glaube. Der erste dieser Briefe ist vom 24. November 1870 datiert und bezieht sich auf einen bei mir nicht mehr vorhandenen Brief, welcher durch ein von mir nach Pest gerichteten Memoire an den bei den Delegationen weilenden Kaiser veranlaßt war. Dieses Memoire, wovon ich eine Abschrift nicht mehr besitze, hatte ich Dürckheim lesen lassen, welcher davon, meinem Wunsche gemäß, an Hohenwart persönlich Mitteilung gemacht hatte. Mit Beziehung hierauf schrieb Hohenwart, unter oben bezeichnetem Datum, folgenden Brief:

„Linz, 24. Nov. 1870.
Verehrtester Freund!

Gestern war der Hinterwäldler [Dürckheim] bei mir voll des Entzückens über den herrlichen Brief an den Freund in Ungarn [Kaiser], den er mir als ein wahres Meisterwerk schildert. Ich bin erfreut, aber nicht im Mindesten überrascht darüber. Mir ist jedoch eine neue Besorgniß aufgestiegen. Ich fürchte, daß Franz [der Kaiser] Schwierigkeiten machen wird, den ihm angesonnenen Brief an P. [Vertrauensurkunde für das neue

Kabinett] zu schreiben, da er doch am Gewohnten hängt, und die Sache jedenfalls neu ist. Ich glaube jedoch, einen hohen Werth darauf legen zu müssen, daß eine solche Initiative gerade von Franz ausgehe, und wäre daher der Ansicht, daß im Falle er etwa Ihnen solche Bedenken mittheilen sollte, Sie ihm die absolute Nothwendigkeit vorstellen sollten, daß er mit dem Alten entschieden breche, wenn der Prozeß eine günstigere Wendung nehmen soll, und daß alle Betheiligten dieß von ihm verlangen. Ich glaube übrigens, daß für diesen Brief sein eigener Credit vollkommen ausreicht und er der Mitunterfertigung eines Garanten [Potocis] nicht bedarf.

Weiters muß ich noch Eines berühren. Erhält P. die Direktorsstelle [Präsidentenschaft], so ist das wohl und gut, allein er wird theils durch das nothwendige Nachsehen auf den galizischen Gütern, theils durch anderweitige Geschäfte häufig genöthigt sein, die Direktionsgeschäfte abzutreten, in welchem Falle der Rentmeister [Finanzminister Holzgethan] als ältester Beamter dieselben übernehmen müßte. Das liegt aber nicht im Interesse der Inhabung, da er ein ganz verläßlicher Rentmeister sein mag, aber von allen anderen Sachen nichts weiß. Ich bin deßhalb nach den Andeutungen, die Sie mir gaben, mit mir zu Rathe gegangen, und wäre bereit, diese Stellvertretung [Potocis] zu übernehmen, falls sie mir von der Inhabung [Kaiser] ausdrücklich übertragen würde. Ich glaube daher, daß letztere hierauf aufmerksam zu machen wäre und zwar durch den neuen Direktor [Potocki] selbst, den Sie vielleicht hiezu veranlassen könnten. Übrigens wäre letzterer noch speziell aufmerksam zu machen, daß ihm ein eigener Ökonom [Ackerbauminister] nicht beigegeben werden kann, wenigstens nicht jetzt, daß er daher mindestens im Anfange jedenfalls neben den Direktionsgeschäften auch die Ökonomie selbst zu leiten haben wird. Hagenberger

[Dürckheim] wird mich Samstag besuchen und will da seine Reiseprojekte [wegen Sondirung in Berlin] ausführlicher besprechen; allein da ist guter Rath theuer, und so sehr ich ihm wünschen würde, seinen Zweck zu erreichen, so zweifle ich doch sehr an der Möglichkeit.

Ihr aufrichtiger Freund
 St."

Was das von Hohenwart befürchtete Bedenken des Kaisers gegen ein schon unserer Ernennung mitzugebendes besonderes Vertrauensvotum betrifft, so bestand dieses nicht. Der Kaiser willigte gern ein, im Ernennungsschreiben an Hohenwart uns sein besonderes Vertrauen zuzusichern.

Ein weiterer Brief Hohenwarts vom 30. März 1870 äußerte schwere und später leider bewahrheitete Bedenken gegen Übernahme Holzgethans. Dieser persönlich brave, aber hölzerne und ideenlose Mann, in welchem wir als einem Mitglied des Kabinetts Potocki den bureaukratischen Zentralisten nicht vermuten konnten, als der er sich erweisen wollte, hatte sich soeben in der Delegation äußerst linkisch erwiesen. Darauf stützte sich das Bedenken Hohenwarts. Letzterer schrieb:

„Linz, 30. November 1870.
Verehrtester Freund!

Vielen Dank für Ihre mir letzthin gemachten Mittheilungen, die mir um so interessanter waren, als ich hier von der haute politique nichts Anderes erfahre, als das wenig Verläßliche, was die Zeitungen bringen. Ist letzteren zu glauben, so scheint Baron Holzgethan in den Delegationen eine sehr klägliche Rolle zu spielen und sich eben nicht als ein Financier zu bewähren, wie ihn unser armes Österreich benöthigen würde. Es scheine mir daher sehr bedauerlich, wenn er, wie man hier erzählt, auch im neuen Ministerium wieder Platz nehmen sollte. Sehr à propos kommt dem Kabinetswechsel gegenüber die nach den Zeitungen vom Präsidenten der Central-Seebehörde angesuchte Pensionirung. Wahrscheinlich wird man dieselbe hinausziehen, um auf diesem Posten eine gefallene Größe [Depretis, stellvertretender Chef für Handel unter Potocki] unterzubringen.

Mit herzlichem Gruß
Ihr Ht."

Weitere Briefe Hohenwarts lauten:

„Verehrter Freund!

Vielen Dank für Ihre Mittheilungen vom 4. d. M. Über die kleinen Änderungen an dem Programmentwurfe bin ich vollkommen beruhigt, nachdem Sie dieselben als irrelevant bezeichnen. Minder angenehm ist mir die Mittheilung über den Ministerpräsidenten [Potocki]. Ich stimme Ihnen vollkommen bei, daß die Entschiedenheit, welche der Kaiser hierdurch zeigt, ein sehr erfreuliches Symptom ist und füge mich ohne weitere Widerrede den von Ihnen angedeuteten Consequenzen [eigener Übernahme der Präsidentschaft]; allein dennoch hätte ich den Mann gern behalten, da er vielseitigen Credit genießt, und sein Austritt aus dem Geschäfte, vielleicht die wohl zu beachtenden Geschäftsfreunde in seinem Vaterlande gegen die neue Firma mißtrauisch stimmen könnte. Wäre es noch möglich, ihm wenigstens die Leitung der Feldwirtschaft [Ackerbauministerium] zu übertragen, so würde ich es um so mehr als einen Gewinn ansehen, als ich vergeblich bemüht war, und dies ist auch der Grund meiner verspäteten Antwort, ein anderes taugliches Individuum für die Ökonomie zu finden.

Linz, 9. Dezember 1870.

Mit aufrichtiger Freundschaft
Ihr H."

Bezüglich der Taktik für den böhmischen Ausgleich schrieb Hohenwart:

„Linz, 28. Januar 1871.
Lieber Freund!

Was die böhmischen Führer anbelangt, so stimme ich mit Ihnen überein, daß mit ihrer Bestellung besser zugewartet würde. Ich sehe nicht ein, was damit verdorben werden könnte, wohl aber unterliegt es keinem Zweifel, daß mit dem Momente der Bestellung die Agitationen beginnen werden, und es besser ist, wenn die neue Verwaltung auf dieselben Einfluß nehmen kann. Ist der Erfolg ein günstiger, so wird er ihr zugute kommen, ist er ein ungünstiger, ihr noch nicht zur Last gelegt werden.

Hohenwart."

Das Geheimnis der Kabinettsbildung wurde durch mehr als drei Monate so vollständig gewahrt, daß alle Welt überrascht wurde, als das neue Ministerium in der „Wiener Zeitung" bekannt gegeben wurde. Der Kaiser, der früher auch aus Besorgnis vor der Unmöglichkeit einer längeren Geheimhaltung die Kabinettsbildung schon im Herbst 1870 hatte haben wollen, bezeugte dem Grafen Hohenwart und mir sein besonderes Vertrauen wegen der vollen Bewahrung der Diskretion. Doch war schließlich auch am Hofe eine gewisse Schwüle eingetreten. Staatsrat von Braun schrieb mir in beiliegendem Originalbrief aus Pest: „Bei uns ist es nicht ganz so ruhig wie in Ihrer Häuslichkeit. Tiefgehende Verstimmungen machen sich mehr und mehr fühlbar, dazwischen mehrseitig und täglich guter Rath. Erquicklich sind derlei Situationen nicht — hoffentlich auch da: „tout pour le mieux."

Am 5. Februar 1871 erfolgte unsere Ernennung in der üblichen Form Kaiserlicher Handschreiben. Die besondere Vertrauenskundgebung des Monarchen lag in einem besonderen Handschreiben an den Grafen Hohenwart, von letzterem entworfen, welches lautete: "Lieber Graf Hohenwart! Indem Ich Mein gesammtes Ministerium für die im Reichsrathe vertretenen Königreiche und Länder über seine Bitte von seinen Functionen enthebe, ernenne Ich Sie zu Meinem Minister des Innern und beauftrage Sie, Mir zur Neubildung des Ministeriums für die genannten Königreiche und Länder die weiters erforderlichen Anträge zu erstatten. Auf dem Boden der von mir gegebenen Verfassung stehend, kann mich die Erfolglosigkeit der bisherigen Bemühungen, alle Meine treuen Völker dieser Reichshälfte zu gemeinsamer verfassungsmäßiger Thätigkeit zu vereinigen, nicht wankend machen in der Überzeugung, daß es **einem über den Parteien stehenden Ministerium** gelingen wird, im Wege sorgfältiger Beachtung der verschiedenen Interessen diese Aufgabe zur festen Begründung der Macht und Wohlfahrt des Reiches ihrer ersehnten Lösung zuzuführen. Ich gewärtige daher, daß Sie Ihren Anträgen diese Meine Überzeugung zu Grunde legen werden.

Ofen, am 4. Februar 1871.

Franz Joseph m. p.

Alfred Graf Potocki. m. p."

Angefügt war die Ernennung Hohenwarts zum Geheimen Rathe.

Ein Artikel in der "Wiener Ztg." vom selben Tage gab das Programm der Regierung als eines über den Parteien stehenden, den nationalen und politischen Sonderbestrebungen fremden, "wahrhaft österreichischen" Kabinettes, welches die Versöhnung auf streng verfassungsmäßige Weise zu gewinnen entschlossen sei.

Die Parteien beim Amtsantritt des Ministeriums Hohenwart.

Die Opposition, welche alsbald dem Ministerium innerhalb des Reichsrates entgegentrat, ist heute, nachdem sie sich in weiteren zwanzig Jahren seit 1871 aufgerieben hat und in den Reichsratwahlen von 1897 fast zerschmettert worden ist, nicht mehr zu verstehen, wenn man dem Leser ihr Bild nicht wiederherstellt.

Die damals herrschende Partei gebärdete sich als „die" Verfassungspartei. Und sie hatte wenigstens das eine Gute, jeder Rückkehr zum Absolutismus, welche freilich seit dem Ausgleich mit Ungarn erschwert war, ein kaum zu übersteigendes Hindernis zu sein. Keine Partei hatte, wie bereits nachgewiesen ist, formell mehr Verfassungsbrüche begangen und für sich geschehen lassen, als diese „Verfassungspartei", welche in dieser Hinsicht ihren Namen trug, wie lucus a non lucendo. Es lag der Partei — bewußt und unbewußt — nun an einer solchen Verfassung, welche die künstliche Herrschaft des Kapitals und des dem Mobilkapital nächststehenden Teiles des Großgrundbesitzes in allen Industrialländern Cisleithaniens zustande brachte. „Die Staatseinheit" d. h. die politische Zentralisation lag wohl vielen hochachtbaren Bureaukraten und doktrinären Anhängern der theresianisch-josefinischen Tradition zumeist am Herzen. Dem Gros der Partei war die Zentralisation nicht Endzweck, sondern Mittel zur Herrschaft. Da war wieder einmal die Erscheinung jener eigenst kapitalistischen Richtung, welche Roscher klassisch gekennzeichnet hat, wenn er bemerkt: „Von der Geldoligarchie wird die Uniformität und Zentralisierung des Staats aufs höchste getrieben; statt der Menschen gelten bloß die Kapitalisten; das ganze Leben soll vom Staate abhängig sein, damit dessen Herren, die großen Geldmänner, es ganz beherrschen können; das Wegfallen jeder unkommerzialen Rücksicht macht dem Kapital freie Bahn. Die Spekulanten wollen alles gewinnen." Das Wegfallen aller Schranken des Gewinnes war der „Freisinn" und der „Liberalismus" auch dieser Partei. Die Zentralisten aus Überzeugung, welche 1856—1860 mit der Metternichschen Hinterlassenschaft aufgeräumt hatten und auf das Werk Felix Schwarzenbergs stolz gewesen, waren der Partei desto mehr verhaßt, je bedeutender und unbestechlicher sie waren, je mehr sie Werkzeuge des Staates bleiben, nicht Diener des Geldmännerstandes werden wollten. Dieses Los hatte ja auch die v. Hock und v. Czoernig, die Minister Bach und Leo Thun selbst u. a. vom ersten Tage des konstitutionellen Zentralismus an betroffen. Alle Großbesitzschichten dagegen — mit Ausnahme der zentralisationsfeindlichen Altfeudalen — waren der Partei willkommen, nicht bloß der sogenannte „kleine" (nicht fideikommissarische) Grundbesitz, sondern die Äbte gewisser noch reicher Benediktinerklöster, welche von der steigenden Grundrente Wiens profitierten und ihrerseits zu den Liberalen hielten, um Säkularisierungen zu entgehen.

Da das Großkapital sowohl in Böhmen und Mähren als in den Erzherzogtümern in deutschen Händen sich befand und, soweit es nicht deutsch war, unter dem guten und warmen Deckmantel des Deutschtums das Geschäft am vorteilhaftesten betreiben konnte, so trat die Kapitalistenpartei nicht bloß als „Staatspartei" und nicht bloß als Generalpächterin des Liberalismus auf, sondern gebärdete sich auch als den einzigen Hort des Deutschtums und schmückte sich eben damals mit den blutigen Lorbeeren des „deutschen Onkels", wie ein Czeche ihr bissig sagte. Tatsächlich wurde die Partei mehr und mehr zugleich eine durch Bank, Börse, Aktiengesellschaften und Zeitungen mächtige Geldpartei. Einzelne hervorragende Juden, die ihr entgegentraten — das Judentum kann nach seinem ganzen Wesen und Instinkte nur zur Geldmännerpartei gehören — waren Föderalisten, z. B. Fischhof. Das änderte aber nicht das geringste an der Tatsache, daß die Selbstidentifikation der Verfassungspartei mit dem deutschen Volke Österreichs eine ungeheure Täuschung, besten Falles bei den anständigen Elementen eine Selbsttäuschung war.

Schon im damaligen cisleithanischen Staatsleben kreuzte sich der Nationalitätengegensatz auf das mannigfaltigste mit den Konfessions-, Standes-, Klassen- und Rassengegensätzen. Die massigsten Schichten der Bevölkerung in den deutschen Kronländern waren entweder entschieden auf Seite der „Föderalisten", so fast der ganze Bauernstand, oder sie waren in beide Lager verteilt, z. B. die gewerblichen Kleinbürger, oder sie verhielten sich apathisch, oder sie reagierten gegen die „Verfassung", weil diese dem Geldbürgertum und dem Großgrundbesitz ein Übergewicht gewähre. Kurz, im Lager der sogenannten Verfassungstreuen befanden sich weder bloß Deutschösterreicher noch die Deutschösterreicher. Es stand die Volksmehrheit von Oberösterreich, ein sehr großer Teil der Bevölkerung von Steyermark und Salzburgs, selbst ein Teil der deutschen Bevölkerung von Böhmen und Niederösterreich, fast ganz Nordtirol und Voralberg der Verfassungspartei in schroffer Opposition gegenüber.

Die angeblich allein deutsche Verfassungspartei brauchte, wenn sie es wirklich war, ihren nationalen Charakter nur auf die Probierwage des ausgedehnten oder des allgemeinen Stimmrechtes zu legen. Sie hat dem durchaus widerstrebt und die Bildung einer wirklich deutsch-nationalen Partei lange stigmatisiert, bis endlich doch die Probe kam und gegen sie ausfiel. In den 1897 erstmals wählenden 72 Wahlkreisen des allgemeinen Stimmrechtes hat die „Verfassungspartei" oder „Staatspartei" oder „deutsch-liberale" Partei höchstens drei Sitze errungen und ihre Führer bei der Gesamtvolkswahl fast alle auf der Wahlstatt liegen lassen müssen, sofern sie nicht schon durch Wahlflucht nach 36 Jahren fast ununterbrochener Herrschaft sich selbst in die Versenkung gestürzt hatten.

Im Jahre 1871 war die Gesamtpartei, obwohl sie über den Zenith ihres Ansehens schon weit hinüber war, noch eine gewaltige Macht gewesen. Das Sammelsurium von Gegnern der Verfassungspartei im Reichsrat hatte keinen festen Zusammenhang und war keine Parteikoalition, auf die sich eine Regierung ruhig hätte stützen können. Graf Hohenwart war sich klar bewußt, eine parlamentarische Mehrheit sich erst schaffen zu müssen.

Man hat bald das Ministerium Hohenwart das „Ministerium der reinen Hände" genannt und die „Verfassungspartei" als die Partei der Korruption dargestellt. Die Wahrheit fordert, die letztere Behauptung wesentlich einzuschränken. Zwar muß jede geldoligarchische Partei mehr oder weniger der Korruption verfallen. Allein das bewegliche Kapital ist es nicht allein, was eine Partei der Staatsausbeuter züchtet; der Großgrundbesitz, die angesessene Großindustrie, die Feudalen von ehedem und die Agrarier von heute heben auch den Satz nicht auf, welchen Shakespeare seinem Timon in den Mund gelegt hat: „Unglaublich ist's, was jeder Stand mit Ehren stiehlt." In der Tat, eine Reihe nicht bloß bedeutender, sondern auch korruptionsfreier Männer ließen sich aus den verschiedenen Schichten der damaligen Verfassungspartei namhaft machen, namentlich aus den zwei Schichten des liberalen Großgrundbesitzes und der Handels- und Gewerbekammern.

Es war zwar nicht unsere Erwartung, aber es ist unser

Stellung zur Opposition

angelegentlicher Wunsch gewesen, nicht gegen die Verfassungspartei, sondern mit dem Kern derselben unsere Aufgabe zu lösen. Wir waren uns vollständig bewußt darüber, daß es zum Wohle Österreichs nicht bloß eine Partei der Klerikalen, sondern auch der liberalen Deutschösterreicher geben müsse und daß der Großbesitz als eine allen Nationalitäten angehörige bloße Besitzschicht auch ein spezifischer Beruf für den Zusammenhalt Österreichs gegenüber den zentrifugalen Bestrebungen besitze. In den Unterhaltungen zwischen Hohenwart und mir war diese Auffassung zu voller Geltung gelangt, und eben deshalb hatten wir alles vermieden, rasch und einseitig zu den streikenden Böhmen zu gehen. Wir erwogen auch kühl den Rückhalt, welchen die Verfassungspartei an den Ungarn und in Berlin hatte, und rechneten damit, daß sie, wenn nicht aus sich selbst, doch von Ungarn her, gegen uns siegen könnte, wie sie dann auch nur von daher gegen uns gesiegt hat. Darum eben war dem Kaiser von uns das weitere „Abwirtschaftenlassen" so bringend empfohlen worden. Wir hatten Grund dazu; fast ganz Wien war damals kapitalistisch liberal, wie es heute stark antisemitisch, d. h. antikapitalistisch ist. Wären parlamentarische Sozialdemokraten, Antisemiten, Christlichsoziale, „Deutschvölkliche" u. s. w. schon dagewesen, so würde die Pflicht für einen Kaiser, der „nicht länger gegen seine Völker lügen wollte", gewaltig erleichtert gewesen sein.

So gingen wir dem Kampfe entgegen, mit der Absicht, wo immer möglich, mit dem nicht korrupten Teil der Verfassungspartei, nötigenfalls auch gegen letztere und trotz ungarischer und auswärtiger Einflüsse, die Beust aufrufen werde, eine große Sache unter dem Drange einer ernsten europäischen Lage des Reiches durchzuführen.

Amtserfahrungen im Ministerium Hohenwart.
Die ersten vierzehn Tage des Ministeriums Hohenwart.

Eine freundliche Aufnahme durften wir bei den soeben geschilderten Mehrheitparteien nicht erwarten und hatten wir nicht erwartet. Allein das „Indianergeheul", welches nun losbrach, bevor wir irgend etwas Positives getan oder vorgeschlagen hatten, überschritt doch weit auch das, was wir in Rechnung genommen hatten. Obwohl der Führer der Gegenpartei Dr. Herbst kaum erst im böhmischen Landtag am 7. April 1870, kurz nach der Entlassung des Ministeriums Hasner in einem Adressenbrief dem Satze zugestimmt hatte, daß das Ziel der Verfassungspartei „das brüderliche Zusammenwirken gleichberechtigter österreichischer Völker, nicht aber die Hegemonie eines Volksstammes" sei, waren wir, weil wir dieses Ziel in größtem Ernste aufgestellt hatten, „verfassungsfeindlich", ja, verfassungsverbrecherisch, bevor wir irgend etwas vorgeschlagen hatten. Wohl die der herrschenden Plutokratie unausstehliche Erklärung, daß wir das Wahlrecht ausdehnen wollen, war das rote Tuch, welches wütende Stiere machte, und noch größer war die Schuld, daß unser Erscheinen viele persönliche Ministerhoffnungen durchkreuzt hatte.

Einen Augenblick war ich darob bemitleidet, daß ich von einem Ministermacher mich habe auf der Straße auflesen lassen. Nach wenigen Tagen schon konzentrierte sich der Haß in besonderem Grade auf meine Person. Der „Kapitalismus und Sozialismus" ward in allen Richtungen gegen mich ausgebeutet, namentlich dasjenige darin, was ich für das allgemeine Stimmrecht gesagt hatte. Das Buch machte jetzt großen Eindruck; Admiral Tegethoffs letzte Lektüre soll „das Werk des neuen Handelsministers" gewesen sein. In illustrierten Blättern wurde ich immer mehr die Zielscheibe galligen Witzes. Mit Vergnügen erinnere ich mich der Karikatur im „Floh", welche mich im langen schwäbischen Bauernrock die Kapitalisten mit der Keule totschlagen ließ, während an den Rändern Kindlein in Engelsgestalt meine angeblich malthusianische Bevölkerungslehre mit den Worten verhöhnten: „Und wir kommen doch!" Die tägliche Verunglimpfung hat mir jedoch keine Minute Schlaf oder Arbeitszeit gekostet. Ich hatte zu viel Erfahrung über den Unwert wie den Wert der Presse gemacht, um nicht längst hartschlägig gegen diese Sorte von Sykophanten zu sein. Die großen Rückstände, welche ich auf den beiden Tischen des Handelsministeriums vorfand, waren in täglich 12- bis 14 stündiger Arbeit vor dem Zusammentritt des Reichsrates zu erledigen und sind auch erledigt worden. Arbeit ist immer der größte Segen, ganz besonders aber in den Zeiten gemeiner Verunglimpfung.

Unter den politischen Amnestierten hatten sich auch einige Sozialdemokraten befunden, darunter der berüchtigte Most, welchen später die Sozialdemokratie selbst von ihren Rockschößen geschüttelt hat. Flugs wurde ich als Kommunist herumgetragen. Die Sozialdemokraten waren freilich auch so taktlos gewesen, mir durch eine Deputation für die Amnestie danken zu lassen. Ich hatte jedoch diesen Dank rund abgelehnt und sie an den Kaiser als den einzigen Spender der Gnade gewiesen, allerdings ohne Erfolg. Nun war es wohl richtig, daß ich die Amnestie beantragt und durchgesetzt hatte, obwohl der Kaiser eine üble Rückwirkung bezüglich der militärischen Disziplin fürchtete. Aber nicht um Most und seine Gesellen freizulassen — an sie hatte ich wirklich keinen Augenblick gedacht — war die Amnestie erstrebt und gewährt worden, sondern um den vielen Personen, welche unter dem gestürzten System in politischen Tendenzprozessen zusammen zu dutzenden von Jahren Freiheitsstrafe verurteilt worden waren, die Nachwehen der vorhergegangenen Parteiregierung zu ersparen und die versöhnliche Gesinnung der neuen Regierung sofort durch die Tat zu bewähren. Der Erfolg in letzterer Hinsicht bei den unterdrückt gewesenen Parteien war denn auch alsbald ein vollständiger. Mit den Sozialdemokraten gleichwie mit den bürgerlichen Demokraten weder in Wien noch in Stuttgart, weder vorher noch nachher, habe ich irgend welchen Parteizusammenhang gehabt, bei denselben aber viele unbegründete Hoffnungen zerstört.

Wer war die Seele der Umtriebe gegen uns? Es wurde uns sogleich in die Ohren geblasen, daß Beust durch seinen mit der ganzen Presse innigst verbundenen Sektionschef Baron Hoffmann es hauptsächlich sei, der die Meute gegen uns losließ. Wir achteten nicht darauf und wirkten auch nicht durch Beschwerde beim Kaiser entgegen. Sechs Monate später war Beust allerdings die Seele der Agitation gegen uns, und damals hatten wir Beweise. Beust soll wie niedergeschmettert gewesen sein, als ihm unser Ministerium erst am 5. Februar vom Kaiser als vollendete Tatsache notifiziert worden war. Ich machte ihm schon in den ersten Tagen meinen amtlichen Besuch. Im Vorzimmer wartete der Schriftsteller Frese, durch welchen Beust für sich das „Österreichische Journal" aus dem Fonds des auswärtigen Ministeriums hatte gründen lassen. Frese, welcher früher Angehöriger der preußischen Fortschrittspartei gewesen, hatte, bevor er nach Wien kam, die „Demokratische Korrespondenz" in Stuttgart geschrieben, wodurch ich mit ihm in ganz flüchtige Berührung gekommen war. Jetzt stürzte er im Vorzimmer Beusts auf mich zu und sagte, Graf Beust sei zerschmettert, namentlich wegen meiner Berufung ins Ministerium. Am ersten Tage habe es im Palais am Ballplatz ausgesehen, wie im Hause des Gehenkten. Meine Selbstvorstellung bei Beust dauerte nur wenige Minuten, und der Affäre, wegen derer er mich durch M. von Gagern hatte bedrohen lassen, wurde von ihm so wenig wie von mir gedacht. Wenige Tage darauf setzte Beust den ersten Hebel gegen mich doch gerade am „Österreichischen Ökonomisten" ein.

Nach einem so eklatanten Mißtrauensvotum des Monarchen hätte Beust seine Entlassung nachsuchen müssen. Er hatte wohl keine Ahnung davon, daß die Kabinettsbildung schon seit mehr als drei Monaten bestand, und hätte man es ihm gesagt, so würde er eine so lange Geheimhaltung als unmöglich angesehen und vielleicht nicht geglaubt haben. Am 11. Februar erwiderte Beust meinen Besuch und sandte mir dann ein Schreiben zu, worin er mir ansann, ich möge in der „Wiener Abendpost" ehrenwörtlich desavouieren, daß ich die Artikel des „Ökonomisten" gegen ihn (Beust) geschrieben habe. Er glaubte mich wohl nun in der Falle. Ich aber konnte die geforderte Erklärung mit bestem Gewissen abgeben und tat es wörtlich formuliert so, wie sie mir Beust zugeschickt.

Graf Beust lud die neuen Minister alsbald zu einem diplomatischen Abend in sein Hotel am Ballplatz. Hierbei hatte ich die erwünschte Gelegenheit, mündlich dem preußischen Gesandten von Schweinitz im eigenen Namen, aber mit Vorwissen des Grafen Hohenwart, die Erklärung abzugeben, daß keine Velleität aus der Zeit der deutschen Parteikämpfe über Zolleinigung und Bundesreform mein amtliches Handeln Deutschland gegenüber jemals beeinflussen werde, und daß das beste Einvernehmen mit Preußen in der festen Absicht des neuen Ministeriums liege. Ich bat ihn, diese meine Er=

klärung in Berlin zur Kenntnis zu bringen. Graf Dürckheim hatte uns, wie dessen eigener und Graf Hohenwarts Brief erweisen, schon vom Herbst 1870 an darum bestürmt gehabt, in Berlin für uns voraus Versicherungen der Loyalität abgeben zu dürfen, und war zu diesem Zweck bereits unterwegs bis Dresden gekommen gewesen. Wir hatten dies ablehnen müssen; denn ein Bitten um gutes Wetter in Berlin für ein Wiener Ministerium erschien uns der Würde Österreichs zuwider, auch hätten wir die Legitimation bei Bismarck vor dem Amtsantritt nicht fertig gebracht ohne die Vermittlung Beusts und seiner Organe, welche eben durch die vollendete Tatsache, mit voller Zustimmung des Kaisers, zu überraschen waren. Wir hatten uns deshalb dahin entschieden, daß ich bei der ersten Begegnung dem preußischen Gesandten in Wien, Freiherrn von Schweinitz, eine offene Erklärung mache. Diese Erklärung ist bündig gegeben und auf das Loyalste eingehalten worden. Wir haben nicht bloß amtlich gegen das gute Einvernehmen mit Preußen nichts getan, sondern nicht einmal in ein Blatt je eine gegen Preußen unfreundliche Zeile souffliert. Das von Frese mit Beusts Hilfe gegründete „Österreichische Journal" erhielt seine Inspiration nach außen nur aus dem auswärtigen Ministerium; selbst die später mächtiges Aufsehen erregenden Enunziationen des genannten Publizisten z. B. über „König Andrassy", den „Globus von Ungarn" waren Husarenritte, welche Frese in der in- und auswärtigen Politik mit nicht zu bändigendem Temperament selbst unternahm. Ich habe ihm nur zu tatsächlichen Berichtigungen dienende Winke in der innern Politik mit Wissen des Grafen Hohenwart von Zeit zu Zeit gegeben.

Die ungarische Regierung war durch unsere Ernennung nicht minder überrascht als Graf Beust. Offenbar in ihrem Auftrag suchte der geriebene, aber wenig sympathische Magyar, welcher damals das Portefeuille des Reichsfinanzministeriums inne hatte, Graf Lonyay, mich bei einer als=

bald erlassenen Einladung zu betasten. Er überschüttete mich mit Aufmerksamkeit, welche jedoch nur Vorsicht weckte und verstimmte, weil ich die Absicht merkte. Eindringlicher oder wenn ich es sagen soll, zudringlicher als Lonyay war in diesen Tagen der ungarische Handelsminister Szlavy, der mir bei seiner Anwesenheit in Wien in freundlichster Weise kollegialen Besuch abstattete. Er war eine schlichte, auf den ersten Blick sympathische Erscheinung. Der Mann, der — wie ich hörte — 1849 zum Tode verurteilt worden und dann jahrelang als Staatsgefangener auf dem Spielberg gesessen haben soll, erweckte den günstigsten Eindruck und ist, im Gegensatz zu Lonyay, welcher später nicht rühmlich von seinem ungarischen Ministerposten abtrat, stets ein Mann der reinen Hände gewesen. Bei seinem Besuch legte er den Ausgleich mit Ungarn von 1867 so aus, als ob jenseits der Leitha die Magyaren, diesseits die Deutschen „herrschen" sollten. Ich bemerkte, daß wir den Ungarn es loyal überlassen, in Ungarn vom Ausgleich den Gebrauch zu machen, den sie wünschen, daß ich persönlich die Magyaren für den Kern der transleithanischen Hälfte der Monarchie ansähe und eine führende Stellung derselben, wie ich sie diesseits tatsächlich den Deutschen wünsche, als naturgemäß betrachte, verhehlte aber nicht, daß die Magyaren weder mit den Deutschen Cisleithaniens zu parallelisieren seien, noch, daß die Czechoböhmen sich genau so behandeln lassen, wie die Kroaten Südungarns, noch wie die Slovaken Oberungarns. Ich sprach mit Vorsicht, aber ohne jede Verstellung im Sinne der am 24. Oktober vor dem Kaiser von mir vertretenen Auffassung.

In diesen ersten schweren Wochen war das Verhalten des Kaisers bezaubernd. Bei jeder amtlichen Audienz ermunterte und bezeugte er sein unbedingtes Vertrauen zum Ministerium. Jede Stunde konnte man das Ohr des Monarchen haben, für einen Minister die erste Vorbedingung der Schaffensfreude und des sichern Auftretens.

Auf dem Lästerstuhle „vor dem Schottentore".

Der Reichsrat, dessen Abgeordnetenhaus damals in einem provisorischen Holzgebäude vor dem Schottentore tagte, war am 20. Februar 1871 zusammengetreten. Die Vorlagen waren auf die bringendsten Gegenstände — meist solche, welche schon vor dem Hause gelegen hatten — beschränkt; vorwiegend waren es Eisenbahn- und Konzessionsgesetze aus dem Amtsbereich des Handelsministeriums. Die Hauptaufgabe war, das Budget für 1871/72 zur verfassungsmäßigen Verabschiedung zu bringen.

Im Abgeordnetenhause, in den Kommissionen wie im Plenum, saßen wir nun wie auf dem Lästerstuhl, durch Monate hindurch. Fast kein Tag verging ohne häßliche Angriffe persönlicher Art auf einen oder mehrere oder alle Minister. Die erste Sitzung, zu welcher ich zu erscheinen hatte, fand im Eisenbahnausschuß des Abgeordnetenhauses statt und galt der Vorlage über einen kurzen Strang Eisenbahn im Marchfeld. Die widerstrebenden Interessen der Franz-Josefs- und der Nordwestbahn standen, so weit ich mich erinnere, in Frage. Zu Beginn der Verhandlung ergriff der Führer der Verfassungspartei, Dr. Herbst, das Wort, um mit der ihm eigenen persönlichen Impertinenz den Reigen persönlicher Angriffe auf mich zu eröffnen. Er müsse fragen, begann er, ob die Verhandlung mit der Regierung irgend etwas nützen werde. Denn er müsse bezweifeln, ob der junge Herr Handelsminister aus Schwaben wisse, wohin die Franz Josefs- und wohin die Nordwestbahn führe. Dann begann er das untergeordnete Eisenbahngesetzchen einseitig und rechthaberisch, wie er immer war, durchzusprechen. Ich erwiderte sofort Punkt um Punkt, wohl vorbereitet, mit aller Sachkenntnis und setzte so die von meinem Vorgänger eingebrachte Vorlage ganz nach dem Fachstandpunkte des Handelsministeriums auch durch. Erst am Schluß meiner Rede hatte ich ruhig den Übermut meines Angreifers abgewiesen, indem ich bemerkte, ich hoffe, daß der Herr Abgeordnete von Schluckenau auch in schwierigeren Materien mich gewissenhaft vorbereitet treffen werde. Ich hatte von da an durch diesen ersten Redner der Verfassungspartei persönlich nicht mehr viel zu erleiden. Nicht ohne Nutzen aber hatte ich den Mann kennen gelernt. Herbst hat den Staat durch eigenes Bereicherungsstreben nicht geschädigt; er schwieg schlimmstenfalls dann und wann zu demjenigen seiner Parteigenossen. Er war ein juristischer Dialektiker ersten Ranges, wurde aber gerade dadurch, daß er der Freude an der Rabulisterei zuchtlos sich hingab, der ärgste Feind seiner eigenen Partei, ein parlamentarischer Dynamitard gegen alle Regierungen derselben, ohne jede staatsmännische Weitsicht und Selbstbeschränkung. Er hat wirklich seine Partei zur Partei der "Herbstzeitlosen" gemacht, wie sie Bismarck nicht sehr zurückhaltend im offenen Deutschen Reichstage später bezeichnet hat. Herbst hauptsächlich trägt die Schuld, daß seine Partei nie zur rechten Zeit das Rechte zu tun wußte. Ein Herz für die Sache oder Liebe für eine Person hat er gewiß nie gehabt. Was aber Finanzkontrolle und Zügelung des Gewinntreibens von Parteigenossen betrifft, hat er sich, ohne Zweifel, erhebliche Verdienste erworben, zu deren Bemessung und Bezifferung mir freilich das Material fehlt. Die Prophezeiung, welche ich schon Jahre zuvor aus dem Munde seines Parteigenossen und Prager Universitätskollegen Brinz über ihn hatte äußern hören, daß er seine Partei verderben werde, ist in Erfüllung gegangen.

Noch schärfer als in den Kommissionen ging im Plenum die Hetze gegen das Kabinett Hohenwart im ganzen und im einzelnen los. Eine Anzahl der kleineren Götter des parlamentarischen Olymps spektakulierten unaufhörlich. Darunter namentlich ein schnaubender, aber ehrlicher Abgeordneter aus Znaim, namens Fux. Das tat aber nirgends eine Wirkung.

Doch waren es keineswegs bloß die unteren Götter, welche ihre Theaterblitze schleuderten. Als donnernder Jupiter trat der zweite Obergott der Verfassungspartei Dr. Giskra auf. Sein Name hatte vom Frankfurter Parlament her den besten Freiheitsklang gehabt, und zu Beginn des verfassungsmäßigen Regimes unter Schmerling war Giskra in der Presse verhimmelt worden. Als er dann im Ministerium Auersperg I ein Portefeuille übernahm, war sein Name schon stark verschlissen; es war öffentliches Geheimnis, daß aus dem glühenden Freiheitsmann ein gieriger Geldmann geworden war. Als auch das Bürgerministerium rasch abwirtschaftete und Giskra selbst sein Portefeuille abgegeben hatte, war er ein racheschnaubender Exminister ohne Würde und Mäßigung geworden. Und nun, da das Ministerium Hohenwart mit seinem Versöhnungsprogramm aus der Tiefe aufstieg, worin das „verfassungstreue" Regiment zum zweiten Male verschwunden war, entlud sich der ganze Unmut Giskras gegen uns. Nie habe ich im politischen Leben — eine Obstruktionssitzung des Wiener Abgeordnetenhauses Juni 1897 ausgenommen — etwas Anwiderndes gesehen und gehört als die Szene, da Giskra im Plenum auftrat und das ganze Ministerium Person um Person, nicht mit Beziehung auf bestimmte Handlungen, sondern persönlich herunterriß. Mich nannte er mit theatralisch erkünsteltem Mitleid einen äußerst unbedeutenden Professor der Nationalökonomie. Den Mann hat sein Schicksal ereilt; denn durch seine im Prozeß Ofenheim vorgetragene „österreichische Trinkgeldertheorie" hat er sich um den letzten Rest vom ehemaligen Glanze seines Namens gebracht, wenn er dabei gleich im Praktischen nicht als mittelmäßigen Nationalökonomen sich enthüllt hat.

Es war nicht immer leicht, kaltes Blut zu bewahren, so wenig das ganze Treiben ernsten Eindruck machen konnte. Von der Ressortarbeit überreizt, ließ ich mich auf eine persönliche Anrempelung Giskras hin verführen, zu bemerken, daß ich auf „schlechte Witze" nicht antworte. Das erregte Geschrei. Der Präsident, Baron Hopfen, einer der ersten Geldmänner der Opposition — er hat nachher im Wiener Krach politischen Namen und Einfluß samt dem Vermögen verloren — erteilte mir dieser Bezeichnung wegen den Ordnungsruf. Es war sehr zweifelhaft, ob ich das sachlich verdient hatte, und ob der Präsident formell berechtigt war, mich zur Ordnung zu rufen. Ich nahm die Rüge nach eines Augenblickes Besinnen zwar nicht ohne tiefste Erregung, aber doch mit der Erwägung hin, daß es höchst inopportun wäre, mit einer übermütigen Majorität im jetzigen Augenblick einen staatsrechtlichen Handel persönlicher Art anzufangen. Hohenwart war so zart, an diesem Tage mich zu einer Mittagsfahrt abzuholen und meine gemütliche Erregung zu zerstreuen.

Die Opposition zog die Budgetverabschiedung absichtlich in die Länge. Provisorium um Provisorium war erforderlich. Ein bissiger Kampf wurde gegen den geheimen Dispositionsfonds geführt; in allen nur möglichen Tonarten wurde dem Ministerium dabei das Mißtrauen bezeugt. Die Herabsetzung um ein Drittel wurde beschlossen. Das konnte uns ziemlich kalt lassen, denn wir hatten keine gefräßige Parteipresse zu unterhalten, und für die geheime politische Polizei war Graf Hohenwart nach den amtlichen Erfahrungen, die er als Statthalter in Trient gesammelt hatte, nicht geneigt, viel Geld auszugeben. Das für meine Menschenkenntnis bedeutendste in dieser Epoche mit dem Dispositionsfonds war dies, zu erfahren, wie die Geldmänner ihre „Verfassung" zu unterwühlen gern bereit gewesen wären. Um die eiserne Krone zweiter Klasse zu erlangen, welche die Baronie gab, bot ein liberaler Großbankier mehr als das doppelte der bewilligten Summe des Dispositionsfonds an, und das war einer, welchem nach alter Gepflogenheit für geleistete Finanzdienste diese Auszeichnung in naher Zeit nicht entgangen wäre.

Den Gipfel sollte der Ansturm in einer Mißtrauens= adresse an die Krone erreichen. Ohne daß das Ministerium die geringste Handlung verfassungspolitischen Inhalts getan hätte, als es noch rein am Leisten der angetretenen Geschäfte saß und dabei zumeist überkommene Gesetzes= vorlagen zu Ende zu führen hatte, wurde zu einem Miß= trauensvotum geschritten, zu welchem auch durch keine Thron= rede und keine Kaiserliche Willensäußerung auch nur die ge= ringste Veranlassung geboten war. Die Adreßberatung war stürmisch bewegt. Graf Hohenwart sollte sich sofort als par= lamentarischer Debatter ersten Ranges erweisen und bot dem Ansturm in wirkungsvoll vornehmer Weise die Stirne. Aber auch Reden aus der Minderheit erwiesen sich den ersten Sprechern der Mehrheit gewachsen, indem sie für das Mini= sterium gegen den Adreßentwurf eintraten, so Grocholski, Petrino, Costa, Greuter, Giovanelli. Der letztere namentlich schoß den Vogel ab. Er war von Gesicht ungewöhnlich häß= lich, wie so viele Redner ersten Ranges es gewesen sind. Windhorst war ein Apollo gegen ihn gewesen. Nichts brachte ihn aus der Fassung. Er hob nun sein Exemplar des Adreßentwurfes in die Höhe: „Was ist das," sagte er, „was Sie dem Kaiser zustellen lassen wollen? Es ist eine stempel= freie Bewerbung um nicht vakante Ämter. Was wird dabei herunterkommen? Ist schon besetzt." Als darob ein wahrer Entrüstungssturm ausbrach, blieb Giovanelli unbeweglich stehen, bis er weiter reden könne, und verzog dabei sein Gesicht mit unaussprechlicher Häßlichkeit zum Hohn gegen die ihm ent= gegentobenden Gegner. Diese verlangten den Ordnungsruf.

Die Szene wendete sich aber plötzlich zu allgemeiner Heiterkeit, als der Präsident v. Hopfen mit der ihm eigenen Bonhommie rief: „Ja, meine Herren, ich kann doch sein Gesicht nicht zur Ordnung rufen." Die Adresse wurde wirklich beschlossen. Die Wirkung war aber nicht nur nicht die erwartete, sondern eine Stärkung des Kabinetts durch die denkbar eklatanteste Vertrauenskundgebung des Kaisers. Der Deputation des Abgeordnetenhauses, welche die Adresse überreichte, ließ der Kaiser die derbste Abfertigung zuteil werden, indem er die Kundgebung als „faktiöse Opposition" bezeichnete und die Adreß-Deputation begossen entließ.

An politisch richtiger Auffassung des modernen Parlamentarismus, an Erfahrung über die Zeitvergeudung und Kraftverschwendung, wie die faktiösen Oppositionen den Staat schädigen, haben mir die Monate auf dem Lästerstuhle vor dem Schottentore einen reichen Ertrag von dauerndem Wert und Eindruck eingebracht. Die Elemente der Minorität des Reichstages aber hatten während der „faktiösen" Umtreibereien festere Fühlung mit der Regierung und einigen Koalitionszusammenhang unter sich gewonnen. Wir hatten das Vertrauen wenigstens bei den „Konservativen" fest erworben.

Verkehr mit dem Kaiser und mit den Beamten.

Die Hauptarbeit ging in den Bemühungen um den böhmischen Ausgleich auf. Der Rest gehörte den beiden Ressorts für Handel und Gewerbe sowie für Ackerbau. Beide Aufgaben zusammen haben mir durch acht Monate im Durchschnitt einen mindestens zwölfstündigen Arbeitstag auferlegt.

Die Einarbeitung in den Ressortdienst bereitete mir keine besonderen Schwierigkeiten. In den ganzen Umfang der Materien der Handels- und der Ackerbaupflege hatte ich mich wissenschaftlich seit 1856 ununterbrochen eingearbeitet. Im württembergischen Landtag hatte ich als Referent über das Ministerium des Innern und als Mitglied verschiedener Kommissionen die ganze politische und volkswirtschaftliche Verwaltung praktisch kennen gelernt. Auch das Verwaltungsrecht und die Verwaltungsorganisation Österreichs war mir durch die Obliegenheiten meines akademischen Lehramtes völlig vertraut geworden. Das Mechanische des Dienstes eignete ich mir an der Hand eines völlig zuverlässigen Ministerial-Kanzleidirektors, Vorstandes des „Präsidialbureaus" leicht an. Für jene Departements meiner Verwaltung denen ich noch ohne Erfahrung gegenüberstand — adriatische Seeverwaltung für das Eisenbahnkonzessionswesen, Bahnbetrieb und Bahnbautechnik für Staatsgestüte — fand ich vorzügliche und zuverlässige Arbeitskräfte vor, unter welchen der spätere K. K. Geheimrat und Minister, damalige Ministerial-

Sekretär v. Witteck sich mir sofort als weitaus bedeutendster, treuester und hingebendster Mitarbeiter bemerklich machte. Ich darf, ohne ruhmredig zu sein, sagen, daß ich keinen Augenblick von irgend einem Untergebenen abhängig war. Zwei Nichtösterreicher, die früher ins Handelsministerium berufen wurden, waren vor meinem Eintritt kalt gestellt; ihrer autoritativen Aufbringlichkeit vermochte ich mich sofort in aller Anständigkeit zu erwehren.

So zureichend ich durch meinen bisherigen Lebensgang wenigstens für mein Hauptressort vorbereitet war, so neu war mir der Verwaltungsverkehr eines großen Staates mit allem, was daran ist. Es verging fast kein Tag, an welchem ich nicht Bedeutendes erfahren und gelernt hätte. So groß hatte ich die politische Welt doch noch nie gesehen.

Wahrhaft erquickend war namentlich der gerufene, ordentliche, wie der erbetene, auch stets sofort gewährte außerordentliche Vortrag bei dem Kaiser und dann ganz besonders die Spezialberatung mit ihm. Sein Ohr war für bedeutende Sachen immer zu haben, und namentlich gegen anbrängende Korruption in großen Konzessionsangelegenheiten konnte man seiner sicher sein. Er prüfte gewissenhaft, sprach auch über Kleines, namentlich wenn es militärische Dinge betraf, aber nie pedantisch, immer aber war er sachlich und wohlwollend. Den Einzelvortrag nahm er stehend im einfachen Militärüberrock entgegen. Dem Ministerrat präsidierte er in der Generalsuniform. War er über irgend etwas bewegt, konnte man es stets daran merken, daß er die Unterbeine gegeneinander schlug. Franz Josef war eine vornehme und doch wieder überaus einfache, fast bescheidene Persönlichkeit. Zog sich eine Konferenz länger bis in den tiefen Abend hin, so nahm er zwischenhinein wohl ein Souper auf dem Arbeitstisch ein und trieb seinen Sohn Rudolf, wenn dieser es nicht erwarten konnte und eindrang, liebkosend ins Vorzimmer hinaus. Schon nach den ersten Konferenzen vor und nach dem Amts=

antritt konnte ich nicht umhin, den Kaiser als den gewissen=
haftesten und fleißigsten Staatsdiener seines ganzen Reiches
zu verehren.

Bei aller persönlichen Anspruchslosigkeit war er doch
mimosenhaft empfindlich für seine fürstliche Würde. In
dieser Beziehung bleibt mir eine mehrstündige Spezialkonferenz
unvergeßlich, die er mit Hohenwart und mir in Sachen
des böhmischen Ausgleiches abhielt. Es handelte sich um
eine staatsrechtliche Spezialfrage, in welcher wir annahmen,
daß wir den Dr. Herbst gegen uns haben würden. Der Kaiser
sagte: „Das ist nicht möglich; Herbst hat in meiner Gegen=
wart Ihre Ansicht gegen Giskra vertreten; das weiß ich
genau, denn Giskra hat vor mir — vor mir, so wie ich jetzt
vor Ihnen sitze — mit der Faust auf den Tisch geschlagen."
Die Empörung hierüber sah man an dem Kaiserlichen Herrn
noch nachzittern. Dieser Faustschlag mag für das Bürger=
ministerium ein sehr verhängnisvoller gewesen sein. Der Kaiser
bekümmerte sich um alles Bedeutende; man brauchte nur
die Bitte um eine Spezialaudienz in die Hofburg zu senden,
so kam gewiß nach höchstens zwei Stunden der Burggendarm
angeritten und meldete, der Kaiser lasse ersuchen, sofort im
gewöhnlichen Anzug zu erscheinen. Er prüfte ganz selb=
ständig, aber er wollte nie irgend etwas voraus besser ver=
stehen. Er wurde daher selbst nicht betrogen oder hinter=
gangen, und der Minister konnte mit Sicherheit den vom
Kaiser gebilligten Zielen nachgehen. Kaiser Franz Josef
hat wenigstens in dieser Hinsicht das persönliche Regime in
idealer Weise geübt. Auch den höchsten Hofwürdenträgern
gegenüber behandelte er die Minister als seine „Diener erster
Ordnung", und lebhaft steht es noch im Gedächtnis vor mir,
wie nach dem ersten Ministerrat des Kabinetts Graf Hohen=
wart „im Sinn des Kaisers" ein völlig unabhängiges Be=
nehmen den Hofchargen gegenüber dringend empfahl.

Teilnahme an den Ministerratsſitzungen.

Die Miniſterratsſitzungen waren in der Wirklichkeit ganz anders, als ich ſie mir in der Theorie gedacht hatte. Das Kabinett war zwar von Anfang an in den Hauptperſonen einheitlich geweſen, aber die Hauptgründe der Entſcheidungen waren doch meiſt vorher abgemacht. Wie mag es erſt bei Miniſterräten von Koalitionskabinetten ausſehen! Das Miniſterratsprotokoll enthält häufig die Hauptgründe der Entſcheidungen nicht. Bei einem perſönlichen Regime, wie Kaiſer Franz Joſef es führte, kam das Bedeutendſte eben doch nur mündlich durch den Miniſterpräſidenten beim Monarchen zur Sprache, etwa auch noch in den Spezial=anträgen der Fachminiſter. Der künftige Hiſtoriker unſerer Epoche, welcher weſentlich aus Miniſterratsprotokollen heraus Geſchichte ſchreiben wollte, würde ſich oft auf dem Holzweg befinden. Und nicht weniger befindet ſich darauf jeder Monarch, welcher weſentlich nur durch das Protokoll und den ſchriftlichen Bericht mit dem Miniſterium und mit den Miniſtern verkehrt.

Bei den Mitgliedern des Kaiserhauses.

Zur Erfüllung des Ressortdienstes ist bis zu einem gewissen Grade auch die Vorstellung bei den Mitgliedern des regierenden Fürstenhauses erforderlich. Die Berührungen bleiben schon deshalb nicht aus, weil den Prinzen zum Teil besondere Geschäfte vom Monarchen zugewiesen sind. Bei den üblichen Meldungen war meine Aufnahme eine verschiedene. Erzherzog Rainer, der mit Recht angesehene Liebling der Verfassungspartei empfing mich höflich, aber kühl. Der jüngste Bruder des Kaisers Ludwig Victor, damals noch sehr jugendlich, machte mir — in unliebsamer Anspielung auf den vermeintlichen Radikalismus meiner Schrift — die Bemerkung, man müsse die revoltierenden Arbeiter auf der Ringstraße militärisch niederschmettern. Ich dachte lebhaft an François Quesnay, welchem ein Höfling Ludwigs XV. gesagt hatte: „nicht die Natur — anspielend auf die „Physiokratie" — regiere die Welt, sondern die Hellebarde" und welcher diesem Höfling mit der Frage antwortete: „Et qui est ce qui mène la Hellebarde?" Gesagt habe ich es natürlich nicht, sondern nur den Zweifel angedeutet, ob die Arbeiter zum Zusammenschießen zahlreich auf die Ringstraße kommen würden. Wohlwollendste Aufnahme fand ich immer bei dem Erzherzog Albrecht, der mich wiederholt, auch später zweimal, als ich mich beim Besuch Wiens einschrieb, zur Tafel zog und stets in auszeichnender

Weise behandelt hat. Eine große Genugtuung hat Erzherzog Albrecht, dieser österreichischste der österreichischen Erzherzöge, dem Kabinett des Grafen Hohenwart dadurch gegeben, daß er nachmals, — auf Grund eigenen genauen Studiums — unsere Vorlagen, unseren Weg als den für Österreich richtigen auch an der höchsten Stelle bezeichnet hat. Er hat daraus kein Hehl gemacht; das erfuhr ich 1897 zuverlässig durch Hohenwart.

Nicht weniger wohlwollend war der Empfang bei dem damals nächstältesten Bruder des Kaisers, Karl Ludwig. Dieser wurde mir so gewogen, daß er unmittelbar nach unserer Entlassung im November 1871, als er mit seinen Söhnen, dem jetzigen Thronfolger Franz Ferdinand und Erzherzog Otto spazierengehend, mich auf der belebten Ringstraße traf, längere Zeit anhielt und demonstrativ freundlich mit mir sprach. Als ich später nach Wien kam, wurde ich wiederholt empfangen und mit vertrauensvoller Unterhaltung geehrt. Eine sehr sympathische Persönlichkeit war der Adjutant des Erzherzogs Karl Ludwig, F. M. L. Baron Hornstein, ein schwäbischer Landsmann. Er war Erzieher des Kaisers und seiner Brüder gewesen, da diese noch im Knabenalter standen, und erzählte sehr interessant über den Charakter der Prinzen, namentlich über das unglückliche Opfer des eigenen Ehrgeizes und der Politik Napoleons III., Maximilian, über den Charaktergegensatz zwischen diesem von Jugend auf moussierenden und das Excessive liebenden Herrn und seinem ruhigen, ernsten, an sich selbst maßhaltenden Bruder Franz Josef.

Der Kaiserin Elisabeth bin ich nur ein einziges Mal vor das Auge getreten. Sie hatte auch mich mit einem Kollegen zur Tafel geladen, der prunkvollsten und doch geschmackvollsten, die ich je gesehen. Die Herren und Damen waren in gleicher Zahl bei Tisch, etwa dreißig. Die Frauen strahlten im Glanz der Edelsteine. Eine meiner Nachbarinnen, die polnische Gräfin S. B., die an blendender Schönheit mit der Kaiserin sich messen konnte, hatte die Bosheit, mich zu fragen, wo ich für den Hof erzogen worden sei, und suchte sonderbarerweise mich, den Protestanten, wegen der neuen vatikanischen Dogmen, namentlich demjenigen der Konzeption Mariä zu katechisieren. Ich versicherte sie, daß ich zwar nicht am Hofe des Königs Wilhelm von Württemberg, aber bei diesem selbst als gerufener Fachmann oft gewesen sei, und rächte mich weiter dadurch, daß ich die Dame in ein Gespräch über die Unterscheidungsdogmen zwischen katholischer und protestantischer Kirche verwickelte, wobei sie sich mit ihrer Unwissenheit — nach den wenig gnädigen Blicken zu schließen — sofort selbst matt gesetzt fühlte. Zum erstenmal machte ich einen weiblich allerhöchsten Cercle mit; ich hatte noch keine Ahnung von der Richtigkeit der Definition, die ich später aus durchlauchtigem Munde gehört habe: „Cercle ist die Gelegenheit, wo die höchsten Personen gezwungen sind, möglichst viel Unbedeutendes zu sagen." Was mir die Kaiserin bemerkte, war vielleicht wenig wohlwollend, aber zweifellos unbedeutend. Sie hielt kaum einen Augenblick und sagte: „Sie sind Schwabe und Protestant," und ging weiter, um meinem Cercle-Nachbar Graf Lonnay die Hand zum Kusse zu reichen.

Wahrhaft gemütlich war dagegen die Tafel bei der Mutter und dem Vater des Kaisers, Erzherzogin Sophie und Erzherzog Franz Karl. Sie hatten meinen Kollegen vom Unterricht und mich geladen. Außer uns waren nur ein Kavalier und eine Hofdame oberschwäbischer Abstammung dabei. Die Unterhaltung war äußerst animiert, und auch um die persönlichen Familienverhältnisse wurde ich von der Frau Erzherzogin gefragt. Ich hatte mir die hohe Frau so vorgestellt gehabt, wie sie aus der Revolution her bei den Wienern schwarz in schwarz gemalt war: finster, bigott, unbedeutend, Puppe des Kardinal Rauscher. Das Gegenteil fand ich: ein wohlwollendes Auge, geistige Frische noch im Alter, und nahm den Eindruck einer Frau von nicht gewöhnlicher Begabung mit, welche ohne den Kardinal Rauscher imstande gewesen sein mußte, mitten im Zusammenbruch von 1848 für ihr Haus das Rechte zu tun und dafür auch auf die Kaiserinkrone zu Gunsten ihres Sohnes zu verzichten, als Fürst Felix Schwarzenberg das empfahl. Ich war nachmals am Namenstag des Kaisers zu Kardinal Rauscher geladen. Es war ein Freitag. Bei dieser Festtagstafel gab es dennoch etwa zehn Gänge aus allem, was festtagsfähig unter und auf dem Wasser lebt und schwimmt. Hier zog mich der oberste Seelenhirte Wiens in ein langes Gespräch, bei welchem ich wohl fand, daß er des Aristoteles Politik als Gelehrter, aber durchaus nicht als Staatsmann gelesen hatte, und daß er in verworrenen Tagen der Mutter des Kaisers nicht überlegen gewesen sein konnte. Das Diner bei Erzherzogin Sophie gehört zu den schönsten Erinnerungen meines Lebens.

Im ganzen nahm ich aus der Hofatmosphäre den Eindruck mit, daß die „Höchsten" und selbst die „Allerhöchsten" Herrschaften wohlwollender sind, als man sie sich vorstellt, aber auch einsamer, freundeloser und ich möchte fast sagen, menschenärmer dahinzuleben haben als bürgerliche Menschenkinder. Nie empfand ich mehr als damals die Wahrheit von des Aristoteles Vorzug des Mittelstandes ($\mu\varepsilon\sigma\acute{o}\tau\eta\varsigma$ $\mathring{\alpha}\varrho\acute{\iota}\sigma\tau\eta$). Nicht bloß abwärts zur Nahrungssorge hinab, sondern auch aufwärts von der Mittellage bis zum Luxus der Millionäre und bis zur Höhe der Throne nimmt das menschliche Lebensglück m. E. ab. Der noch arbeitende „Mittelstand ist das beste". Mögen das meine Nachkommen stets beherzigen! Das war auch meines Freundes Cotta oft ausgesprochene, aber von mir früher noch nicht so ganz verstandene Meinung gewesen.

Die Audienzen im Ministerium.

Weit mehr als bei Hofe lernt ein Fachminister bei Audienzen, die er selbst gibt.

Die wöchentlich zweimaligen Audienztage waren wohl ermüdend, entschädigten aber reichlich dadurch, daß ich Menschen und Zustände anders als durch Akten und Beamtenbrille anschauen lernte. Man tritt mit allen Schichten des Volkes in Berührung, und gerade in dem Ministerium des Handels und des Ackerbaues finden sich als Anwälte aller möglichen großen volkswirtschaftlichen Interessen die bedeutendsten Männer der Praxis ein. In den Audienzen habe ich binnen kurzer Zeit unbeschreiblich viel Praktisches gelernt, und die ganze Fülle des Lebens eines großen, gliederreichen Gesellschaftskörpers trat mir entgegen.

Es mangelte dabei auch nicht an verblüffenden Auftritten und Anblicken. Lebhaft erinnere ich mich der ersten Eisenbahn=Deputation aus Böhmen. Es waren vier oder fünf Herren aus Tabor, die sich bald eingestellt hatten und damit einführten, zu sagen, daß sie bis jetzt nie ins Handelsministerium gekommen seien, weil sie doch gewußt hätten, daß man es hier nicht ehrlich mit ihrem Volke meine; sie waren in ihrem Äußeren Hussiten, wie sie im 15. Jahrhundert geleibt und gelebt haben. Zweimal begegnete es mir, daß bei Vergebung großer Bahnunternehmungen, so

z. B. bei der Albrechtsbahn, ein Unternehmer kam, zu fragen, ob man wirklich sicher sein dürfe, daß dem besten Angebot vom Minister die Konzession verliehen werde.

Der Kontrast zwischen höchstem Adel und gemeinster Gesinnung kann nirgends größer sein, als es sich im Audienzzimmer des Fachministers trifft. Bei der Erneuerung des Subventionsvertrages mit dem Lloyd für den orientalischen Dienst, eine Angelegenheit, welche vom Ministerium des Auswärtigen gemeinsam mit den Handelsministerien beider Reichshälften zu erledigen war, kam der hauptsächlich interessierte Großkaufmann aus Triest zu mir, die Erneuerung ohne den bedeutenden Abstrich zu verlangen, welchen ich auf Grund eingehendster Erhebungen des hierfür ein ganzes Vierteljahr arbeitenden sachverständigen Ministerialreferenten gestellt hatte; der Mann berief sich darauf, daß die anderen beteiligten Ministerien zustimmen und daß eine Entscheidung gegen den Lloyd in Triest die Gefühle der Loyalität sehr schwächen würde. Ich bemerkte ihm, daß er zwar im Handelsministerium sich befinde, daß aber trotzdem um die Loyalität, die jeder Untertan Seiner Majestät schuldig sei, nicht gehandelt werde, und kehrte ihm den Rücken. Wie ganz anders in einem zweiten Fall! Aus Steiermark war eine Petition um eine Zweigbahn eingelaufen, welche eisen= und waldreiche Gegenden erschließen sollte, und eine Deputation, welche die Bittschrift überreichte, hatte geäußert, daß der in der fraglichen Gegend stärkstbegüterte Großgrundbesitzer, ein Fürst, sich für das Zustandekommen interessiere. Kaum hatte dieser hochgeadelte Herr von der Berufung auf seinen Namen gehört, so erschien er, um zu sagen, daß, so sehr ihm die Bahn nütze, er mich doch bitte, von jeder Rücksicht auf ihn abzusehen, und bezeichnete mehrere andere Gegenden, welche noch eisenbahnbedürftiger seien und Unterstützung des Staates nötiger hatten. Ich hatte zuvor, wenn ich im Lichtenstein= und im Schwarzenbergpark, in nächster Nähe des Ringes, mich ergangen und selbst gesehen hatte, wie große Plätze von vielen Millionen Baugrundwert von den Eigentümern unter großem Erhaltungsaufwand dem ganzen Publikum zur Unterhaltung überlassen waren, begreifen gelernt, warum der Hochadel in Wien damals wenigstens noch volkstümlich war. Ein Grandseigneur, welcher zum Vorteil anderer Leute einschritt, war mir dennoch eine verblüffende Überraschung! In Deutschland habe ich keinen solchen kennen gelernt. — Nicht wenig lästig wurden die Geldmänner mit Knopflochschmerzen, die Ordensjäger überhaupt. Was die Geldmänner betrifft, waren für die Erteilung der Auszeichnungen wesentlich die Zustimmung des Finanz- und des Handelsministers entscheidend. Man hielt mich für einen Feind der Ordensverleihungen. Das war ich, wenn die althergebrachte Voraussetzung besonderer Verdienste oder wenigstens Gefälligkeiten zutraf, durchaus nicht. Mein Kollege von der Finanz schickte mir eines Tages einen Bankier E., welcher bei der Finanzierung von Staatsanleihen der Regierung öfter beigestanden hatte. Baron Holzgethan hatte dem Ordenssüchtigen gesagt, daß für oder gegen die Erteilung die Stimme des Handelsministers im Ministerrat entscheiden werde. Der Mann trug mir nun zagend sein Anliegen vor und war erstaunt, als ich ihm sofort die Zusage gab. Er hatte das Gegenteil gefürchtet und sagte mir, daß ihm der Finanzminister meinetwegen bange gemacht habe. Ich bemerkte ihm scherzhaft, daß ich die Orden nur in Österreich für überflüssig halte, da alles schon Herr und Frau von sei. Ich würde sogar zustimmen, wenn mein verehrter Kollege eine Ordenslotterie von Groß- und anderen Kreuzen jedes Ordens veranstalten und er (E.) die Finanzierung übernehmen werde. „Exzellenz scheinen nicht viel von den Orden zu halten!" „O, nein!" antwortete ich. „Ein Institut Sr. Majestät des Kaisers darf ich nicht gering schätzen. Ich wollte nur den Hieb meines Kollegen mit einem Scherz erwidern." Daß sich mit Ordenslotterien ein sehr gutes Geschäft machen lassen würde, bewegte das Herz des gewiegten Bankiers vielleicht stark.

Die meisten Konzessionen, an welchen die Geldmänner Interesse hatten, hingen vom Handelsminister ab. Deshalb sah ich auch eine große Anzahl der bedeutendsten Spekulanten bei mir in Audienz. Es waren nicht bloß geriebene, sondern auch geistreiche und liebenswürdige Leute darunter. Einer der verrufensten, aber durchaus nicht der schlimmste war der Eisenbahngroßunternehmer Ofenheim, Ritter v. Ponteuxin, der Gründer der Bahn Lemberg-Czernowitz, welcher dann 1875 in einem Gründerprozeß weltbekannt geworden ist. Er hatte einem meiner Bekannten gesagt: „Der neue Handelsminister ist entweder ein Esel, der an der Krippe steht und nicht frißt, oder ein so abgefeimter Betrüger, daß nicht einmal wir (die Börsianer) es merken." Der Angeredete erklärte, das werde er seinem Freunde hinterbringen, mich (Sch.) werde das trotzdem nicht gegen Ofenheims Konzessionswerbungen einnehmen. Beim nächsten Besuch stammelte Ofenheim eine Entschuldigung. In dem heiteren Ton, mit dem ich gerne mit dem geistvollen Spekulanten verkehrt hatte, bemerkte ich, zwischen dem Esel des Kaisers Franz — letzterer soll das Bild beim Bittgesuch der Witwe eines hohen Finanzbeamten mit Rücksicht auf den ehrlichen Verstorbenen gebraucht haben — und einem abgefeimten Betrüger gebe es noch etwas mitten drin, nämlich einen ehrlichen Mann. Dazu wolle er — war die Antwort — auch seine Söhne erziehen lassen, und er werde sie nach Schwaben bringen. Das hat er dann auch getan und dazu die von mir gegebene Adresse benützt.

Bei einem anderen Besuche äußerte sich Ofenheim empört — ich glaube aufrichtig empört — über die Niederträchtigkeiten der Presse gegen mich und fügte bei, daß ich weniger zugeknöpft gegen die Inhaber der großen Zeitungen sein sollte, hinzufügend, alles werde sofort besser stehen,

Die Audienzen im Ministerium

wenn ich Grillparzers Wort befolgen wollte: „Liebe, um geliebt zu werden." Das heißt, antwortete ich: „Stiehl und lass' stehlen." Er lachte verständnisinnig. Nach einigen Jahren hat man ihn als Sündenbock abschlachten wollen. Aber wie so oft bei Tendenzprozessen, sollten Ankläger und Zeugen als Verurteilte aus dem Prozeß hervorgehen.

Die bedeutendste Persönlichkeit aus Börsenkreisen, die mir schon in den ersten Wochen in Audienz sich vorstellte, war Alex Scharff, gleich Ofenheim jüdischer Abkunft. Er war arm — wohl aus Oberungarn — nach Wien gekommen und nun schon „mehrfacher Millionär" und „Wiener Hausherr", d. h. Zinspalastbesitzer. Scharff war durch Spekulationen — nicht bessere aber auch nicht schlimmere als andere von seinesgleichen — emporgekommen. Er war dabei kurz vor unserem Antritt in den Aufsehen erregenden Injurien-Prozeß „Schiff-Scharff" verwickelt gewesen. Der Gegner Schiff, dem Vespasians non olet mindestens ebenso bekannt war, wie Scharff, hatte obgesiegt und Scharff war verurteilt worden. Schon in den ersten vierzehn Tagen meiner Amtsverwaltung kam Scharff in Audienz zu mir, und trat mit den Worten ein: „Exellenz kennen mich, wenn ich Ihnen meinen Namen sage. Ich bin Alex Scharff. Ich habe soviel als meine Familie nur erwarten kann. Mein ganzes Streben ist, dem Schiff, gegen den ich unterlegen bin, den Tugendmantel herunterzureißen. Verfügen Sie über mich gegen Ihre Todfeinde. Ihr Vertrauen werden Sie nicht getäuscht finden." Ich schrieb mir diese Worte auf, benützte diesen Börsianer mit Vorsicht, aber mit größtem Nutzen, so daß ich von den zahlreichen Konzessionsbewerbern niemals getäuscht worden bin. Daß ein Handelsminister der Börse gegenüber börsianische Detektives haben muß, wurde mir sehr klar. Nie hat Scharff mein Vertrauen getäuscht.

Einzelne Verwaltungsgeschäfte.

Meine eigentliche Verwaltungstätigkeit erstreckte sich in beiden Ministerien auf einen großen Umkreis der mannigfaltigsten laufenden Geschäfte. Den Hauptgegenstand bildete der Eisenbahnbau und die Eisenbahnbetriebsaufsicht. Staatsbahnen gab es damals nicht mehr und noch nicht wieder. Die Verhandlungen mit den Direktoren und Verwaltungsräten der Gesellschaften waren oft nicht leicht und liefen nicht immer glatt ab. Eine große Lücke der Verkehrsorganisation machte sich sogleich fühlbar. Es gab noch keine Eisenbahnräte, von denen die Interessen des fahrenden und verfrachtenden Publikums vertreten sein müssen, wenn die Staatsverwaltung festen Boden haben soll. Obwohl ich kein Vorbild dafür besaß, entwarf ich die Grundzüge ihrer Organisation und ließ ein Statut dafür ausarbeiten.

Im ganzen waren die Verkehrsvorlagen auch beim faktiösen Reichsrat nicht allzuschwer durchzusetzen. Bei Eisenbahnwünschen wirken die Interessenten welcher Nationalität und Konfession immer zusammen. Als die Verträge über die Gründung des deutschen Reiches geschlossen waren, war für Österreich eine selbständige Bahnverbindung nach dem europäischen Westen, unabhängig sowohl von Deutschland als von Italien nötig geworden. In einer sofort erbetenen Spezialaudienz erhielt ich vom Kaiser die Ermächtigung, beim Reichsrat einen besonderen Kredit zur Tracierung der Arlbergbahn einzubringen, und erlangte solchen sowie die Verdoppelung des Postens für den eisenbahntechnischen Stab

Einzelne Verwaltungsgeschäfte

des Handelsministeriums mit Leichtigkeit. Der Kaiser ließ dabei gerne gewähren. Nur in einem Punkte kam immer wieder eine bringende Aufforderung, nämlich möglichst viel Doppelgeleise auf allen Bahnhöfen für den Kriegsfall herstellen zu lassen. Das mußte den Direktionen der Privatbahnen abgerungen werden und wurde auch umfassend erreicht. Es geschah diesen widerspenstigen Verwaltungen gegenüber stets unter der Begründung, daß die außerordentlichen Getreidetransite aus Ungarn in guten Jahren die Vermehrung erheischen; die ungeschickte Bemerkung des betreffenden Fachreferenten gegen den Direktor einer Hauptbahn, daß der Kaiser aus militärischen Gründen die rasche Gewinnung der Ausweichgeleise wünsche, war nicht bloß nicht von Wirkung gewesen, sondern erst recht Veranlassung, dem Ministerium Steine auf den Eisenbahnweg zu werfen. Ich war längst entschiedener Anhänger des Staatsbahnensystems gewesen und hatte ja an der theoretischen Begründung des letzteren literarisch einen nicht unerheblichen Anteil genommen, hier aber lernte ich auch die militärische Bedeutung dieses Systems in konkretester Praxis kennen. Freilich hatte ich auch blindem Eifer der Militärs entgegenzutreten. Kaum war ich in die Verwaltung eingetreten gewesen, so hatte der Reichskriegsminister v. Kuhn die starke Vermehrung der Doppelgeleise mit der Behauptung verlangt, daß in Deutschland fast alle Bahnen doppelgeleisig seien. Diese brutale Unwissenheit erwiderte ich höflich durch Übersendung der Bände der preußischen Eisenbahnstatistik.

Für die Verkehrspolitik nach der griechischen Halbinsel hin zeigte der Kaiser ein besonders warmes Interesse und einen weiten Blick. Die Regulierung der Narenta zur Öffnung des Weges nach der Herzegowina und in das Herz Bosniens empfahl er mir wiederholt angelegentlich. Die orientalische Mission Österreichs hatte er, das sah ich, mit klarem Bewußtsein erfaßt.

Die widerwärtigste Aufgabe im damaligen Ressort des

Handelsministeriums war die Inszenierung der Weltausstellung für 1873. Als ich in das Handelsministerium eintrat, fand ich für die, allen auswärtigen Regierungen zum Frühjahr 1873 amtlich bereits angekündigt gewesene Wiener Weltausstellung buchstäblich nur ein Blatt Papier vor, die K. Genehmigung der Abhaltung überhaupt. Nicht das Geringste war vorbereitet. Es blieb gar nichts anderes übrig als — wenngleich sehr ungern — den von den Sachverständigen bezeichneten Organisator Baron Schwarz-Serborn, den österreichischen Generalkonsul in Paris zu berufen und ihm unter unmittelbarer Verantwortlichkeit und Aufsicht des Handelsministers besondere Vollmachten zu erteilen. Zu diesen Vollmachten gehörte die schrankenlose Geldausgabe selbstverständlich nicht. Unter meiner Leitung hat eine Überschreitung der Vollmachten auch nicht stattgefunden. Lediglich die folgende Regierung hat diesen viel zu sehr überschätzten Mann schalten und walten lassen und ein Ausstellungsdefizit von mehr als 15 Millionen fl. herbeiführen lassen, indem sie die pflichtmäßige Aufsicht des Handelsministeriums n i c h t geübt hat.

Gern erteilte der Kaiser die Erlaubnis zur Errichtung von Postsparkassen. Die Idee ist zur Ausführung gelangt. Ich selbst schickte noch den Sektionschef der Postverwaltung, v. Kaltensteiner, zum Studium nach England.

Das Ressort des Ackerbauministeriums hatte ich nur interimistisch übernommen. Es brachte, obwohl ich die größeren Angelegenheiten dem definitiven Fachminister vorbehielt, dennoch durch neun Monate viele laufende Geschäfte. Das Widerwärtigste war das Drängen auf die Gründung einer Ackerbauhochschule in Wien, welche schon unter meinem Amtsvorgänger der Finalisierung nahe gebracht war. Ich habe es nicht über mich bringen können, die Gründung der Ackerbauhochschule in einer Weltstadt zu unterschreiben.

Die Geschäfte des einen Fachministeriums führen mehr

Einzelne Verwaltungsgeschäfte

ober weniger Berührungen auch mit den übrigen Ressorts herbei. Für das Handelsministerium war die Berührung mit der Finanz, welche Holzgethan, — namentlich aber mit dem Ministerium des Innern, welches Hohenwart inne hatte, eine besonders starke. Für die Kredite, welche im Wunsch des Kaisers lagen, war die Zustimmung Holzgethans stets leicht zu haben. Sonst knauserte er, was nicht gerade die schlimmste Untugend eines Finanzministers, aber ein Hindernis für notwendige Reformen ist. Das österreichische Gebührenrecht, nächst demjenigen Frankreichs wohl das meist fiskalische der Welt, bereitete namentlich dem Aufschwung des Genossenschaftswesens arge Hindernisse. Zusammen mit Hohenwart drängte ich gemäß der sozialpolitischen Forderung unseres Programms auf Beseitigung und Ermäßigung diesbezüglicher harter Gebührensätze. Die Finanzen standen gut; konnten wir doch 84 Millionen fl. in den Kassen hinterlassen, ohne Schulden gemacht zu haben. Holzgethan setzte dennoch einen zähen Widerstand entgegen, welchen ich vorläufig hinnehmen mußte. Unser Kollege von der Finanz war ein gewissenhafter Verwaltungsmann, unbestechlich und unlauterer Selbstbereicherung unfähig, ein schlichter, braver Herr, im treuen Dienste des Kaisers ergraut. Aber er war nur der Mann der Routine, des Arbeitens nach dem „Schimmel" (dem Vorgang oder simile), aller Neuerung abhold und für Reformideen nicht zugänglich. Es kam bald zu Spannungen. Allmälig offenbarte sich der alte Herr als bureaukratischer Zentralist. Zwar des guten älteren Schlages, aber doch als ein Mann, der zur Mitarbeit an der dem Kabinett gestellten Hauptaufgabe kein richtig gewählter Kollege war.

Wahrhaft erquickend war auch in Ressortgeschäften der Verkehr mit Graf Hohenwart. Alles fand offene und gerade, je aus den obersten maßgebenden Gesichtspunkten Erledigung und die Unterstützung beim Kaiser. Mein Weg aus dem Handelsministerium nach Hause führte mich fast allabendlich auf Viertelstunden oder wenigstens Minuten in das Bureau des Kollegen und Freundes. In Preßangelegenheiten, welche in das Ressort Hohenwarts gehörten, wurde ich viel zu Rate gezogen. Regelmäßig konnte ich bei Hohenwart die Berichte der öffentlichen und der geheimen Polizei lesen. Die Unfähigkeit der politischen Polizei und die Gemeinheit ihrer geheimen Agenten lernte ich hier an der Quelle kennen. Daß es damit außerhalb Österreichs um kein Haar besser bestellt war, als in Wien, zeigte sich mir namentlich in einigen Berichten, welche durch das auswärtige Amt aus Paris, London, Berlin, Petersburg, Rom zur Zeit der Pariser Kommune und nach deren Niederwerfung fast täglich einliefen. Auch nicht das geringste Verständnis der Arbeiterbewegung konnte wahrgenommen werden, und es war mir leicht, meinem Kollegen die bodenlose Faselei und meist auch dumme Verlogenheit der Berichte an deren sachlichen und persönlichen Urteilen und Angaben nachzuweisen. Es war meist zum Lachen, oft zum Ekel. Über die Verhütung von politischen Attentaten auf hohe Personen und auf unpopuläre Staatsmänner hinaus wird sich der politische Polizeidienst nicht erstrecken können, ohne weit mehr zu schaden, als zu nützen. In kritischer Zeit vermag ein intriguanter Polizeipräsident durch seinen Bericht eine Staatskrisis herbeizuführen oder doch zu verschärfen, wie auch wir es erfahren sollten. Damals teilte mir Graf Hohenwart die Erfahrungen mit, die er als Statthalter von Südtirol namentlich mit dem befohlenen schwarzen Kabinett 1859 gemacht hatte.

Der Reichskriegsminister v. Kuhn war persönlich liebenswürdig. Wo man ihn aber traf, verriet er sich als einen äußerst oberflächlichen Polyhistor. Über alles sprach er: Ästhetik, Nationalökonomie, Finanz. Überall wußte er alles und alles am besten. Nulla dies sine linea in allem, was er wußte. Nur seine Hauptaufgabe, die Armee zu reformieren, schien er nicht sehr eilig und eifrig betrieben zu haben.

Einzelne Verwaltungsgeschäfte

Die österreichische Armee war im Juli 1870, als der deutsch=
französische Krieg ausbrach, nicht schlagfertig gewesen.

Ich glaube, hier eine Bemerkung von allgemeinem
Interesse einflechten zu sollen. Dem Grafen Beust war
ich wegen der schon erwähnten Artikel des „Öster=
reichischen Ökonomist" über den Türkenlosschwindel persona
ingratissima, und wenn es auf ihn angekommen wäre, würde
ich aus dem österreichischen Staatsdienst schon in meinem
ersten Dienstjahre weggemaßregelt worden sein. Gleich dar=
auf, 1871, sollte sich unser Weg noch viel feindseliger kreuzen,
als es im Jahre 1869 geschehen war; keinen Augen=
blick habe ich das Vertrauen des Mannes besessen, geschweige
gesucht. Dennoch muß ich eine Tatsache mitteilen, welche die
ganze seitdem erwachsene Literatur über Beusts Anteil an
der „Felonie" (?) Österreichs gegen die Abmachungen mit
Gramont ziemlich gegenstandslos zu machen geeignet ist.
Amtlich habe ich zwar über das, was bei Ausbruch des fran=
zösischen Krieges Österreichs Haltung bestimmt hat, auch
als Minister nichts erfahren können. Doch im Frühjahr 1873
habe ich privatim das gehört, was mir als das Wahrschein=
lichste vorkommt. Erzherzog Albrecht wollte den Pakt gegen
Frankreich halten, und wer mag das dem Sieger von Custozza,
dem knirschenden Hasser des Urhebers der „Stoß ins Herz=De=
pesche" von Lamarmora, dem Mann, in welchem die öster=
reichische Armee schon vom Vater her (Aspern) personifiziert
war, verargen. Allein der Kaiser entschied sich gegen den
Krieg mit Preußen aus dem zwingenden Grunde, daß Öster=
reich nicht schlagen konnte. Als ich Anfang Mai 1873 Hohen=
wart in Graz besuchte, hatte dieser kaum zuvor mit dem
Generalstabschef des Erzherzogs Albrecht, General John,
gesprochen und dieser ihm mitgeteilt, er (John) sei
bei Ausbruch des deutsch=französischen Krieges zum Kaiser
berufen und von diesem über die Schlagfertigkeit der Armee
befragt worden. Er (John) habe drei Tage Prüfung aller

im Reichskriegsministerium vorhandenen Quellen erbeten, auf die gemachten Befunde hin aber dem Kaiser bestimmt erklärt, daß die Armee nicht schlagfertig sei. Daraufhin habe der Kaiser gegen jede Aktion entschieden. Die Wahrhaftigkeit Johns halte ich über jeden Zweifel erhaben, und Hohenwart war stets unfähig, unrichtig zu berichten oder gar zu erfinden.

Mit dem auswärtigen Ministerium hatte ich wenig äußeren Ressortverkehr gehabt. Die Erneuerung der Lloyd=subvention war eine gemeinsame Fachfrage gewesen. Da kam auf einmal die Angelegenheit der „Internationale der Regierungen" gegen die „Internationale der Ar=beiter" aufs Tapet. Am 26. August ging uns Beust in der Sache durch Hohenwart an; er hatte sie in Gastein mit Bismarck angesponnen, oder durch Bismarck, dem er gleich=zeitig auch gegen die schwarze Internationale seine Hilfe zur Verfügung stellte, sich anspinnen lassen. Dem Grafen Beust, welcher inzwischen durch Vermittlung seines journal= wie theaterkundigen Sektionschefs v. Hofmann die Seele der Preßagitation gegen uns geworden war, konnte ich kein Vertrauen entgegenbringen. Er versicherte zwar, eine „posi=tive" Bekämpfung der Sozialdemokratie neben der repressiven sei in Gastein von ihm mit Fürst Bismarck verabredet wor=den. Gegen die positive Sozialreform bei dieser Gelegen=heit einzutreten, wäre mindestens unklug gewesen, und ich verwies bei der Besprechung mit den Kollegen auf Ver=schiedenes, was ich an nächsten konkreten Maßregeln im „Kapitalismus und Sozialismus" vorgeschlagen hatte. Die Verschärfung der bestehenden Straf= und Polizeirechtsbe=stimmungen, die völlig genügten, lehnte ich ab. Es war wohl darauf abgesehen, entweder unter den Arbeitern gegen uns zu schüren oder mich als gefährlichen Sozialdemokraten zu denunzieren. Den Gefallen habe ich dem Grafen nicht getan. Die damaligen Verhandlungen über die Beustsche „Inter=nationale der Regierungen" gegen die rote Internationale,

Einzelne Verwaltungsgeschäfte

die entweder Beust oder Bismarck an den heißen Quellen Gasteins konzipiert hat, sind übrigens sozialgeschichtlich nicht ohne Interesse. Hier sei nur bemerkt, daß die Denkschrift, welche Graf Beust als Ausdruck der Verhandlungen einer Konferenz der Fachreferenten nach Berlin gesandt hat, an starken Unrichtigkeiten leidet. Das betreffende Schriftstück befindet sich im Anhang zu dieser Lebensbeschreibung. Namentlich ist unrichtig, daß das Kabinett Hohenwart in corpore über den Gegenstand sich ausgesprochen habe. Der Sektionschef aus dem Ministerium des Innern auf der Konferenz hatte nur persönliche Meinungen vorgetragen.

In den Gang der auswärtigen Politik erhält ein Ressortminister unmittelbaren Einblick nicht. Auch das, was der Ministerpräsident erfuhr und mitteilte, war, abgesehen von den Vorgängen in Gastein, Salzburg und Ischl anläßlich der preußischen Besuche, nicht von Bedeutung; auf diese Vorgänge wird im weiteren zurückgekommen werden. Kaiser Franz Josef berührte vor mir nur einmal die hohe Politik. Es war, als Thiers die großen Höfe bereist hatte und deren gute Dienste für den Friedensschluß mit Frankreich zu erlangen suchte. Thiers war bereits mit leeren Händen abgereist, als der Kaiser mich, mit Bezug auf meine Kenntnis der Verhältnisse und Personen in Süddeutschland, um meine Ansicht über die Möglichkeit nachhaltiger Behauptung von Elsaß-Lothringen in deutschen Händen befragte. Ich betonte warm diese Möglichkeit, namentlich für den Fall, daß man die beiden Provinzen hauptsächlich mit süddeutschen Truppen belegen und durch die besten süddeutschen Beamten verwalten lasse. Die Erwerbung der verloren gegangenen Länder liege m. E. in der Konsequenz der Traditionen und im höchsten Interesse Österreichs, da der für lange Dauer verschärfte Gegensatz Preußens gegen Frankreich auf dauernde Freundschaft mit Österreich hindrängen werde.

www.ingramcontent.com/pod-product-compliance
Lightning Source LLC
Chambersburg PA
CBHW050900300426
44111CB00010B/1317